AF324963

CATALOGUE

D'UNE

BELLE COLLECTION

DE

LETTRES AUTOGRAPHES

MANUSCRITS, DOCUMENTS HISTORIQUES

SUR LA RÉVOLUTION, LES GUERRES DE LA VENDÉE, ETC.

PROVENANT DE PLUSIEURS CABINETS

DONT LA VENTE AURA LIEU

LE JEUDI 24 AVRIL 1862 ET JOURS SUIVANTS
à 7 heures du soir

RUE DES BONS-ENFANTS, 28, MAISON SILVESTRE
Salle n° 4

PAR LE MINISTÈRE

DE M° PERROT, COMMISSAIRE-PRISEUR
Place du Pont-Saint-Michel, 5

ASSISTÉ DE M. LAVERDET, EXPERT
chargé de la vente

PARIS

LAVERDET, expert en autographes

RUE MESLAY, 54

(Précédemment rue Saint-Lazare, 24)

1862

ORDRE DES VACATIONS.

Première Vacation. . . . . . — Jeudi 24 avril 1862.
Du nº 1 au nº 180.

Deuxième Vacation. . . . . . — Vendredi 25 avril.
Du nº 181 au nº 360.

Troisième Vacation. . . . . . — Samedi 26 avril.
Du nº 361 au nº 540.

Quatrième Vacation. . . . . . — Lundi 28 avril.
Du nº 541 au nº 720.

Cinquième Vacation. . . . . . — Mardi 29 avril.
Du nº 721 au nº 900.

Sixième Vacation. . . . . . . — Mercredi 30 avril.
Du nº 901 au nº 1080.

Septième Vacation. . . . . . — Jeudi 1er mai.
Du nº 1081 au nº 1251.

Il y aura chaque jour de vente, de une heure à trois, exposition des pièces qui seront vendues le soir.

Les acquéreurs payeront 5 pour 100 en sus du prix d'adjudication applicables aux frais.

On aura huit jours pour la vérification des pièces ; passé ce délai, aucune réclamation ne sera admise.

M. Laverdet, chargé de la vente, recevra les commissions qui lui seront adressées (*les lettres doivent être affranchies*). Le prix de chaque numéro commissionné devra être déterminé.

EN DISTRIBUTION :

Catalogue de Lettres Autographes, *Manuscrits, Documents historiques*, etc. (avec prix), d'Auguste Laverdet, à Paris, rue Meslay, 54. Ce Catalogue mensuel (dont il a déjà paru la première série, ou *trente numéros*, et les deux premiers de la seconde), est envoyé franc de port aux personnes qui en font la demande par lettres affranchies.

Avis. — Mon changement de domicile de la rue Saint-Lazare, 24, à la rue Meslay, 54, près de la Porte Saint-Martin, a été motivé par ma réunion avec mon frère, artiste peintre, photographe, inventeur de la photographie animée sans altérer en rien le travail produit par la lumière, imitant les plus belles et les plus solides peintures à l'huile, et du nouveau collodion instantané, ioduré, inaltérable. — Opération en tous temps, dans sa galerie vitrée donnant sur le boulevard Saint-Martin, de portraits artistiques, cartes de visite, reproduction d'autographes, chartes, manuscrits, tableaux, dessins, objets et bronzes d'art, bas-reliefs, terres cuites, antiquités, etc.

A. Laverdet.

CATALOGUE

D'UNE

BELLE COLLECTION

DE

LETTRES AUTOGRAPHES

MANUSCRITS ET DOCUMENTS HISTORIQUES.

1. **ABD-EL-KADER** (l'Emir).
  1º L. aut. sig. (en arabe). Demi-p. à mi-marge, in-8. (avec traduction).
  2º Lettre (en arabe) revêtue de son sceau. 1 p. in-4. (avec traduction).

2. **ABRANTES** (Mme la d^{sse} d'), auteur de *Mémoires*.
  1º L. aut. sig. Salamanque, 23 janvier 1811. 1 gr. p. in-4.
  2º L. aut. sig., à Mme... 3 p. et demie in-8.
  3º L. aut. sig., au général... Paris, 1836. 3 p. in-4.

3. **ACADEMICIENS**, de 1642 à 1731, 6 lettres et pièces.
  ARGENSON (d'). L. sig. 1713. 2. p. in-4. — BIGNON (l'abbé). Pièce sig.,
  au sujet des prétentions respectives de l'évêque de Grenoble et des
  doyens, chanoines et chapitre de la cathédrale... 25 juin 1731. 2 p.
  in-fol. — BOUHIER (le président). Billet de dix lignes aut. Demi-p. in-4.
  — DE BOZE. 3 gr. lignes aut. sig., au bas d'une requête (imprimée)
  2 p. in-fol. — SAINT-AIGNAN (Paul-Hippolyte de Beauvilliers, duc de).
  L. s. 1719. 1 p. in-fol. — SÉGUIER (Pierre). L. sig. 1642. 2 p. in-fol.

4. **ACADEMIE FRANÇAISE** (membres de l'). 8 lett. a. s.
  ANCELOT. 1 p. in-8. — ANDRIEUX. 1830. 1 p. in-4. — DUPIN aîné.
  1829. 2 p. in-4. — LAMARTINE. L. aut. sig. (à la 3me personne). 1838.
  1 p. in-8. — LEGOUVÉ (Ernest). 2 p. in-8. — MÉRIMÉE (Prosper). 1839.
  1 p. et quart in-4. — MONTALEMBERT. 2 p. et demie in-8. — NISARD
  (Désiré). 1848. 1 p. in-8.

5. **ACADEMIE FRANÇAISE** (membres de l'). 9 lett. aut.
  sig. et une lett. sig.
  CHATEAUBRIAND. 1823. 1 p. in-4. — DE SAINT-ANGE. 1806. 1 p. in-4.
  — DUPIN aîné. 1 p. in-8. — FRANÇOIS DE NEUFCHATEAU. L. sig. an VII.
  1 p. in-fol. — MOLÉ. 1834. 1 p. in-8. — NISARD. 1 p. et quart in-8.
  — NOAILLES (le duc de). 1829. 2 p. in-4. — PONGERVILLE. 1825. 1 p.
  in-4. — SALVANDY. 1840. 1 p. in-8. — SICARD (l'abbé). 1 p. in-8.

6. **ACADEMIE FRANÇAISE** (membres de l'). 9 lett. a. s.
  RAYNOUARD. 1820. 1 p. in-4. — RÉMUSAT (Ch.). 4 p. in-4. — SAINTE-
  BEUVE. 1 p. in-8. — SAINT-PRIEST. 1847. 2 p. in-4. — SANDEAU
  (Jules). 1 p. in-8. — SCRIBE. 1 p. et tiers in-8. — VIGNY (Alfred de).
  1 p. in-8. — VILLEMAIN. 1 p. et demie in-8.

7. ACADEMIE FRANÇAISE (membres de l'). 5 lett. aut. sig., et une pièce sig.

AUGER. 3 déc. 1821. 1 gr. p. in-4, et billet aut. — BARANTE (le baron de). 18 juin 1816. 2 p. in-8. Au sujet du mariage de sa sœur avec Anisson-Duperron. — BAUSSET (le cardinal de). 12 mars 1812. 2 p. in-4. Déchirure au bas de la marge extérieure. — BIOT. 23 oct. 1823. 1 p. in-4. Cachet. — CAMPENON. 28 mai 1823. 1 p. in-4. — CAMPISTRON. Passeport signé, signé aussi par le duc de Vendôme. 1702. 1 p. in-fol.

8. ACADEMIE FRANÇAISE (membres de l'). 7 lett. a. s.

DACIER. Paris, 9 janvier 1807. 1 p. in-4. — DARU. 1824. 1 p. in-4. — DROZ, à Charles Nodier. 4 février 1828. 1 p. in-4. — DUPIN, aîné. 1844. 1 p. in-4. — FÉLETZ. 1 p. in-12. — FEUTRIER, évêque de Beauvais. 1826. 1 p. in-4. — FONTANES. 1811. 1 p. in-4. Curieuse.

9. ACADEMIE FRANÇAISE (membres de l'). 8 lett. a. s.

FRAYSSINOUS. 1 p. petit in-18. — FRANÇOIS DE NEUFCHATEAU. An VI. 1 p. in-4. — GUIRAUD (Alexandre), à M. Laurentie. 1838. 3 p. in-8. — LACRETELLE (Charles). 1839. 1 p. in-4. — LAHARPE. Billet de 4 lignes aut. sig. (à la 3me personne), à M. de Malesherbes, à la chancellerie (1777). Petite page in-8 en travers. — LE BRUN, duc de Plaisance. 1808. 1 p. in-4. — LEMERCIER (Népomucène L.). 1826. 2 p. in-8. Jolie lettre littéraire.

10. ACADEMIE FRANÇAISE (membres de l'). 9 lett. aut. sig. et 3 lett. sig.

PASTORET. 1791. Demi-p. in-4. — PATIN. 1836. 1 p. in-4. — PICARD. L. sig. Demi-p. in-4. — PONGERVILLE. 2 p. pl. et demie in-4. Lettre intéressante au sujet de son poème de *Lucrèce*. — PONSARD. 1856. 1 p. in-8. — POUGENS. — Deux lett. 1826 et 1828. 2 p. in-8 et in-4. — REGNAUD DE SAINT-JEAN-D'ANGÉLY, à Charles Nodier. 1 p. in-4. — ROGER. 1823. 2 p. in-4. — SAINT-PRIEST. 1 p. in-8. — SAINTE-BEUVE. 1842. 3 p. in-8. Intéressante. — SALVANDY. 1836. 1 p. in-8.

11. ACADEMIE FRANÇAISE (membres de l'). 9 lett. aut. sig. et 2 pièces sig.

SÉDAINE, quitt. sig. an V. 1 p. in-4. — SÉGUR ainé (L. P. de). *Chanson à Delie*. aut. sig. 1 p. in-4. — SOUMET (Alex.). 1843. 1 p. in-4. — SUARD, à Michaud. 2 gr. p. in-4. Curieuse. — TISSOT. 1830. 1 p. in-8, et pièce aut. sig. Scrutin pour la nomination d'un député au 500 en remplacement du général Moulin. An VI. 1 p. in-4. — VALINCOURT. Quitt. (sur parch.) avec deux lignes aut. sig. 1704. — VATOUT. 1837. 1 p. in-8. — VILLEMAIN. Deux lett. 1829. 3 p. in-8. — VITET. 2 p. in-8.

12. ACADEMIE FRANÇAISE, *Institut.*

ANGELOT. 1824. 2 p. in-8. — BRIFAUT. Deux lett. 2 p. et demie in-18. — FÉLETZ. 1 p. in-8. — LACRETELLE (Ch.). 1 p. in-8. — LACRETELLE (H.). 1838. 1 p. in-8. — PICARD. 1785. 1 p. in-8. — RAOUL ROCHETTE. Deux lett. 2 p. in-8. — RAYNOUARD. 1817. 1 p. in-4. — ROGER. 1821. 1 p. in-4. — SACY (Silvestre de) 1837. 1 p. in-8. — SAINT-AULAIRE. demi-p. in-8. — SAULCY. Trois lett. Metz, 1835. 7 p. in-8. — SUARD. L. aut. sig. 1816. 1 p. in-4 et L. sig. 1814. 2 p. in-4. — VIGNY (Alfred de). 1836. 1 p. in-8. — VILLEMAIN. L. aut. sig. 1840. 1 p. et demie in-8, et note aut. 1 p. in-4. — VITET. 1834. 1 p. et demie in-4, et une p. in-8. — Ensemble, 25 lett. aut. sig. et une lett. sig.

13. ACHAINTRE (Nicolas-Louis), helléniste et philologue, auteur de l'*Histoire de la Maison de Bourbon*. N. 1771.

L. aut. sig., à M. Michaud, imprimeur. Paris, 17 mai 1817. 3 p. pl. in-4. — Plus, billet aut. sig. 22 août 1810.

Relative à la publication de son *Lexique d'Homère*, dont le manuscrit est entièrement terminé.

14. ACTEURS FRANÇAIS. 6 lett. aut. sig.

ARNAL. 1833. 2 p. in-8. — BOCAGE. 1846. 2 p. et demie in-8. — LEMAITRE (Frédéric). Demi-p. in-8. — LEVASSOR. 1 p. in-8. — MÉLINGUE. 1 p. in-8. — MONROSE. 1822. 1 p. in-8.

15. ACTEURS ET ACTRICES de divers théâtres français et étrangers. 9 lett. et pièces aut. sig.

DÉJAZET (Mlle Virginie). Billet aut. 1 p. in-8. — DEVRIENT (Émile). 1839 (en allemand). 1 gr. p. in-4. — DUPREZ (Gustave), à son frère Edouard. 1842. 3 p. pl. in-8. *Portr.* — DUCHESNOY (Mlle). 1 p. in-8. *Portr.* — FALCON (Mlle Cornélie). in-8. — PLESSY (Mlle). 1 p. in-8. — MONTANSIER (Mlle). An XI. Demi-p. in-4. — SCHUTZ-HAENDEL (Henriette). Feuillet d'album. Demi-p. in-4. — VOLNYS (Mlle Léontine). 3 p. in-12.

16. ACTRICES FRANÇAISES. 6 lett. aut. sig.

ANAÏS. 1 p. in-8. — CHÉRI (Anna). Demi-p. in-8. — DESRIEUX (Mlle Marie), dame Laurent. 1 p. in-12. — DOCHE (Mme). 1 p. in-8. — JUDITH. 1 p. in-8. — NATHALIE. 1 p. in-8.

17. AFFRE, archevêque de Paris. N. 1793, mort victime de son dévouement pendant l'insurrection de juin 1848.

L. aut. sig., à M. le marquis... Paris, 23 février 1840. 2 p. pl. in-4. Intéressante.

18. AFFRE, archevêque de Paris, *le même*.

L. a. s. à la reine des Français. Paris, 25 mars 1845. 1 p. in-4.

19. AGIER, membre de l'Assemblée constituante. Malade, il se fit transporter au jeu de paume, en 1789, pour y prêter le serment.

L. aut. sig., à MM. les officiers municipaux, notables et gardes nationales de Saint-Maixent, Paris, 12 juin 1790. 1 p. et demie in-fol.

Au sujet de la *Confédération* qui aura lieu à Paris le 14 juillet prochain. Il leur donne les deux premiers articles du décret qui règle la manière dont les députations doivent se composer.

20. AGOUB (Joseph) littérateur, fils d'un mameluck de Bonaparte.   Né en Egypte.

L. aut. sig., à M. de La Bouïsse Rochefort. Paris, 2 mai 1825 2 p. et demie in-4.

Lettre très-intéressante au sujet de l'écriture arabe comparée aux écritures européennes. Il lui donne sur la troisième page la copie de vers arabes qui ont été composés sur la naissance du duc de Bordeaux, par un musulman de distinction, beau-frère du pacha de Tripoli en Barbarie, et qui se trouvait alors à Paris (en 1822)..... S'il veut accorder à cette écriture l'honneur d'un examen plus attentif, il remarquera bientôt combien la diversité de ses formes et l'harmonie de ses contours peuvent lui imprimer de grâce et d'élégance.....

21. ALBE (don Fernand Alvarez de Tolède, duc d'), grand capitaine, gouverneur et général des Pays-Bas pour Philippe II.   N. 1508. M. 1582.

L. sig., aux gens de loi de la ville de Bréda. Bruxelles, 21 février 1567. 1 p. in-fol.

22. ALBERONI (le cardinal Jules), ministre de Philippe V.

L. aut. sig. (en français), au cardinal de Bissy. Plaisance, 10 juillet 1733. 2 p. in-4.

Il a appris avec plaisir la comparse qu'a fait leur homme et tout ce qu'il a fait pour s'acquérir les bonnes grâces. « V. E. verra qu'il a excelé en honnêteté. C'est une nation vile et rampante quand il s'agit d'avoir besoin : hors « de là, superbe et insolente... Le compagnon est un fin merle... Rebellion à « l'occasion des grains... On a raison de dire que la noblesse est plongée dans « l'oisiveté et dans la débauche... »

23. ALBITTE (Ant.-Louis), conventionnel.

1° L. aut. sig., à Saliceti, 1 p. in-8 en travers.

2° L. a. s., au même. Nice, 20 fructid. an II. 1 gr. p. et quart in-fol. Comme lui, il a reçu une lettre du Comité de salut public concernant son retour... « Nous partons, Prost, les généraux en chef Buonaparte et moi dans « l'instant pour nous rendre au quartier général de la droite. Si j'étais seul, j'y « serais en deux jours, mais vu la position du général et de notre collègue, il « y a apparence que nous ne te verrons que le vingt-trois... »

24. AMOROS (le colonel), professeur de gymnastique.

1° *Notice présentée à MM. les rédacteurs des Annales, par M. Amoros. Ouvrage nouveau ayant pour titre :* « Cantiques religieux et « moraux ou la morale en chansons à l'usage des enfants des deux « sexes. Ouvrage spécialement destiné aux élèves qui suivent les « exercices du cours d'éducation physique et gymnastique dirigé par « M. Amoros...» Paris, 23 décemb. 1818. aut. sig. 1 p. pl. in-4.

2° Note aut. pour une rectification à l'*Histoire des Victoires et Conquêtes*. 1 p. in-4.

3° Deux notes, dont une sig. par Jullien de Paris, sur ses *Exercices gymnastiques*. 1819 et 1820. 3 p. in-4.

25. AMYOT (Jacques), grand aumônier de France, évêque d'Auxerre, traducteur de *Plutarque*. N. 1513. M. 1593.

Quitt. sig. (sur vélin), de la somme de trois cents livres à lui ordonnée par le roi, pour les gages de son état de grand aumônier de Sa Majesté durant le quartier de juillet, août et septembre 1570.

26. ANCEL, résident du roi de France auprès de l'empereur Rodolphe, à Prague.

L. aut. sig. à Villeroy. Prague, 13 mars 1585. 7 gr. p. in-fol. Superbe et intéressante pièce historique.

Réponse au ministre qui lui demandait des mémoires pour l'œuvre qu'il avait entreprise, de défendre Henri III contre les pamphlétaires de l'Allemagne et de la Pologne. — Nouvelles politiques du jour, petits évènements et petites intrigues, etc.

27. ANDERSON (H. Chrétien), poëte allemand.

Pièce de Vers aut. sig. (en Allemand). 2 p. in-8.

28. ANDRIEUX, membre de l'Académie française.

L. aut. sig., comme secrétaire perpétuel, à M. Campenon. Paris, 23 mai 1830. 1 p. et demie in-8.

Après lui avoir demandé des nouvelles de sa femme et de son enfant malade, il ajoute : « Mon cher ami, dans notre académie, c'est à qui ne fera pas. « Cette pauvre académie est une vieille femme qu'on a peut-être grande en- « vie d'épouser, mais à condition de s'exempter du devoir conjugal. C'est à qui « ne lui fera rien. Le secrétaire perpétuel ne peut pourtant pas payer pour « tous... »

29. ANGENNES DE RAMBOUILLET (Julie-Lucie d'), duchesse de Montausier ; c'est pour elle qu'a été composée la *Guirlande de Julie*. N. 1607. M. 1671.

L. aut. sig., à M. le maréchal de Guiche. 10 juin 1642. 2. p. pl. in-4. Cachets. Très belle lettre.

Elle le conjure avec la plus grande affection du monde, que M. et Mme la comtesse de More puissent ressentir la grâce qu'ils souhaitent de lui... Elle a tant de confiance en l'honneur de son amitié, qu'elle s'est déjà vantée d'obtenir en ce sujet tout ce qui dependrait de lui, c'est pourquoi elle le supplie très-humblement d'avoir soin de maintenir son honneur, et que la vanité qu'elle se donne d'avoir crédit au près de lui n'est fondée que sur l'opinion qu'elle a, etc., etc. Elle dit en poscriptum : « Je ne puis fermer cette lettre sans vous dire que jay resenty en particulier pour le moin de vous la nouuelle de l'absence de M. Le Grand (Cinq Mars, arrêté pour être jugé à à Lyon).

30. ANGLAIS (artistes dramatiques), 27 lett. et pièces sig. et aut. sig. 1 portr.

ABSALON (Miss Emma).— AMATI. (Miss). — AMHERST. — HARLOWE (Miss). — AUSTIN (Mme). — HARRISON. — JONES. — LACY. — MALLINSON. — MUDIE. — MURRAY (Leigh). — MURRAY (Miss Emma). *Portr.* in-fol. — ORGER (Mme). — PEAKE (Mme). — WILSON. *Portr.* etc. in-8, in-4 et in-fol.

31. ANQUETIL (Louis-Pierre), historien, de l'Institut.

1º Ordre de son arrestation et de son incarcération à la prison de Saint-Lazare (il était alors curé de La Villette, près Paris). Paris, 27 germinal an II. 1 p. pl. in-4. Cachet. *Portr.*

2º L. aut. sig., au citoyen de Normandie. 1 p. et demie in-4.

32. ANTIN (Louis-Antoine de Pardaillan de Gondrin, connu sous le nom de duc d'). N. 1665. M. 1736.

L. aut. sig., à M... 1 juillet 1716. 2 p. in-4.
Au sujet de son mémoire qui a été apostillé par le régent.

33. ANTRAIGUES (de Launay, comte d'), consituant

L. a. s., à Bernardin de Saint-Pierre. Paris, 23 janv. 6 p. pl. in-4.
Intéressante et belle lettre au sujet de leurs démêlés.

34. ANVILLE (J.-B. Bourguignon d'), géographe. 1697-1782.

Pièce aut. sig., sur l'*Histoire des rois de France* (Mérovingiens). 2 p. pl. in-4.

35. ARAGO (Dominique-François), astronome.

L. aut. sig. à M. J. Cordier. 8 mai 1821. Demi-p. in-4.
ARAGO (Jacques,) frère du précédent. L. aut. sig. (avant qu'il devint aveugle), à Dumersan. Rouen, 22 mai 1827. 1 p. in-8.
Un motif puissant l'oblige à quitter la direction de Rouen et à se rapprocher de la capitale. Il a perdu tout à fait un œil, l'autre s'affaiblit sensiblement, et ne lit et n'écrit maintenant qu'à l'aide d'une loupe.
ARAGO (F.), père des précédents, administrateur du bureau des domaines nationaux des Pyrénées-Orientales, Perpignan, 15 floréal an IV. 1 p. in-4.

36. ARAGO (Dominique-François), astronome. *Le même.*

Observations sur la déclinaison de l'aiguile aimantée, pendant les mois de février 1820 et 1821. Calcul de la déclinaison moyenne de chaque mois. 1 gr. p. pl. in-fol.— Plus, une signature découpée.

37. ARCHITECTES, *statuaire, médecins,* etc. 6 lett. aut. sig.

ALIBERT, à Bernardin de Saint-Pierre. 1 p. in-4.—DAVID (d'Angers) statuaire. 1841. 1 p. in-8.— DESGENETTES. 1807. 3 p. in-4.—FAUCHE BOREL, auteur de Mémoires. 1829. 1 p. et quart in-4.—ORFILA. 1845. 1 p. in-8. Curieuse.

38. ARENA (Barthélemy), fameux par son opposition à Bonaparte dans la séance du 18 brumaire.

L. sig. par Joseph *Aréna*, Barthélemy *Aréna*, *Saliceti* et P. *Pompei*, comme représentants du peuple du département de Golo, au directoire exécutif. (Il y a eu marge de la 3me page 4 petites lignes de la main de Barthélemy Aréna.) Paris, 16 vendémaire an VII. 3 gr. p. pl. et demie in-fol.
Document d'un grand intérêt sur la situation politique et militaire de la Corse, des dangers qu'elle court de la part des Anglais et des factions intérieures qu'ils soudoient, etc., etc.

39. ARGENSON (famille *De Voyer* d'). 4 pièces.

ARGENSON (Elie-François De Voyer de Paulmy, d'), archevêque de Bordaux. L. sig. 1719, 2 p. in-4, et acte notarié sig. (sur parch.). 1725, 3 p. in-fol. — ARGENSON (M. R. De Voyer d'), 2 lett. et pièce sig. 1709 et 1755. in-4 et in-fol.

40. ARGENSON (René-Louis *De Voyer*, marquis d'), dit d'*Argenson la bête.*

L. aut. sig., à M. Du Perron de Castera, ministre de France à Varsovie. Paris, 4 février 1750. 1 p. in-4.

41. ARGENTAL (le comte d'), ami de Voltaire.
L. aut. sig., à M. de Lamoignon de Malesherbes. Ce samedi après-midi, 1 gr. p. pl. et demie in-4.
Au sujet de diverses publications qu'il serait utile d'empêcher.

42. ARGENTAL (le comte d'). *Le même.*
L. aut. sig. Paris, 14 août 1764. 1 p. pl. in-4. Curieuse.

43. ARLINCOURT (le vicomte d'), romancier, aut. dramat.
1º L. aut. sig., à M.. Saint-Païs, 12 oct. 1 p. in-8.
2º L. aut. sig., à son ami... Florence, 8 avril. 3 gr. p. in-8.
Lettre intéressante sur les projets de mariage du comte de Trapani avec la fille du duc de Florence, et le séjour de Pie IX à Gaëte.

44. ARLINCOURT (le vicomte d'), *Le même.*
L. aut. sig., à M. Théodore Anne. 6 mai. 1 p. pl. in-4. *Portr.*
COIGNARD (Hippolyte), aut. dramat. L. aut. sig. 2 p. in-8. *Portr.*
PIIS (de), aut. dramat. 1812. 3 gr. p. et quart. in-4.
ROSIER. L. aut. sig. 1850. 3 p. in-8. *Portr.*

45. ARMAND (Mlle), célèbre chanteuse de l'Opéra.
L. aut. sig., à M. Pons. 12 frimaire. 2 gr. p. pl. in-4.

46. ARMÉE FRANÇAISE (généraux, etc., de l').
Cent trente lettres et pièces sig. et aut. sig. in-4 et in-fol. *Jomini, La Fayette,* etc., etc.

47. ARNAULD (Antoine), avocat, célèbre par son plaidoyer contre les jésuites. N. 1560. M. 1619.
Consultation sig., signée aussi par N. Pigault, pour les deniers publics qui se lèvent sur la ville et paroisse de Saint-Père. Délibérée à Paris, le 12 mars 1619 (année de sa mort), 1 gr. p. in-fol. Quelques mouillures.

48. ARNAULD (Cacherine *Marion*), femme du précédent, mère de vingt-deux enfants, et morte religieuse à Port-Royal ; elle avait pris l'habit des mains de la mère Angélique, sa fille.
Quittance aut. sig. comme veuve de noble homme, Antoine Arnauld vivant seigneur d'Andilly, conseiller de la ville de Paris et avocat au Parlement, tant en son nom que comme tutrice de ses enfants, de la somme de huit cents livres, reçue comptant de madame la duchesse de Bouillon.... pour une année de rente à elle due par feu M. le duc de Bouillon... 27 août 1623. 1 gr. p. in-fol.

49. ARNAULD D'ANDILLY (Robert), l'un des illustres solitaires de Port-Royal. N. 1589. M. 1674.
L. aut., à M.. ce 9 juillet... 1 p. pl. in-4.
Il le supplie de s'informer et de lui faire savoir ce que l'évêque de Beauvais a dessein de faire ensuite de cette dernière lettre circulaire de quatorze évêques, afin qu'il le mande à l'évêque d'Angers (Henri Arnauld), qui sera bien aise de l'apprendre... « Je pense que nul de ces messieurs n'obligeront à signer une chose qu'il n'y a nulle obligation de signer : et que ny le pape ny le roy n'ordonnent point que l'on signe. »

50. ARNAULD (Henri), frère du précédent, ambassadeur à Rome, évêque d'Angers. N. 1597. M. 1649.
L. a. s., à M. Nadé, à Rome. Paris, 11 avril 1644. 1 gr. p. in-fol. Cachet.

51. ARNAULD (Antoine, frère des précédents, docteur de Sorbonne, dit le *Grand*, célèbre par ses disputes sur la grâce. N. 1612. M. 1694.

L aut. sig., à M. Manvillette, abbé de Valecris. 14 janvier.... 2 gr.
p. in-4. (Le second feuillet a été doublé.)

Lettre très-intéressante sur les bénéfices ecclésiastiques, et comment ils doivent être administrés et possédés suivant l'esprit de Jésus-Christ. Il ne peut approuver la résignation qu'il vient de faire de son prieuré en faveur d'un enfant de treize ans... Cela est contraire aux vœux des donateurs des biens ecclésiastiques...

52. ARNAULD (la mère Marie-Angélique de Sainte-Madeleine), célèbre religieuse de Port-Royal, sœur des précédents.   N. 1591. M. 1664.

L. aut. sig., Sr M. Angélique, Rse indigne, à la Révérende mère supérieure des Ursulines de la maison de Saint-Charles, à Orléans. A Port-Royal de Paris, le 18 août 1660. 2 p. in-4. Cachet.

Rare et belle lettre, un peu fatiguée.

Elle lui dit combien elles ont reçu de joie de voir l'heureux progrès de son établissement temporel... Elle est bien aise que la petite de la Buro s'affermit dans le dessein d'être religieuse. Elle sera trop heureuse si on lui fait cette grâce. On lui avait dit qu'elle avait quelque envie de sortir auparavant, « mais « en vérité, ma très chère mère, je n'aime point ces sortie il ni a rien a gagner « au monde au contrayre on y pert touiours. Cest un air contagieu qui « peut tuer ou au moins donner qlq indisposition qd ce ne scroit q la dis-« traction q donne tant d'obietz qui surpreine un esprit jeune qui ne la jamais « guere veu et qui qd il ne luy feroient pas d'impression a steure le desmon « les luy renmenteuera peut estre dans plusieurs annee pour luy donner ou « justifier qlq tentation... »

53. ARNAULD (Simon), marquis de Pomponne, fils de Robert Arnauld d'Andilly, ambassadeur à La Haye et en Suède, ministre des affaires étrangères.   M. 1699.

L. aut., à M. d'Andilly, à Pomponno. Stokolm, 0 juillet 1667. 3 p. pl. petit in-4. Cachet.

Il l'entretient de ses enfants, de son désir de revoir Pomponne, ses jardins, etc., de M. Varillas qui est assurément un homme d'un grand mérite pour l'histoire, etc.

54. ARNHEM (Jean, baron d'), homme d'État hollandais.

L. aut. sig. (en hollandais), au magistrat de la ville de Berg op zoom. Phoogondael, 4 mars 1704. 1 gr. p. in-fol. Cachet.— Notice biographique manuscrite en hollandais. 1 gr. p. in-fol.

55. ARNIM (Elisabeth ou *Bettina* d'), née *Brentano*, amie de Gœthe.

L. aut. sig. (en allemand), à M. Ralcke, à Berlin. 29 juillet 1853. 2 gr. p. pl. in-8. Cachet.

Relative à l'impression d'un de ses ouvrages.

56. AROUET, père de Voltaire, receveur des épices de la chambre des Comptes.

Quitt. (sur parch.), avec trois lignes et demie aut., deux fois sig. Paris, 8 avril 1705.

57. ARTAIGNAN (famille de *Montesquiou* d').

1º L. sig. de Louis XIV adressée à M. Paul de Montesquiou d'Artaignan, maréchal de camp en ses armées (depuis maréchal de France). Versailles, 2 mai 1696. 1 p. in-fol. — 2º L. sig. du même au même. Versailles, 13 août 1698. 1 p. in-fol. — 3º Mémoire des services de M. Pierre de Montesquiou d'Artaignan, maréchal de France, produit par lui-même, lorsqu'il fut nommé chevalier de l'ordre du Saint-Esprit. 12. gr. p. pl. et quart in-fol. (autogr. de la main de celui qui suit).

ARTAIGNAN (Paul de Fezenzac-Montesquiou, comte d').

1º Acte signé d'acquisition d'une maison. Paris, 14 oct. 1778. 3 p. in-4. —2º L. aut. sig. à M... Paris, 22 mars 1780. 2. p. in-4. — 3º Minute de lettre aut., notes aut. sur un voyage, etc. 11 p. in-4.

58. ARTISTES DRAMATIQUES FRANÇAIS.

AUGUSTE (Houllerique), dit.—AUDRAN, quittance de feux. 1847. — BELMONT (Mme Hélène) — BERTHAULT, père. — CLARANCE (Ch.). — DÉJAZET (Mlle Herminie), — DUBARRY (Armand). 3 lett. — FAILLE. 2 lett.—FEBVRE (F.),—GARRAUD (Eugène).— JULIET. L. sig. 1809, avec portr.— MÉQUILLET (Mme).— MONROSE (Louis). — PASTELOT.—PAUL-ERNEST. Portr. de sa femme. Détails sur la carrière théâtrale de sa femme.— PÉRIGA (Mlle).— PICARD (Mlle E.). 3 lett.—RAMELLI Mlle E.). —SAINT-AULAIRE.— SAUVAGE (Eugénie).Ensemble, 23 lett. aut. sig., et 2 lett. et pièce sig.

59. ARTISTES DRAMATIQUES, *compositeurs, — instrumentistes*, etc. Dix lett. aut. sig.

ARMAND (Th. François). 1 p. in-8.— BOCAGE. 1 p. in-8. — BOUFFÉ. 1844. 1 p. in-4. — LABLACHE. 1 p. in-8. — LEVASSOR. 1844. 1 p. et demie in-8. — DUCQ. 1822. 1 p. in-8. — MALIBRAN (Mme Maria). 1834. 2 p. in-4. — ADAM (ad.). 3 p. et demie petit in-12. — BAILLOT. 1832. 2 p. in-4.— NORBLIN. 1833.

60. ARTISTES DRAMATIQUES ALLEMANDS, 11 lett. aut. sig.

ELLMENREICH. 1834. 4 gr. p. in-4. — FASSMANN (Mme Augusta von). 1836. 1 p. in-4. Cachet. Portr. — HAASE (Frédéric). 4 p. in-8. — HERZFELD. 1827. 2 p. in-4. — KRICKBERG (Mme Frédérique), 1817. 2 p. in-4.—PECHE (Mlle Thérèse). 1830. 2 p. in-4. Portr.—LOWE (Mlle Julie). 1813. 1 p. et demie in-4. — SCHULZ-OLDOSI (Mme). 1845. 3 p. in-8. — UNZELMANN. 1824. 2 gr. p. pl. in-4. Cachet. — URBAN. 1826. 2 gr. p. in-4. Portr.—WEYMAR (Charles). 1836. 2 gr. p. in-4.

61. ARTOIS (Charles d'), comte d'Eu.   M. 1472.

Quittance sig. (sur parchemin), de la somme de deux cent quarante livres tournois qui peut lui être due à cause de la garde du comte d'Aumale. Pénultième jour de novembre 1462. Pièce sur parchemin en travers.

62. ASSEMBLEE NATIONALE DE 1789.

1º Extrait du procès-verbal de la séance du 22 juin 1791, signé *Dauchy, Grenot, Merle* et *Pinteville-Cernon.* 1 p. in-8. Cachet.

L'assemblée nationale a décrété qu'il sera donné des ordres sur-le-champ, soit à la poste, soit aux barrières, pour que personne ne sorte de la ville sans une permission par écrit, etc.

2º Extrait du procès-verbal du 8 juin 1792, signé *Gossin* et *Marane.* 1 p. et demie in-fol. Tête impr. Vignette. Sceau.

3º Certificat de vie, imprimé, signé *Belle, Lémontey, Gensonné, Thuriot, Grangeneuve.* 17 déc. 1791. 1 p. in-fol. Vignette. Sceau.

63. AUBERT (l'abbé), fabuliste.   N. 1731. M. 1814.

L. aut. sig., à M... Paris, 14 frimaire an X. 2 gr. p. pl. in-8.

Au sujet d'une fable qu'il a lue à la séance publique du collège de France, dans laquelle il rend hommage au premier consul Bonaparte.

64. AUBIGNE (Agrippa d'), historien, poëte, homme de guerre, etc. Né à Pons (Saintonge), en 1550 Mort à Genève en 1660.

Lettre écrite par Renée Burlamachi, seconde femme d'Agrippe d'Aubigné sous la dictée et au nom de ce dernier, qui l'a signée de son monogramme en hébreux, c'est-à-dire de trois *Aleph.* Datée de Genève, 7 juin, et adressée à M. de Villette, son gendre (qui a écrit derrière : *lettre de M. Daubigny de la main de sa femme*). 3 gr. p. pl. in-4. Deux jolis cachets en cire rouge.

Très-belle et très-curieuse lettre dont on peut fixer la date vers 1627. Agrippa y parle d'abord de la dernière lettre qu'il a écrite de sa main à M. de Villette, lettre qui « sera innutile mesment le roy seslognant comme il le fait,

« mais par ces ouuertures j'ai donne ce content à ma conscience, nihil inten-
« tatom reliquisse... » Ensuite il parle des débordemens de son fils, Constant
d'Aubigné, père de Mme de Maintenon... » Je suis pres a enuoyer mon des-
« bauché dans larmée ·de Danemarc, ou je luy ai prepare un ami pour le re-
« cevoir trauesti et inconu pour le commencement, je le conois bien pour
« estre ennemi des entreprises rudes, comme il a nommé celle-là, mais pour
« luy faire quitter son Paris par quelques interssessions puissantes sur moi
« qu'il a employées, il na seu obtenir de moi le secours d'un teston, mainte-
« nant il promet de franchir la barrière je luy escris que men asseurant je luy
« ferai donner de quoy partir de Paris et aller jusques à Hambourg, là il receura
« de quoi acheuer son voyage, je veus eslogner de mon nes et de lautrui, la
« puanteur de sa vie, si je pouuois le faire employer plus loin je le ferais luy
« faire gouster la quelque vie honeste... »

65. AUGUIS, député des *Deux-Sèvres* à la Convention.

Lettre avec un postcriptum de 12 lignes aut. sig., à son collègue et
ami Goupilleau. Fontenay-le-Peuple, le 4 mai 1793. 4 gr. p. pl. in-fol.

Très-importante pièce historique sur les guerres de la Vendée. Rapport des
combats qui ont eu lieu entre les républicains et les chouans aux environs
de Mareuil; La Roche-sur-Yon, Beaulieu, Bournezeau, etc. Entrés à Mareuil,
les républicains « si sont portés à des excès qui font pleurer de rage, moyens
« qui nous perdront, là ils ont cassé, brisé et pillé, je me suis porté partout et
« parlé avec tant de fermeté que j'ai empêché les désordres, non sans peine,
« je les ai fait sortir de toutes les maisons, et demandé au général de faire
« battre la générale, ce qui a été fait et aussitôt après avoir laissé une garnison
« à Mareuil, les autres troupes ont parti pour leur destination... Juge, mon
« ami, de ce qu'ils ont fait, ils ont pris tous les bestiaux qu'ils trouvaient, sur-
« tout en chevaux. Je leur en ai ôté moi-même des mains pour plus de six à
« sept mille livres, enfin, j'ai fait rendre honteusement tout ce que j'ai pu de-
« couvrir, mais encore je n'ai pas pu tout ravoir, jusqu'à un gendarme qui
« m'ayant été dénoncé a été fouillé, et on a trouvé dans son porte-manteau
« plisses de femme, robes, toile et mousseline, j'ai requis le commandant de le
« dénoncer à l'accusateur public, ce qui est bien malheureux, car cette troupe
« s'est distinguée dans toutes les affaires qu'elle a eu, et tu sais que malheu-
« reusement on n'est pas encore guéri des préjugés, mais, je te répète, le pil-
« lage nous perdra, et nous ôte bien des moyens de découvrir les intrigues de
« nos ennemis... »

66. AUGUSTE FERDINAND DE PRUSSE, frère de Frédéric II, dit le *Grand*, lieutenant général.

L. aut. sig. (en allemand), à son beau-frère... 25 juin 1768. 1 p. pl.
et demie in-4.

67. AUSTIN (Sarah), célèbre romancière anglaise.

L. aut. sig. (en anglais), au poëte Tieck. Londres, 18 janvier 1834.
4 p. pl. in-8, et une demi page in-4 dans l'intérieur de l'enveloppe.
Sur l'enveloppe il y a trois lignes de la main de Tieck. Cachet.

Très-intéressante lettre littéraire. Elle lui demande lequel de ses ouvrages
il désire qu'elle traduise en anglais. Son unique pensée, après ses devoirs de
mère de famille, est de traduire des pensées allemandes... « et les vôtres ont
« pour moi un charme, une résolution inexprimable... »

68. AUTICHAMP (Antoine-J.-Eulalie de Beaumont, comte, puis marquis d'), général vendéen.

1o L. aut. sig., à l'abbé Bernier, l'un des chefs de l'armée catholique en Vendée. Londres, 4 mai 1795. 1 p. in-fol.

La considération que lui accorde M. Stofflet l'engage à s'adresser à lui avec
confiance pour le prier de lui rendre un service. Il écrit à ce général pour lui
faire part du désir qu'il a de se réunir à lui pour lui offrir ses services et son
zèle... Il lui suffit de lui demander avec instance de vouloir bien assurer
M. de Stofflet qu'aucun motif d'ambition ne détermine sa démarche, il ne peut
avoir que celle de mériter l'estime et l'intérêt d'un homme qui fixe les re-
gards de l'Europe, et qui peut influer de la manière la plus heureuse sur le
sort de tout ce qui existe, de vrais français ; « Devenir le compagnon de ce
« général, est un titre dont je me glorifirois, et qui rempliroit tous mes vœux... »

2o L. aut. sig., à M. le chevalier de la Pelouse, à Londres. Reading,
14 nov. 1800. 3 p. pl. in-4.

Lettre politique et énigmatique sur les événements du temps. Il y est question de M. de Bouillé qui n'a pas encore pris de résolution de départ... *Le*

bon Antoine est encore bien loin de l'idée de prendre un parti : il veut voir
les résultats du congrès de Lunéville auxquels il n'a pas grande confiance ; il
est persuadé (le bon Antoine) que toutes les parties les plus intéressées à
faire la paix ne la veulent pas sincèrement... Pour lui, il aime bien mieux
savoir ses enfants et toutes les personnes qui l'intéressent réunies à la campagne, en Anjou ou en Poitou, qui ont toujours été des pays agréables à habiter « certes de préférence à cette affreuse Babylone, qui a vu, et laissé de
» sangfroid massacrer le meilleur des rois... »

3° L. aut. sig., à Son Excellence... Paris. 1 p. in-fol.

AUTICHAMP (Charles-Jean-Marie de Beaumont, comte d') 1° L. a. s.
10 frimaire. 2 p. in-4.—2° Passeport sig.—3° L. sig. 2 p. in-4.

69. AVAUX (Claude de *Mesme*, comte d'), ambassadeur à
Vienne, à Rome, en Allemagne, etc., auteur de *Mémoires.*   N. 1595. M. 1650.

L. a. s., au cardinal Mazarin. Hambourg, 13 mai 1642. 2 gr. p. in-fol.
Félicitations sur le rétablissement de sa santé... « Si monsieur de Chavigny
« m'avoit mandé *la conqueste de toute l'Espagne* il ne *m'auroit pas tant fait de*
« *plaisir* qu'en m'asseurant de *la santé de Vostre Eminence...* » Nouvelles de
la prise de Vosglogaie.

70. AYDIE (le chevalier d'), ami de Montesquieu, amant de
Mlle Aïssé.

L. aut., à M. l'abbé Alari, à Paris. Madrid, 20 nov. 1741. 3 p.
in-4. Déchirure par le cachet enlevé.
Au sujet du commandement de la vieille Castille avec le titre de capitaine
général de cette province qu'il vient d'obtenir... L'escadre de Cadix a mis à
la voile pour passer, dit-on, dans la Méditerranée... L'infante soutient les ap-
proches du départ de son mari avec héroïsme...

71. BABEUF (François-Noël), chef de la conspiration qui
porte son nom.   Mis à mort en 1797.

Minute aut. (non terminée) d'une lettre adressée à son ami Topino-
Lebrun, peintre et ami de David, l'un des plus célèbres jurés du tribunal révolutionnaire, qui siégea dans le procès de la Reine et dans
toutes les grandes affaires de l'époque. Elle est écrite cinq jours après
le 13 vendémiaire et la lutte des sections contre la Convention. 2 p. pl.
in-8, sur l'enveloppe d'une lettre adressée à Julien de la Drôme.
Tous ces grands tacticiens avec leur réserve, leur prudence, leur politique
mesquine et leurs petites pitoyables intrigues, tuent proprement la patrie....
« Le marais est pourri, la Gironde est pourrie, les thermidoriens sont pour-
« ris. Toutes ces pourritures-là, combinez tant qu'il vous plaira, tous les de-
« grés possibles de leur réciproque fermentation, ne produiront en dernière
« analyse que de la pourriture.... Nous ne pouvons sauver le peuple que par
« le peuple, et comment lui ferions-nous guérir ses maux si l'on s'obstine à
« lui en cacher toujours les causes ? etc.. etc. »

72. BABOIS-HAUGUET (Mme Victoire), romancière.

L. aut. sig., à Mme Auger. Rouen, 31 janvier 1814. 4 gr. p. in-4.
Belle et spirituelle lettre.
Médecin amateur, comme l'appelle Andrieux, elle lui indique un moyen de
se guérir d'un rhumatisme aigu qui lui a parfaitement réussi.

73. BACON (François), vicomte de Saint-Alban, célèbre
chancelier et philosophe anglais.   N. 1561. M. 1626.

Sa signature : *St-Albans*, au bas de trois lignes découpées d'un acte
sur parchemin. In-folio en travers. *Rare.*

74. BAILLY (Jean-Silvain), astronome, maire de Paris.

Circulaire imprimée, avec sa signature autographe, au sujet de la
répartition des revenus appartenant aux pauvres de la ville de Paris.
Paris. 16 oct. 1791. 1 p. in-4.
ACLOQUE. Commandant général de la garde nationale parisienne.
1° L. sig., au citoyen Palloy. 12 mars 1792. 1 p. in-fol. Tête impr.
Vignette. Au sujet de la médaille qu'il lui a envoyée, provenant du
plomb des débris de la Bastille. — 2° Reçu sig. de la dite médaille.

75. BALLANCHE littérateur, poëte, de l'Acad. française.
L. a. s., à M. Nizier Lenoir. Paris, 23 juin 1844. 3 gr. p. pl. in-8.
Relative au clavier typographique auquel il avait déjà songé, à l'impression par la vapeur; il y a à Lyon une presse qui imprime par le moyen de la seule pression atmosphérique. Cette presse a été exécutée en 1822.

76. BALUZE (Etienne), savant érudit.   N. 1630. **M.** 1718.
L. aut. sig., à Mgr... Paris, 4 mars 1681. 2 p. in-4.
Au sujet de livres confisqués à Nantes.

77. BALZAC (Honoré de), célèbre romancier.
L. aut. sig., de ses initiales *H. B.*, à Mme... 1 p. et demie in-8.

78. BALZAC (Honoré de). *Le même.*
L. aut. sig., à M... Paris, 28 juin 1827. Demi-p. in-8 avec ceci imprimé en tête : *Imprimerie de H. Balzac et A. Barbier, rue des Marais S. G. N. 17.*

79. BANCKS (sir Joseph), célèbre voyageur.
L. a. s. (en anglais). Londres, 19 déc. 1781. 1 p. pl. et tiers in-4.

80. BARBAROUX (Charles-Jean-Marie), avocat célèbre, conventionnel.   Mis à mort en 1794.
Une ligne aut. et sig. (*Conforme à l'original, Barbaroux, Sre gref. adj.*), au bas de la copie de la lettre écrite par le Directoire du département des Bouches-du-Rhône, à la municipalité de Marseille. Aix, le 20 février 1791. 2 p. in-4.
Au sujet des troubles qui ont lieu dans le département. La ville de Saint-Ambrog est déjà au pouvoir des révoltés et ils ont désarmé tous les patriotes. « Nîmes chef-lieu du département peut être menacé, et nous craignons de voir « renouveler les scènes sanglantes qui déjà une fois ont désolé ce malheureux « pays..... »

81 BARBAZAN (Etienne), éditeur des *Fabliaux et Contes des poëtes français* du XIIe au XVe siècle. N. 1646. M. 1770.
L. aut. sig., à M. Guyot. 28 mai 1749. 3 gr. p. pl. in-4.
BARBAZAN (peut-être le père du précédent). L. aut. sig., à Mg... Sarniguet en Bigorre, le 4 février 1724. 3 p. in-4.

82. BARBEAU DE LA BRUYÈRE (Jean-Louis), littérateur, historien.   N. 1710. M. 1781.
L. aut. sig., à l'abbé Mercier de Saint-Léger. 15 déc. 1 p. in-4.

83. BARBIER (Alexandre), bibliothécaire de Napoléon Ier, auteur du *Dictionnaire des ouvrages anonymes et pseudonymes*, etc. N. à Coulommiers en 1765. M. en 1825.
1° L. aut. sig., à M. Lablée. Paris, 27 nivôse an XIII. 1 p. in-4.
2° *Le vrai Dieu. Ode.* Attribuée à Voltaire. Copie aut. de M. Barbier. 4 gr. p. pl. et demie in-fol.
3° Imitation de l'ode du R. Père Le Jay, sur Sainte Geneviève (en vers). Imprimé de 7 p. in-4. Il y a à la fin : FRANÇOIS AROUET, étudiant en Rhétorique et pensionnaire au collége de Louis-le-Grand.

84. BARBOTIN, curé d'Allonne, un des plus intrépides soldats de l'armée vendéenne.
L. aut. sig., à M. le sous-préfet de Parthenay. Allonne, 2 octobre 1827. 2 gr. p. pl. et demie in-4.
Il défend avec énergie l'administration de la fabrique de l'église, contre laquelle il a été porté des accusations qu'il considère comme calomnieuses.

85. BARNAVE, avocat au Parlement de Paris, membre de l'assemblée constituante, orateur célèbre. Né à Grenoble en 1761. Mis à mort en 1793.
Mémoire sur le véritable caractère de la Révolution française, ses influences. Manuscrit aut. 6 p. pl. petit in-4.

86. BARRAS, conventionnel, membre du Directoire.

1º L. sig., comme président du Directoire exécutif. Paris, 8 nivôse an VI. 2 p. in-fol. — 2º Renvoi sig. an IV. 1 p. in-fol. — 3º Apostille de 4 grandes lignes aut. sig., comme représentant du peuple, en marge d'une pétition. Saint-Omer, 17 thermidor an III. 1 gr. p. in-fol.

ARRIGHI (Hyacinthe), cousin germain de la mère de Napoléon, père du duc de Padoue, député aux 500, préfet de la Corse. Pièce aut. sig. (en italien). Bastia, an V. 1 p. in-4 en travers.

87. BARTHELEMY (l'abbé Jean-Jacques), auteur du *Voyage du jeune Anacharsis en Grèce.* N. 1716. M. 1795.

L. sig., à M... Paris, 16 oct. 1753. 1 p. in-4.

88. BARTSCH (Adam), célèbre graveur allemand, conservateur du cabinet impérial des estampes à Vienne.

L. aut. sig., à M. Guillaume de Bure, libraire, à Paris. Vienne, 29 janvier 1785. 1 gr. p. pl. in-4. Cachet.

Au sujet de la lettre qu'il lui a écrite pour pousser à la vente de M. de Billy, pour le compte de la bibliothèque impériale, la collection des estampes scandaleuses qu'il a eu la bonté de lui faire voir au Louvre pendant son séjour à Paris....

89. BASNAGE (Jacques), dit de Beauval, ministre protestant, historien. Né à Rouen en 1653.

L. aut. sig. 4 octobre... 1 p. pl. in-4. Cachet. Déchirure par le cachet. Intéressante.

90. BATARNAY (René de), et Isabeau de *Savoie.*

1º Acte de donation signé par eux, fait à l'église de Montrésor, en Berri, nouvellement érigée, par René de Batarnay, baron, seigneur de Montrésor, et Isabeau, sa femme. Montrésor, 23 avril 1533. Pièce sur parchemin de 1 m. 50 c. de hauteur, sur 60 centim. de largeur, avec sceaux.

2º Lettres patentes signées par René de Batarnay, pour faire et recevoir les foy et hommages des vassaux de la chatellenie de Montrésor. Donné au dit lieu de Montrésor, le 12 avril 1540, Parchemin, in-fol. oblong.

91. BAUDEAU (l'abbé Nicolas), économiste, chanoine et prieur de Saint-Lô en Normandie, aut. des *Ephémérides du citoyen, Ephémérides économiques,* etc. Né à Amboise en 1730. Mort en 1792.

L. aut. sig., comme secrétaire de la société libre d'émulation établie à Paris pour l'encouragement des inventions qui tendent à perfectionner la pratique des arts et des matières utiles... à Messieurs,... sans date, 3 p. in-4.

Au sujet de la formation d'une autre société équivalente à la leur....

92. BAUDOUIN DE MAISON-BLANCHE, membre de l'Assemblée constituante de 1789.

L. aut. sig., à M. Mangourit. à Rennes. Lannion, 31 juillet 1787. 6 gr. p. pl. in-4.

Très-intéressants détails sur les légendes et les antiquités de la Bretagne.

93. BAUERLE (Adolphe), auteur dramatique allemand.

L. aut. sig. (en allemand), à la rédaction de la *Gazette des Néades,* à Leipsic. Vienne, 26 décembre 1823. 1. p. pl. in-4. Cachet.

94. BEAUFORT D'HAUPOULT (Anne-Marie de Montgerault de Coutances, comtesse de), poëte et romancière.

Vers élégiaques. Sic transit gloria mundi. 2 p. pl. et demie in-8. Jolie et intéressante pièce.

95. BAYLE (Pierre), métaphysicien.   **N. 1647. M. 1706.**

L. aut., à M. Simon de Valebert, bibliothécaire chez M. l'abbé Bignon, à Paris. 30 septembre 1697. 1 p. pl. in-4. Cachet.

Sur un petit écrit qu'il a été obligé de publier à son grand regret pour répondre à un libelle diffamatoire de son ancien ennemi. Nouvelles littéraires. Publications nouvelles, etc.

96. BEAUCHAMPS (Raphaël de), savant bénédictin.

Projet sur la réunion des religions (catholique et protestante), manuscrit signé par Raphaël de Beauchamps, et signé de ses initiales au bas de chaque page. 7 gr. p. in-fol. Ce projet en 78 articles est écrit à mi-marge, et les observations sur chaque article sont écrites en regard.

L'article 1er supprime le purgatoire. « On n'obligera point de croire le pur- « gatoire dans le sens que le commun du peuple l'entend en le prenant pour « un lieu où les âmes justes sont purifiées par le feu de tout le reste de leurs « péchés. Le concile de Florence a déclaré que cela n'étoit point de foy. — « L'article 2 laisse les images dans les temples comme ornements, mais non « comme objets essentiels au culte. — L'article 3 promet de ne point encou- « rager la pratique de ceux qui rendent encore un culte honoraire aux reliques « des saints. — L'article 4 convient qu'il faut rendre à Dieu ce qui lui appar- « tient, mais il ne saurait se résoudre à blâmer les prières que les fidèles font « aux saints. » Tout le reste est dans le même esprit, et l'on se demande, après avoir lu ce curieux document, si les intentions du clergé catholique de France étaient sincères, et si le célèbre Bayle n'a point cent fois raison contre l'illustre Bossuet.

97. BEAUHARNAIS (l'impératrice Joséphine), première femme de Napoléon.

L. aut. sig , *Lapagerie Bonaparte*, au citoyen Renouvier. 1 p. pl. petit in-18.

Il lui tarde bien de voir finir l'affaire de la Malmaison....

98. BEAUHARNAIS (Hortense), reine de Hollande.

L. aut. sig.: *Hortense, protectrice des maisons Impériales Napoléon*, à l'empereur Napoléon qui a écrit au haut en marge :*Approuvé et renvoyé à notre chancelier de la Légion d'honneur*. Paris, 23 janvier 1810. 1 p. in-fol.

Au sujet de la nomination qu'elle a faite de madame de Monglat, comme dame surveillante de première classe des maisons impériales Napoléon.

99. BEAUHARNAIS (François, marquis de), oncle de la reine Hortense.

1º L. aut. sig., à la reine Hortense. 10 déc. 1811. 2 p. in-4.

Il rappelle les bontés de l'Empereur qui l'ont mis à même de pouvoir acquitter les dettes qu'il avait contractées en Espagne.

2º Note en italien envoyée à Louis Bonaparte par son oncle François de Beauharnais, alors ministre plénipotentiaire de France en Toscane. 1 p. in-fol.

100. BEAUHARNAIS (François, marquis de), *Le même.*

L. aut. sig., à son neveu, le Prince Eugène, Vice-roi d'Italie, à la grande armée. 16 mai 1813. 2 gr. p. in-fol. Avec enveloppe aut. Intéressante.

101. BEAUMARCHAIS (Caron de), littér, et aut. dramatique.

L. aut. sig., au citoyen Bossange. Paris, 6 nivôse... 1 p. in-8.

Au sujet d'une commission à remplir très-promptement *pour de très-beaux exemplaires de Voltaire.*

102. BEAUMARCHAIS (Caron de). *Le même.*

L. aut. sig., à M. Bellanger, architecte. Jeudi 5 juin. 1 p. in-8. *Portr.* de Saint-Aubin, in-4.

« Si ce monstre de Bellanger vient dîner chez moi demain vendredi avant « deux heures, je pourais le mener passer deux jours à Ermenonville chez « mon ami Girardin....»

103. BEAUMONT (Elie de), avocat, défenseur des Calas.

L. a. s., à M... Paris, 7 février 1783. 1 gr. p. in-4. Intéressante.

104. BEAUMONT (Gustave de), député, membre de l'Institut.

L. aut. sig., à M... Paris, 24 février 1843. 3 p. in-8.

Il veut le féliciter du beau monument qu'il a résolu d'élever à la pauvre Irlande. Peindre ses misères sociales, et placer en regard ses richesses naturelles sont deux choses qui lui vont très-bien ensemble. En même temps qu'il rappellera le malheur, les catastrophes, les ruines faites dans cette contrée, il en offrira à l'œil le tableau; en même temps qu'il racontera une lamentable histoire, il peindra une nature féconde en sites pittoresques.... « Quel meil- « leur moyen d'exciter l'intérêt public en faveur de l'Irlande que de montrer « comment tout y a été créé grand et magnifique par la main de Dieu, com- « ment tout le mal y est l'œuvre de l'habileté humaine ; et comment en dépit « de six siècles de persécutions religieuses et de guerres civiles, les plus « cruelles peut-être qui aient été données en spectacles au monde, le sol de « l'Irlande étale toujours ses délicieuses vallées, ses lacs encadrés de verdure, « ses riantes montagnes, ses plaines couvertes de riches moissons. Terre fé- « conde, prodigue de ses trésors, sur laquelle l'homme meurt de faim!. . »

105. BEAUNE (Arnaud ou Renaud de), abbé de Molesmes, archevêque de Bourges, puis de Sens, grand aumônier de France, confesseur du roi Henri IV.

Pièce notariée sig.: *B. Ar. de Bourges, Abbé de Molesmes.* Oct. 1614. 2 p. in-fol.

106. BEAUVAU (Charles-Juste, prince de), maréchal de France. N. 1720. M. 1792.

L. a. s., à M. de La Tour. Au Val, le 28 août 1782. 2 p. et quart in-4.

Au sujet de l'affaire de l'arsenal de Marseille, la mauvaise police de cette ville, et sur l'établissement projeté d'un nouveau guet.

107. BEGNIS (de), célèbre chanteur italien.

L. aut. sig. (en italien), à Benelli. Paris, 20 mars 1821. 3 p. in-4.

108. BEKKER (Balthazar), théologien protestant, ami de Pierre Bayle. N. 1634. M. 1698.

Préface (en hollandais) imprimée de son fameux ouvrage : *Le monde enchanté*, avec sa signature. aut. à la fin. 4 p. et demie in-4. Notice biographique manuscrite. 1 p. in-fol.

Paulus (H.-E.-G.), professeur de théologie, à Heidelberg. L. a. s. (en allemand). 2 p. in-4.

109. BELLART, avocat célèbre, procureur général.

L. aut. sig., à M. Villemain. Paris, 7 juillet 1821.

Il a reçu son discours de réception à l'Académie française.... Il n'a pu encore trouver un moment pour prendre sa part de l'enthousiasme universel qu'il a inspiré, mais il se ménage un petit intervalle de liberté pour savourer tout à son aise cette lecture....

110. BELLES-LETTRES. etc. Sept lett. aut. sig.

Ameilhon (Hubert-Pascal). 1767. 1 p. in-8.— Ampère (Jean-Jacques). 1849. 3 p. in-4. Cachet. — Ancelot, poëte. 1824. 1 p. pl. in-8. — Andrieux. 1830. 1 p. in-8. *Portr.*—Anicet Bourgeois. Demi-p. in-8. — Arlincourt (le vicomte d'). 1833. 1. p. in-8. — Avrigny (Lœuillard d'). 1821. 2 p. et demie in-8.

111. BELLES-LETTRES, etc. Neuf lett. aut. sig. et une lett. sig.

Balzac (Honoré de). Dem-p. in-8.—Baour de Lormian. 1830. 1 p. in-8. — Barest (Eugène). 1 p. in-8.—Bawr (Madame de), 1844. 1 p. in-8.— Beauvoir (Roger de). 1 p. in-8.— Bernis (le cardinal de). L. sig. 1786. 1 p. in-4.— Reyle (Henri), dit : Stendahl. demi-p. in-8.— Boissonnade. 1842. 1 p. in-18.— Bonnechose (Emile de). 1840. 1. p. in-8.— Bonnelier (Hippolyte). 1847. 4 p. pl. in-4.

112. BELLES-LETTRES, etc. Sept lett. aut. sig.

Bonjour (Casimir). 1832. 1 p. in-8.—Boufflers (Stanislas, chevalier de). L. aut. sig., B. 1 p. in-12.— Bouilly. 2 p. et demie in-12.

Boyé, poëte danois. 1844. 1 p. in-8.— BRAZIER. Demi-p. in-8.—
BULWER. Petite page in-18. — CAMPENON. 1 p. in-4.

113. BELLES-LETTRES, etc. Sept lett. aut. sig.
DÉSAUGIERS (Marc-Antoine) 1817. 1 p. in-4.—DÉSAUGIERS l'aîné.
1 p. in-8.— DESCHAMPS (Emile). 1826. 1 p. in-4.—DUMAS (Alexandre)
père. 1839. Demi-p. in-8. Il prie le rédacteur du *Courier* d'insérer
le soir la note suivante : « J'ai promis au vieux maréchal de Bellune,
« qui n'a jamais été que bête, et que j'ai manqué de rendre fou, de
« lui donner cette petite satisfaction... »— DUPONT (Aimé), poëte de
Cambrai. Pièce de vers aut. sig. 1 p. in-4.—FRANÇOIS DE NEUFCHA-
TEAU. 1823. 1 p. et demie in-4. — GOZLAN (Léon). 1 p. in-8.

114. BELLES-LETTRES, etc. Six lettr. aut. sig.
HUGO (Victor). 1º Demi-p. in-8.— 2e Epreuve d'imprimerie avec corrections aut. d'un pamphlet. 4 p. in-8.— JAMES (George-Payne-Rains-
ford). 1840. Demi-p. in-8 en travers.—MÉRY. 1 p. in-4.—MOLLEVAUT.
1 p. in-8.— PIGAULT-LE-BRUN. 1 p. in-8. Cachet.— SAINTINE. 1839.
1 p. in-8.

115. BELLES-LETTRES. etc. Sept lett. aut. sig.
SALM (la princesse de). 1829. 2 p. in-8.— SOUMET (Alex.). 1 p. et
demie in-8.— VALMORE (Marceline). 1841. 1 p. in-8.—VIENNET. 1812.
1 p. et demie in-4.— VIGÉE. 1812. 2 p. in-8.— VILLEMAIN. 1 p. in-8.
Portr.— VOLNEY. An XII. 1 p. in-8 en travers. *Portr.*

116. BELLIARD (le général comte).   N. 1773. M. 1832.
1º L. a. s., au maréchal Berthier. Bruxelles, 5 brum. an XII. 1 p. in-fol.
2º L. sig., au général Jardon. Bruxelles, 29 pluviôse an XII. 2 p.
in-4. Vignette.
Il lui envoie plusieurs exemplaires du rapport du grand-juge au gouvernement
il en donnera connaissance à toutes les troupes qui sont sous ses ordres.
« Vous verrez que la perfide Angleterre usant de ses ressorts ordinaires tra-
« mait la conspiration la plus étendue et attentait aux jours du premier con-
« sul ; leurs projets sont découverts, les jours du premier consul sont en
« sûreté, la police qui veille, et l'étoile de Bonaparte déjoueront toutes les
« tentatives des hommes corrompus par l'or de l'Angleterre, et qui voudraient
« replonger la France dans les malheurs dont l'a tiré le premier consul ; il
« échappera aux poignards et aux poisons de l'Angleterre, il vivra pour le bon-
« heur de notre patrie.... »

**117. BELZUNCE DE CASTELMORON, évêque de Marseille,
se distingua par son dévouement durant la peste de
1720 et 1721.   N. 1671. M, 1755.**
L. a. s., au cardinal de Fleury. Auriol, 4 fév. 1737. 3 gr. p. pl. in-4.
Il lui recommande avec instance le fils du sieur Du Parc un des plus ha-
biles sculpteurs qu'il y ait dans les provinces pour être envoyé par le roi à
Rome.... Il est à la fin d'une mission qu'il fait dans un gros lieu de son diocèse « ou ce trouue de fortes preuues du mal que font les p.p. de l'oratoire dans
« les endroits mesmes ou ils seiournent peu, et ou ils n'oublient rien pour
« establir la criminelle deuotion pour le diacre de Saint Médard, et pour sé-
« duire les peuples.... »

118. BEN-AISSA, chef d'une des tribus de l'Algérie.
L. a. s. (en arabe), avec son sceau. 1 gr. p. pl. in-8.— Plus, une
autre lettre de chef algérien, en arabe, avec son cachet. Demi-p. in-8.

119. BENDEMANN (Edouard), peintre allemand.
L. a. s. (en allemand), à M... Dresde, 13 avril 1838. Demi-p. in-4.

120. BERANGER (P.-J. de), notre poète national.
L. aut. sig., à Jacques Laffitte. 13 avril 1829. 3 p. pl. in-8.
Détails très-intéressants au sujet d'une lettre de Manuel qu'il lui envoie pour
s'éviter la peine d'entrer dans des détails avec lui... Service qu'il lui demande
pour se soutenir auprès de son associé.... Un académicien s'est adressé à lui
pour le prier de lui faire prêter par lui 1500 fr. payables en deux ans. C'est
Baour Lormian, qui, presque aveugle, a besoin d'un secrétaire pour finir ses

œuvres complètes.... « Je ne prends pas la liberté de vous le recommander, « tout en désirant que vous vous laissiez attendrir par ce *pauvre aveugle*, traducteur d'Ossian et du Tasse, et auteur d'une foule de beaux vers..: » Souscription pour Rouget de Lisle, etc.

121. BERANGER (P.-J. de). *Le même.*

L. aut. sig., à M..., 18 février 1832. 2 p. in-8.

En faveur de cousin d'Avalon, vieillard infirme, homme de lettres, aujourd'hui sans travail.

122. BERANGER (P.-J. de), *Le même.*

L. aut. sig., à M. Chassedoux aîné. Prison de la Force, le 11 mai 1827. 1 p. pl. in-8. *Portr.*

Il a reçu les douze exemplaires de son poëme.... Il a lu avec un vrai plaisir son attaque contre MM. du génie, et elle lui a prouvé qu'il n'avait pas moins de bon esprit que d'esprit, ce qui, chez nous, ne va pas toujours ensemble...

123. BERANGER (P.-J. de). *Le même.*

L. aut. sig., à M..., 7 juillet. 2 p. in-8.

.... Il lui offre d'avance place à la modeste table d'un ermite, et lui indique ses heures de promenades.

124. BERGIER (l'abbé Nicolas-Silvestre), confesseur du roi, auteur du *Dictionnaire de théologie de l'Encyclopédie méthodique, etc.* N. 1718. M. 1790.

L. aut. sig., à Bernardin de Saint-Pierre. Versailles, 15 mai 1776. 3 gr. p. pl. et demie in-4.

Très-intéressante lettre au sujet de la chûte de Turgot. Le bon abbé persiffle à cœur joie les philosophes et la philosophie à l'occasion de cet événement.... « Quelle perte, Monsieur, quel malheur pour la nation! Tout le monde « en fut si touché qu'à la première nouvelle qui fut très-prompte, on s'embras- « sait dans la galerie comme s'il fut né un dauphin, ou comme si le roi eut « échappé à un grand danger. M. de Malesherbes partit au même instant; mais « on sçavoit d'avance qu'il auoit demandé son congé, et qu'il n'a tenu qu'à lui « de demeurer en place. Lorsque sous Vespasien qui d'ailleurs étoit un bon homme, « les philosophes furent chassés de Rome pour leur insolence, je ne sçay pas « si l'on s'embrassoit; mais quoique je n'aye embrassé personne j'ay remercié « Dieu de ce soufflet appuyé sur l'auguste visage de la philosophie; si elle est « un peu honteuse il n'y aura pas de mal; vû le ton qu'elle a pris, elle mérite « d'être traitée comme les demoiselles dont on est dégoûté et que l'on met à « la porte sans conséquence.... »

125. BERIOT (Ch. de), compositeur, mari de Mme Malibran.

L. aut. sig., à M. Hartmann.... 3 p. in-8.

126. BERNADOTTE, maréchal de l'Empire, depuis roi de Suède (Charles-Jean XIV). N. 1761. M. 1844.

L. aut. sig., au ministre... Anspach, 14 mai 1806. 2 p. in-4.

Au sujet du général Tilly qui vient d'être décoré de l'aigle rouge de Prusse.

127. BERNADOTTE. *Le même.*

L. aut. sig., à son cher confrère... Anspach, 27 juin 1806. 2 p. in-8.

Il le remercie de la part qu'il a bien voulu prendre à la nouvelle faveur dont Sa Majesté l'Empereur et Roi vient de le combler.... »

128. BERNADOTTE. *Le même.*

1° L. s., au général Chabot. Vannes, 1er vendémiaire an IX. 1 p. in-4.

2° L. sig., au général Hédouville. Quartier général de Rennes, le 20 thermidor an VIII. 3 gr. p. in-fol. Tête impr.

Il apprend avec la plus grande certitude que le gouvernement anglais embarque avec la plus grande précipitation 15 000 hommes de ses meilleures troupes, et qu'il les destine à tenter un coup désespéré sur les établissements de Brest. Les royalistes de l'intérieur doivent seconder ces opérations. Mesures militaires prises et à prendre pour déjouer ces tentatives.

129. BERNARD DE SAXE WEYMARD (le prince), lieutenant-général au service des Pays-Bas, et ancien gouverneur des Indes. N. 1692.

L. aut. sig. (en allemand), à Messieurs... Gand, 29 mai 1819. 1 p. in-4. *Portr.*

Palu de Varembon (Jean de la), général espagnol aux Pays-Bas. L. aut. sig., à madame (Marguerite d'Autriche, gouvernante des Pays-Bas). Radomourt, 3 mars 1512. 1 p. in-4.

130. **BERNIER** (l'abbé), curé de Saint-Laud, un des chefs de l'armée Vendéenne, plus tard évèque d'Orléans.
L. aut. sig., au général Girardon, commandant la subdivision de Maine-et-Loire et de la Mayenne, à Angers. Du Lavoir, le 23 prairial an VIII. 1 p. in-4.
Demande d'une déclaration d'amnistie en faveur du citoyen Loueto qui va quitter un département de l'ouest pour se rendre à Blois...

131. **BERNIS** (le cardinal de), poëte, homme d'Etat, membre de l'Académie française.   N. 1715. M. 1794.
L. aut. sig., à son neveu. Rome, 10 janvier 1776. 1 p. pl. in-4.

132. **BERNOULLI** (Jean), célèb. mathémat. N. 1667, M. 1748.
L. a. s., à M. de Mairan. Bâle, 8 avril 1723. 2 p. in-4. Cachet. *Portr.*
Relative à plusieurs lettres qu'il lui a écrites et à plusieurs savants.

133. **BERNOULLI** (Daniel), littérateur, médecin, mathématicien et physicien.   N. 1700, M. 1782.
1° L. a. s., à M. de Mairan. 10 janvier 1736. 2. p. pl. et demie in-8.
2° L. aut. sig., au même. Bale, 9 juin 1737. 1 p. in-4.

134. **BERTHEREAU** (Dom Placide), bénédictin.
L. aut. sig., à Dom Luc D'Achéry, Bénédictin, au monastère de St-Germain-des-Prés, à Paris. Du monastère de Saint-Corneil de Compiègne, ce dernier jour de juillet 1650. 1 gr. p. pl. in-4. Intéressante.
Au sujet de recherches sur la vie du bienheureux Simon de Crespy... Il dit en P. S. « J'auois escript à dom Anthoine Brugnard pour le prier de tirer du R. « P. Sirmond, jésuite, quelques uers ou prose touchant la translation de nos « SS. patrons à Senlys, lors de la ruine de cette uille par les Normands... »
GALLOPIN (le père). L. aut. sig., à M. de Nully, chanoine de la cathédrale, à Beauvais. Saint-Corneille, 15 sept. 1688. 1 p. pl. in-4. Cachet. Il y a en tête deux petites lignes aut. sig., de M. de La Reynie.
Au sujet de saint Eloi. Les pères qui ont soin des chartres de son monastère, se lassent de chercher et de ne rien trouver qui lui puisse donner connaissance du lieu où saint Eloi se retirait dans le voisinage de Compiègne.

135. **BERTHIER** (Pierre de), évèque de Montauban.
L. aut. sig., à M.... Montauban, 23 sept... 4 gr. p. pl. in-4.
Longs et curieux détails sur les poursuites criminelles exercées dans plusieurs parlements de France contre d'Abadie réfugié à Orange qui, depuis qu'il est à ce nouveau poste, fait un fracas qu'il faut empêcher à tout prix. Il va faire en sorte de fournir aux catholiques de ce pays-là tout ce qu'il y a d'actes et de preuves contre cet apostat « et sur mes aduis l'on a enuoié à « Bourdeaux et à Basas pour y trouuer, comme il ne sera pas difficile, de « quoi condanner un si méchant homme... »

136. **BERTHOIS** (le général, baron de).
L. aut. sig. Anvers, 16 décembre 1832. 4 gr. p. in-4.
Détails d'un grand intérêt sur les opérations du siége de la citadelle d'Anvers.

137. **BERULLE** (Pierre, cardinal de), ami de saint Vincent-de-Paul.   N. 1575. M. 1629.
L. avec la souscription d'une ligne aut. sig., à M... Paris, 20 avril... 1 p. in-fol.

138. **BERWICK** (Jacques *Fitz-James*, duc de), fils naturel du roi Jacques II, maréchal de France. N. 1671. M. 1734.
1° Mémoires autographes du maréchal. 301 p. in-4, écriture fine et serrée, avec de nombreuses corrections.
2° *Apologie de M. le mareschal Berwick.* Juillet 1716. Manuscrit aut. sig. 27 p. pl. in-4.
3° Notes aut. (minutes pour ses mémoires), 14 p. in-4. — Projet de Harangue (1705), avec trois lignes aut. en tête. 2 p. et demie

— 18 —

in-fol. — Mémoires pour M. Le Blanc, sur la peste qui règne au bas Languedoc (1721). 8 p. in-fol., avec beaucoup de corrections de la main du maréchal.—Minute de lettre à M. Le Blanc, avec des corrections aut. Montauban. 21 déc. 1721. 5 p. in-fol. sur le même sujet. — Relation circonstanciée de la mort de monsieur le maréchal, duc de Berwich, tué au siége de Philisbourg, le douze de juin 1734. Manuscrit du temps. 2 p. in-fol.

139. BERZELIUS (Jacques), célèbre chimiste suédois.
L. aut. sig. (en allemand), à Uzhlgeboren, à Jena. Stockholm, 26 avril 1830. 1 p. pl. in-4.

140. BETHUNE (Hippolyte de), évêque de Verdun.
1º L. aut. sig., à Mgr.... Verdun, 13 août 1717. 2 p. in-4.
2º L. aut. sig., au Père Poligny. Sans date. 1 p. pl. in-4.
... La révocation des lettres patentes de 1714 donnerait une paix solide à l'église de France et la tranquillité à l'Etat. « L'appel au concil est bon mais « il ne vivra pas. Les euesques acceptans les jesuites et les mandiants, je me « suis ueu forcé a interdire les capucins : dans larest de somations ils soute- « noient que les quatre euesques et tous ceux qui auoient adheré a leur appel « estoient heretiques et excomuniés. Ces trouppes auxiliaires font plus de mal « que de bien dans l'église. . »

141. BEUGNOT (Jacques-Claude, comte), constituant, préfet, ministre, directeur général de la police, etc.
L. aut. sig., à Mgr.... Aix-en-Savoie, 16 août 1818. 2 gr. p. et demie in-fol. Belle-lettre.
Beugnot (Arthur). L. aut. sig. 30 sept. 1 p. in-4.

142. BEURNONVILLE (le comte), maréchal de France.
1º L. aut. sig., au Ministre.... Paris, 30 mars 1809. 4. p. in-4.
2º L. aut. sig., à M.... Plombières, 7 juillet 1813. 6 p. pl. in-4.

143. BIAGIOLI (Joseph), philologue et poëte italien.
L. aut. sig., à Mme la Duchesse de Berri. 2 p. in-4.
Hommage de l'ode italienne qu'il a composée sur le sacre de Charles-X.

144. BIGNON (Jean-Paul), abbé de Saint-Quentin, bibliothécaire du roi, membre de l'Acad. fr. N. 1662, M. 1743.
L. aut. sig., au président d'Origny, mayeur de St-Quentin, à Saint-Quentin. A *Lislebelle*, 19 oct. 1726. 1 p. in-4. Cachet.

145. BIRON (Charles de Gontaut, duc de), maréchal et amiral de France, gouverneur de Bourgogne. Né en 1562. Décapité à la Bastille le 31 juillet 1602.
Quitt. sig. (sur parch.). Dijon, 2 juin (deux mois avant sa mort) 1602.
Vendome (Louis-Joseph, duc de), maréchal de France.
L. sig. 1708. 1 p. in-4.

146. BITAUBE (Paul-Jérémie), littérateur, membre de l'Institut. N. 1732. M. 1808.
L. aut. sig., à M. Marion. 3 p. pl. in-4. Curieuse.

147. BLUCHER (G. prince de Wahlstadt), célèbre feld-maréchal prussien. N. 1742. M. 1819.
Pièce sig. (en allemand). 16 avril 1813. Tiers de page grand in-fol. Beau cachet en cire rouge. Deux *portr.* gravés. Notice biograph. manuscrite.

148. BOIELDIEU (A.), célèbre compositeur. N. 1775. M. 1734.
L. aut. sig., au duc d'Aumont... 18 déc. 1825. 1 p. in-fol.
Il lui exprime toute sa reconnaissance pour l'intérêt qu'il a daigné prendre au succès de la *Dame blanche*.

149. BOILEAU-DESPREAUX (Nic.), poëte. N. 1636. M. 1711.
L. aut. sig., à Brossette. Paris, 3 janvier 1700. 2 p. in-4., collées

sur in-fol. (voir la correspondance littéraire entre Boileau Despréaux
et Brossette. Paris, 1856, page 32. 1 vol. in-8, avec *fac simile*).

Il lui renvoie sa préface sur le livre qu'il va redonner au public. « J'y ai
« fait les corrections à peu près de ce qui m'a paru moins exactement dit,
« mais ne vous y arrestés pas absolûment et corrigés sans crainte mes correc-
« tions. Je ne vous parle point ici de celles que vous mesme y aviés déjà
« faictes et dont vous me parliez dans vostre dernière lettre, parce que fran-
« chement j'ay égaré cette dernière lettre parmi mes papiers... »

150. BOILEAU-DESPREAUX (Nicolas). *Le même.*

Quitt. sig., *N. Boileau* (sur parchemin), de la somme de soixante
livres, pour le quartier d'une rente viagère constituée sur l'Hôtel de
Ville de Paris. Paris, 1er octobre 1697.

151. BOILEAU (l'abbé Jacques), frère du précédent, chanoine de la Sainte-Chapelle.   N. 1635. M. 1716.

L. aut. sig., à M... Paris, 5 avril 1713. 1 p. pl. in-4. Notice biographique manuscrite. 1 p. in-fol.

Au sujet d'une réunion pour une conférence pour l'approbation qu'il sont
sollicités de donner au livre de M. Renaudot...« Pour moi, je suis très-résolu de
« ne rien signer ni approuver que nous n'ayons ensemble conféré sur tous les
« points qui nous paraissent à discussion... »

152. BOLINGBROKE (sir John-Henri), homme d'Etat anglais, célèbre négociateur.   N. 1672. M. 1751.

Pièce sig. (en anglais). Whitehall, 25 juin 1714. Demi-p. in-4. Ro-
gnure à la marge intérieure atteignant l'écriture (Collée sur fort p.).

WELLINGTON (le duc de). Billet aut. sig. (à la 3e personne, en anglais). 1835. 1 p. in-8.

153 BOLINGBROCK

L. aut. sig. (en anglais), au capitaine Magra, à Haymarkett. Vendredi matin. 1 p. pl. in-4. Cachet.

Comme il est engagé ce matin par ordre de S. M. la reine, il peut être appelé auprès d'elle, et il serait bien aise de connaître ce qu'il a appris de particulier au sujet de leur affaire...

CADOGAN (de). L. aut. sig., au cardinal..... Au camp, devant Aire,
3 octobre 1710. 1 p. pl. in-4. Affaires militaires.

154. BONALD (le vicomte de), publiciste, membre de l'Institut, pair de France.   M. 1840.

1º L. aut. sig., au baron de Trémont. 1813. 2 p. in-4.

Lettre (intime) intéressante sur les événements politiques... « Nous man-
« geons notre capital en hommes et en choses, on n'écrit rien de Paris...,
« l'affaire Michel fait oublier des affaires plus intéressantes. Il semble que l'ho-
« rison se rembrunit encore, et les mouvements du vice-roi semblent menacer
« l'Autriche. Quelque jour comme Ptolémée, nous *pourrons apprendre* ce que
« les destins auront résolu du *beau-père et du gendre*, l'un ressemble assés à
« cela, mais l'autre n'est pas Pompée et gare une autre *Pharsale.* »

2º Article sur la franc-maçonnerie envoyé à M. Laurencie, pour la
Quotidienne. Aut. sig. en tête. 4 gr. p. à mi-marge, in-4.

155. BONAPARTE, comme gén. en ch, de l'arm. d'Egypte.

L. sig. au général Vial. Au Caire, le 8 vendémiaire an VII. Demi-p.
in-fol. Tête impr. Vignette.

156. BONAPARTE, comme premier consul.

Apostille sig. en marge d'une lettre du général (plus tard maréchal)
Macdonald à lui adressée. Paris, 1er prairial an X. 1 p. in-fol. *Portr.*
de Macdonald.

Au sujet du poëte Parny que Beurnonville et Macdonald recommandent au
premier consul, et que celui-ci à son tour renvoie au citoyen Rœderer comme
candidat à l'une des trois places d'inspecteurs de l'instruction publique.

BONAPARTE (Joseph). L. sig. Paris, 20 pluviôse. 1 p. in-4. *Portr.*

157. BONAPARTE (Joseph), frère aîné de Napoléon Ier,

L. aut. sig. : *Joseph*, cte de Survilliers. Londres, 19 sept. 1838.
2 gr. p. pl. in-4. Très-belle lettre.

Depuis son arrivée en Angleterre, il a lu fréquemment des articles de gazettes qui lui prêtent des projets et des prétentions bien éloignées de sa pensée, élevé dès son enfance dans les doctrines de la souveraineté des peuples, il n'a jamais vu dans ceux qui les gouvernent que des délégués de la volonté nationale ; les nations lui ont paru seules avoir des *droits*, et les individus et les familles quelqu'elles puissent être, des *devoirs* à remplir. Il est venu en Europe pour y voir son neveu à Vienne, sa femme à Florence, sa mère à Rome ; il apprend en arrivant la mort du fils de son frère ; il ne trouve pas les passeports pour aller en Italie, il reste donc forcément où il est et ne retournerait dans l'heureux pays des Etats-Unis qu'autant qu'il ne pourrait remplir aucun des vœux les plus chers de son cœur, celui de revoir sa famille après 17 ans. — « Si la France continue à nous repousser, je plaindrai la France, « elle repousse ses enfants les plus dévoués à sa gloire, à son bonheur, à sa « liberté, des enfants qui lui doivent trop pour n'être pas disposés à tous les « genres de sacrifices, pour ne pas lui consacrer le reste de leurs jours, con-« vaincus que tous les postes sont bons pour servir la patrie... »

158. BONAPARTE (Lucien), prince de Canino, second frère de Napoléon.

L. aut. sig. *L.-B. de Canino*, à son frère Louis, comte de Saint-Leu, à Florence. Londres, 25 mai 1838. 1 gr. p. pl. in-4. Cachet. Très-belle lettre.

Au sujet de retards inexpliqués dans la réception réciproque de leurs lettres... « Enfin cela tient probablement aux caprices souverains de la police. « Ce n'est que dans cette heureuse Angleterre qu'il n'y a pas de cabinet noir. »

159. BONAPARTE (Louis), roi de Hollande, troisième frère de Napoléon.

L. aut. sig., à l'empereur son frère. Paris, 1er mars 1810. 1 p. in-4. Belle lettre.

Au sujet d'une négociation qui avait été entreprise en Angleterre par une personne qui y avait été autorisée par l'empereur. Il prie S. M. de bien considérer que la Hollande souffre plus que tout autre pays de cet état de choses, et de l'entêtement du gouvernement anglais...

160. BONAPARTE (le prince impérial Jérôme), sénateur.

L. aut. sig., à M. Ornano. Paris, 27 août 1852. 1. p. pl. in-8.

161 BONCHAMP (Charles-Melchior-Artus de), célèbre général vendéen. N. 1759. M. 1793.

Ordre aut. sig. daté de Saint-Florans (Saint-Florent), le 4 juillet 1793. Demi-p. in-4. Fortement jaunie en tête par le temps. *Rare.* Deux *portr.*

« De par le roy et de MM. les commandants de l'armée catholique et royale « il est ordoné au coseil provisoire d'Ancenis de faire besser à Chantenay « de suite tous les grans bateaux qui sont à la rade de cette ville, chargé et « non chargé.... » (Cet ordre, surpris sans doute par les *bleus*, est apostillé et signé par les représentants du peuple Merlin de Douai, et Gillet).

162. BOSSUET (Bénigne), évêque de Meaux.

L. aut. sig., à madame d'Albert de Luynes. Paris, 31 janvier 1696. 3. p. pl. in-4.

Conseils sur sa santé et sur les pratiques religieuses à suivre dans sa convalescence. Il l'entretient ensuite d'une bulle qui a été obtenue pour une affaire de son diocèse... « Cette bulle est une chose manifeste surprise dont le pape « ne sçait rien du tout. J'en ai rendu compte au nonce qui n'en a nulle con-« noissance et n'approuve pas que l'on commette aussi mal à propos le nom du « pape. »

163. BOTANISTES FRANÇAIS ET ETRANGERS.

BRONGNIART (Alex.). L. aut. sig. 1843. 1 p. in-8. — CANDOLLE. (Aug.-Pyrame de). L. aut. sig. 1823. p. in-4. — HILL (sir John), botaniste du roi George II. L. sig. avec une liste de ses ouvrages. 1773. 3 p. in-4. Cachet. — MERTENS. L. aut. sig. (en allemand). 1817. 1 p. pl. in-4. — NEES VON ESENBECK. Deux lett. aut. sig. (en allemand). 1803 et 1806. 2 p. in-4. — ROMÉE DE LISLE, minute aut. d'une lettre. 1773. 2 p. pl. in-8. — THOUIN (André). L. sig. an VIII. 1. p. in-4. — TREVIRANUS. L. aut. sig. (en allemand). 1806. 2 p. in-4. — WAH-

LENBERG (George) L. aut. sig. (en allemand) 1820. 1 p. pl. in-4. Ensemble 10 lett. et pièces.

164. BOUCHER, que Mirabeau appelait *son bon Ange*.
L. aut. sig., à Bernardin de Saint-Pierre. Paris, 8 février 1781. 1 p. in-4. Cachet.

165. BOUDOT (l'abbé Pierre-Jean), garde de la bibliothèque du roi. N. 1689. M. 1771.
1° L. a. s., à l'abbé Mercier de Saint-Léger. Ce vendredi. Demi-p. in-4. Au sujet du petit ouvrage qu'il lui a envoyé pour la défense du président Hénault.
2° L. aut., à M. Boudot, procureur au Châtelet. Ce matin, à la Bibliothèque. 2 p. in-4.
3° L. aut., au même. Sans date. 1. p. in-4.

166. BOUFFE, célèbre acteur du Gymnase. N. 1808.
Pensées sur l'art, l'honorabilité, etc. du comédien, adressées à Mademoiselle Jolivet, artiste du théâtre des Variétés. 1848. 3 p. pl. in-8.
« ... L'estime accompagne le comédien qui sait la mériter, et je puis dire « sans crainte d'être démenti, qu'il en est peu sur la scène française qui ne « jouissent pas de celle de tous les gens... Le comédien passe comme les « feuilles que le vent emporte... »

167. BOUHIER (Jean), président au Parlement de Dijon, membre de l'académie française. N. 1673. M. 174 .
L. aut., à M... Dijon, 22 février 1738. 1 p. pl. et demie in-4. P. r r.
Rien de mieux que sa parodie du monologue de Polieucte. Surtout la stance de l'abbé d. F. est des mieux frappées, et lui a fait un vrai plaisir.... « Je « vous avoue que les plaisanteries qui sont dans l'*Enfant prodigue*, m'ont paru « d'un si mauvais goût, que je n'aurois pû croire que Voltaire en fût capable. « Si c'est le comique du théâtre anglois, je ne sçais comment d'honnêtes gens « peuvent s'en accomoder.... Quant la *Métromanie* de vostre Piron sera impri- « mée, nous verrons si elle mérite le succès qu'elle a eu ! J'ai peur que son co- « mique ne tienne un peu de l'Anglois.... »

168. BOUHIER (Jean). *Le même.*
L. aut. sig., à M... sans date. 2 p. in-4.
Jolie lettre littéraire au sujet du petit recueil de ses vers qu'il lui a envoyé. Il n'a jamais fait son étude principale de la poésie, mais il l'a toujours aimée, et à ses heures de loisir il s'est toujours volontiers amusé à rendre en notre langue ce qui lui a paru de plus beau dans les anciens poëtes....

169. BOUHIER (Jean). *Le même.*
L. a. s., à l'abbé Le Blanc. Dijon, 15 mai 1732. 3 gr. p. pl. in-4. Cachet.
Belle lettre littéraire et poëtique..... Il convient que le *Vaudeville* est une chanson propre à être chantée par tout le monde sur l'amour, sur la joie, ou sur les ridicules. Mais l'amour a ses peines comme ses douceurs. L'on peut donc mettre l'un et l'autre en chanson....Ce qu'est le grand recueil de *Vaudevilles de Cour*, imprimé à Paris chez Sercy en 2 vol. en 1665..... Il a pensé comme lui sur la préface du *Glorieux*.... Ils n'ont pas encore vu l'*Ériphile*. Il a grande impatience de la lire et les vers qui sont au devant .... Ce qu'est l'affaire des Bénédictins de Dijon qui a fait tant de bruit....

170. BOUILLON (Emmanuel-Théodose de la Tour-d'Auvergne, cardinal de). N. 1644. M. 1715.
L. aut., à M. de Coulanges. Paris, 2 déc. 1705. 1 p. pl. in-4. Fortes taches de mouillures en tête.
Relative à une cure près Mâcon « où est le meilleur vin du mâconnais » qui lui était demandé par madame la comtesse de Gramont.

171. BOUILLON (Mme la Dsse de), protectr. de La Fontaine.
Fragment aut. sur l'histoire romaine. 2 gr. p. pl. in-fol.
BOUILLON (le duc de). L. aut. sig. 8 mars 1710. 2 p. in-4.
BOUILLON (le duc de). Deux lett. aut. sig. 1763-1764. 2 p. in-4.

172, BOUILLY (Jean-Nicolas), littér., auteur dramatique.

L. aut. sig., à Messieurs composant l'assemblée générale des sociétaires du théâtre de l'Opéra-Comique. Paris, 22 février 1823. 3 gr. p. in-4: Intéressante.
Au sujet des représentations de sa pièce : *Valentine de Milan.*

173. BOURBOTTE, député de l'*Yonne* à la Convention.
Arrêté aut. sig. comme représentant du peuple à Nantes... Nantes, 15 prairial an II. 1 gr. p. pl. et demie in-fol. Cachet. Plusieurs brisures à la marge extérieure
Un bâtiment ennemi chargé de soixante six tonneaux de froment, indépendamment des autres objets, a été pris dans la rade de Paimbœuf par les marins de la république ; il arrête que ces bleds seront amenés à Nantes pour être distribués entre l'armée et la municipalité.

174. BOURGOGNE (Louis, duc de), petit-fils de Louis XIV.
Devoirs autographes sur l'histoire des Croisades, corrigés de la main de Bossuet. 4. p. pl. in-4.

175. BOURIENNE (Fauvelet de), secrétaire intime de Napoléon, auteur de *Mémoires.* Né à Sens en 1769.
L. a. s., au maréchal Macdonald. Paris, 3 juin 1820. 3 gr. p. pl. in-4. Exposé de ses services et des fonctions qu'il a remplies du mois de juillet 1814 à 1820.

176. BOUTERWEK (Frédéric), érudit allemand. 1766-1828.
L. aut. sig. (en allemand). 21 oct. 1812. 1 p. pl. et demie in-8. *Portr.* Littéraire.
EWALD (Jean-Louis), théologien allemand. N. 1848. M. 1822. L. aut. sig (en allemand. 1 p. in-4.

177. BOYVIN (Jean), historien, président au parlement de Dôle. N. 1580. M. 1650.
L. aut. sig., à M... Dôle, 3 juillet 1648. 1 gr. p. pl. in-fol. Très-belle pièce, bien conservée, fine et jolie écriture.
Curieuse dissertation sur l'œuvre d'un Saumaise.

178. BRACHMANN (Louise), l'amie de Schiller, poëte célèbre. Née à Rochlitz en 1777. Elle mit fin à ses jours en se précipitant dans la Saale en 1822.
L. aut. sig. *Louise B.* (en allemand). 13 mars 1804. 4 pl. in-8. Belle lettre.

179. BREQUIGNY (Louis-George Oudard Feudrix de), historien, membre de l'Acad. française. N. 1716. M. 1795.
L. aut. sig., à Mgr... Paris, 4 déc. 1765. 1 p. et demie in-4. Au sujet de ses travaux à Londres pour y rechercher tout ce que le dépôt de la tour de Londres offrait de curieux pour l'histoire de France.
GAILLARD, historien, membre de l'Académie française. Reçu aut. sig. (4 lignes) de livraisons de la Nouvelle encyclopédie. Paris, 27 mai 1797. Quart de p. in-8.

180. BRIAL (don Michel-Jean-Joseph), bénédictin, travailla avec don Clément à la collection des historiens de France, membre de l'Institut. N. 1743. M. 1828.
1º Analyse et critique d'un mémoire sur l'étude et la recherche des premiers essais de nos poëtes français, à une époque où la langue encore brute et rustique semblait se refuser aux inspirations du génie... 2 gr. p. pl. aut. in-fol.
2º Observations sur le mémoire nº 2 traitant le même sujet. Aut. 1 p. in-4.
3º *Addenda superioribus excerptis.* Aut. 4 gr. p. pl. et tiers in-4. Ecriture fine et serrée.

181. BRIAL (Dom Michel-Jean-Joseph). *Le même.*
L. aut. sig., à M. Marcel, directeur de l'imprimerie impériale (Paris) 16 mai 1809. 1 p. pl. in-4.

Ayant été obligé de suspendre l'impression du recueil des historiens de France pour se livrer exclusivement à la continuation de l'histoire littéraire, il est maintenant libre de reprendre les historiens de France, et il y est autorisé par la commission des travaux littéraires....

182. BRILLAT-SAVARIN, auteur de *la Physiologie du goût*.
L. aut. sig., à M. Galliot. Pugieux, 23 nov. 1831. 1 p. in-4.

183. BROGLIE (M. le duc de), pair de France, membre de l'Académie française.
3 lett. aut. sig., au général, comte de Chassenon. 4 p. petit in-8.
BROGLIE (Mme de Staël, duchesse de).
L. aut. sig., au même. Mercredi 14. 1 p. in-8.
STAEL (Auguste de), fils de Mme la baronne de Staël Hostein.
Trois lett. aut. sig., au même. 2 p. in-4 et 2 p. in-8.
Le général De Chassenon étant sur le point de partir pour les Etats-Unis, M. de Staël lui dit que, si par hasard, il entrait dans ses vues de mettre une portion de sa fortune à l'abri des troubles de l'Europe, il prendrait la liberté de lui proposer une affaire qui n'est pas indigne de son attention. Il possède dans l'état de New-York une assez grande étendue de terres dont la qualité et la situation sont fort avantageuses. Son intention est d'en vendre une partie, afin de se procurer le capital nécessaire pour aller bientôt lui-même mettre le reste en valeur....

184. BROSSES (Charles de), premier président au parlement de Bourgogne, littérateur, érudit.   N. 1709. M. 1777.
L. aut. sig., à Piron. Dijon, 17 juin 1762. 1 p. in-4. Derrière se trouve la minute aut. de la réponse de Piron, datée de Paris le 22 juin 1762. 1 p. pl. in-4.
Le président lui annonce que sa proposition, désirée avec empressement par l'Académie nationale, y a été reçue avec le plus grand plaisir....Cependant il fera encore mieux pour eux-mêmes, et pour l'honneur du titre, de leur envoyer de temps en temps quelques petites jolies choses qu'il sait si bien faire quand il lui plaît.... — Piron reçoit comme une grâce sans prix la patente dont l'Académie de Dijon vient de l'honorer par ses mains.... Il va donc, les bras croisés, jouir tranquillement de sa gloire....

185. BROSSETTE (Claude), avocat au Présidial et membre de l'Académie de Lyon, annotateur de Boileau Despréaux.   N. 1671. M. 1743.
L. aut. sig., à MM. Fabry et Barrillot, libraires, à Genève. Lyon, 31 janvier 1723. 3 gr. p. pl. in-4. Cachet. Très-belle lettre. Intéressante.

186. BROUGHAM (lord Henri), homme d'Etat.
L. aut. sig. (en anglais), à Georges Seymour. 3 p. in-8. *Portr.*

187. BROUSSAIS, médecin célèbre.   N. 1772. M. 1841.
1º L. aut. sig., à M. Pellat. Paris, 29 mars 1836. 3 gr. p. pl. in-4. Médicale. — 2º L. sig. 18 janvier 1824. 2 p. in-4.

188. BRUEYS (l'amiral), tué au combat d'Aboukir.
L. aut. sig., à M. de Framery, consul de France, à Nice. 21 octobre 1791. 1. p. pl. in-8. *Rare.*

189. BRUEIX (Eustache), amiral, ministre de la marine.
L. aut. sig., à Barbé Marbois. Rochefort, 24 floréal an XI. 3 gr. p. pl. et demie in-fol.
Affaire du payement des marins de son escadre.

190. BRULART (Nicolas), chancelier de France, plénipotentiaire de Henri IV à Vervins. Mort en 1624, à 80 ans.
avec la souscription d'une ligne aut. sig., à Villeroy. Châlons, 13 ai 1597. 1 p. in-fol.

191. BRUNCK (Richard-François-Frédéric), philologue célèbre, savant helléniste, membre de l'Institut. 1729-1783.
L. s., à M... Strasbourg, 7 oct. 1772. 2 p. pl. et demie in-4.
Détails intéressants sur la publication de son édition des poëtes grecs.

192. BRUNCK (Richard-François-Frédéric). *Le même.*
Quatre lett. aut. sig., à M. Renouard. Strasbourg, 1794. 2 p. in-8 et 3 p. in-4. — Deux billets aut., au même, et un mémoire au ministre. 18 vendémiaire an XI. 1 gr. p. pl. aut. sig. In-fol.

193. BRUNE, maréchal de l'empire, assassiné en 1815.
L. aut. sig., au ministre de la guerre. Quartier général d'Angers, le 30 nivôse an VIII. 1 p. in-fol. Tête imprimée. Vignette.
Il prend aujourd'hui le commandement de l'armée. Il se rend dans le Morbihan. « L'estimable général Hédouville a pacifié la Vendée, il ne nous reste « plus qu'à trouver les chouans dociles.... »

194. BRUNE, maréchal de l'empire. *Le même.*
L. aut. sig., au citoyen Tabarier, 19 pluviôse an X. 1 p. in-fol. Tête impr. Vignette.

195. BRUNETIERE (Guill. de la), évêque de Saintes.
L. aut. sig., à M... Saintes, 17 février 1689. 2 p. in-4.
Le roi a eu la bonté d'accorder à M. le marquis de Saint-Gelais une pension de 1500 livres il y a deux ou trois ans. Il en demande la continuation, et il la mérite mieux que jamais. « Il n'y a pas de gentilhomme mieux converti, avec « science et avec véritable fond de religion. Il élève parfaitement bien ses en- « fants pour la religion, pour les mœurs, pour les lettres et pour la politesse « que doivent avoir des enfants de cette qualité et d'un nom si distingué... »

196. BUFFON (le comte de), célèb. natural.   1707-1788.
L. sig., à M. de Malesherbes. Au jardin du Roi, le 20 décembre 1764. 3 p. in-4. Intéressante.

197. BUFFON (le comte de). *Le même.*
L. sig., à MM. Caccia et Trabuchi. Paris, au jardin du Roi, 20 fé- 1765. 2 p. in-12. *Portr.*

198. BULLIARD (Pierre), botaniste.   N. 1742. M. 1793.
1° Billet aut. sig. (à la 3ᵐᵉ personne), à M. Leré. In-8 en travers.
1° L. aut. sig., à M. Leré. Paris, 17 oct. 1789. 1 p. pl. in-8.
Au sujet de l'*Auriculaire papyrine* trouvée dans un âge très-avancé et après de longues pluies.... qu'il lui a envoyée.
DOVERGNE, botaniste. Deux lett. aut. sig., à M... Abbeville, an XIII. 4 p. in-4. Scientifiques.

199. BUONAROTTI (Michel); il conspira avec Babeuf.
1° L. avec un postcriptum de 6 lignes aut. sig., à Saliceti. 7 thermidor an II. 1 gr. p. in-4.
Il aura vu sans doute le compte de ses opérations qu'il envoie aux représentants du peuple, à l'armée d'Italie. « La horde muscadine et pillarde s'était dé- « chaînée contre moi : ma conduite seule m'a défendu.... »
2° L. avec la fin de 4 lignes aut. sig., aux citoyens Représentant du peuple. Port de la Montagne, 27 pluviôse an II. 3 gr. et demie in-fol.
Lettre intéressante sur l'organisation des employés de la marine, l'armement et l'approvisionnement des vaisseaux... La difficulté des poudres paraît levée par la lettre du général Bonaparte, commandant l'artillerie, qui annonce qu'on prendra, à Aix et à Saint-Chamas, une grande partie des poudres que le ministre de la guerre avait demandé à Marseille.....

200. BURGER (Godefroy-Auguste), poëte allemand , connu par ses *Romances et ses Ballades.*   N. 1748. M. 794.
L. aut. sig. (en Allemand). Sans date. 2 gr. p. in-fol.

201. BYRON (Georges-Noël Gordon, lord), célèbre poëte anglais.   Né en 1788. Mort à Missolonghi e 1824.
L. aut. sig., *By.* (en anglais), à son ami Webster, 9 mars. 1 p. in-4, *Portr.* colorié.
Un mariage auquel il a assisté donne lieu à des complication il prie son ami de venir lui en parler, cela l'amusera.

202. **CAFFIAUX** (Dom), bénédictin de St-Germain-des-Prés,
· historiographe de la Picardie.   N. 1712. M. 1777.
Deux lett. aut. sig., à Mgr... 1772. Deux demi-p. in-4.
Rubé (Antoine), jésuite. L. sig. 1664. 1 p. in-8. Cachet.

203. **CAHEN**, traducteur de la Bible.   M. 1862
Pièce aut. (en hébreu). Demi-p. in-4.

204. **CAILHAVA DE L'ESTENDOUX**, aut. dram. 1731-1813.
L. a. s., à son ami.... Paris, 5 brumaire an V. 3 p. pl. et tiers in-4.
Curieuse lettre au sujet de la demande d'un emploi quelconque qu'il a fait
au Directoire.

205. **CAMBRIDGE** (Adolphe-Frédéric, duc de), vice-roi de
Hanovre, feld-maréchal anglais.   N. 1774. M. 1850.
L. aut. sig. (en anglais), à sir Georges Seymour. Cambridge House,
22 février 1845. 2 p. in-8.

206. **CAMBRONNE** (le général, vicomte), commandant à
Waterloo.   .   N. 1770. M...
Certificat aut. sig. Nantes, 29 novembre 1832. 2 tiers de page in-4.

207. **CAMPAGNOLI** (B.), violoniste célèbre, auteur d'ou-
vrages classiques pour son instrument.
L. aut. sig. (en français), à M... Leipsic, 10 sept. 1811. 1 p. in-4.
Ole Bull, violoniste.
L. aut. sig. (en anglais). Teigumonth, 2 août 1837. 1 p. pl. in-4.

208. **CAMPAN** (Mme), célère institutrice, auteur de *Mémoires sur la reine Marie-Antoinette*. N. 1752. M. 1822.
L. aut. sig., à M. Girod, à Paris. Mantes, 11 juillet 1818. 2 p. pl.
et demie in-4.

209. **CAMPE** (Joachim-Henri), littérateur, surnommé le *Ber-
quin* de l'Allemagne.   N. 1746. M. 1818.
L. aut. sig. (en allemand). Brunswich, 12 oct. 1802. 2 p. in-8.

210. **CARLOWITZ** (Hans Georges, baron de), ministre et diplomate saxon.   N. 1772. M. 1829.
L. a. s. (en allemand), à un consul général. Oct. 1826. 3 gr. p. in-4.
Beust (le baron de), premier ministre saxon, ambassadeur en Angleterre. L. aut. sig. (en allemand). 1848. 1 p. et demie in-8.

211. **CARNOT**, conventionnel, ministre de la guerre.
L. aut. sig., à M. Damart, à Varsovie. Francfort-sur-l'Oder, 31 oct.
1816. 2 gr. p. pl. in-8.
Au sujet de son séjour en Prusse qu'il vient de fixer à Magdebourg. Itinéraire
qu'il va suivre pour s'y rendre. Il a reçu partout infiniment de prévenances et
d'honnêtetés.

212. **CARREL** (Armand), journaliste, publiciste.
L. aut. sig., à M. Taschereau. Ce mardi, 10 heures. 1 p. in-8.
Rendez-vous à déjeuner chez Ledru Rollin avec Petitain.

213. **CARRIER** (Jean-Baptiste), procureur-général, conven
tionnel, l'un des plus grands monstres de la terreur révolutionnaire.   Né en 1756. Mis à mort en 1794.
Trois lignes aut. sig. sur un passeport délivré par le comité de
sureté générale, lequel est sigué par Vadier, Amar, Guffroy, Voulland,
Panis, M. Bayle, Dubarran et Luvicomterie. 3 gr. p. pl. in-fol. Cachet. Les visa remplissent la 2e et la moitié de la 3me page; c'est
dans la seconde que se trouve l'autographe sigué de Carrier.

214. **CASABIANCA** (Lucien), conventionnel, né en Corse,
tué glorieusement à Aboukir.

L. aut. sig. : *Luxio*, à son ami Salicetti. Paris, 22 messidor an II.
1 p. pl. in-4.

Qu'il s'explique nettement avec les solliciteurs et les voltigeurs en idées
creuses. Qu'il ne craigne pas de paraître peu complaisant. Il lui est impossible
de dire tout, et de le dire aussi crûment qu'il faudrait le faire, surtout pour
certaines gens.... « Justice exacte à tous et surtout point de prédilection. Tu
« te dois à tous. Les sans-culottes, tu le sais, aiment l'égalité que leurs sueurs
« et leur sang établissent, consolident.... » Il dit en terminant : « Sois conti-
« nent, sobre, modeste, expéditif, juste et ferme. Le peuple aime dans ceux
« qui le servent les qualités qu'on ne voit guère qu'en lui. Alors on continuera
« de dire du bien de toi. Salut et vertu. *Luxio.* »

215. CASAUBON (Isaac), savant, garde de la bibliothèque
de Henri IV.   N. 1559. M. 1614.

L. aut. sig., *à monsieur et très-cher frère, monsieur Penillaud, fidèle
ministre de la parole de Dieu, à l'Islebouchard.* Paris, 26 juillet 1606.
Demi-p. in-4. Jolis cachets en cire rouge. Le bas de la page est
jaunie par le temps. Curieuse.

216. CASSINI DE THURY (Jacques-Dominique, comte), astronome, membre de l'Académie des sciences. N. 1740.

État de ses services qui ont commencé dans les mousquetaires noirs,
sous le règne de Louis XV. 1817. Aut. sig. 1 gr. p. in-fol.

217. CASSINI DE THURY. *Le même.*

L. aut. sig., au grand maître de l'Université impériale. 6 août 1808.
1 p. in-4.

218. CASTELNAU (Michel de), sieur de la Mauvissière, habile négociateur, ambassadeur en Angleterre. Né en
Tourraine en 1520.   Mort en 1592.

L. avec une demi-page aut. sig., à la Reine. Écrit de quatre
lieues de Langres, le 16 mai 1568. 1 p. in-fol. Trace de cachet.

Il lui mande qu'elle apprendra par la lettre qu'il écrit au roi ce qu'il a fait
avec le duc Casimir qui quittera le cinquième mois.

MANSFELD (le comte de). L. sig., à son frère, le Ringraffe. Bruxelles,
3 mars 1558. 1 p. in-fol.

219. CASTETS (Jean de *Fabas*, vicomte de), gentilhomme
huguenot.

Homme de guerre, sa vie a fait l'objet d'un travail intéressant in-
séré dans la bibliothèque de l'école des Chartes (1852-1853).

Deux lett. aut. sig., adressées à Mgr. de Luxembourg. Saint-Germain-en-Laye, 27 nov. 1583 et *Cens*, 26 mai 1585. 2 gr. p. in-fol.

Dans celle du 27 novembre 1583 il annonce la mort du cardinal de Birague
dont la dépouille a été donnée à ses parents, et l'état de chancelier à M. de
Chiverny. « Il ny est suruenu aultre chose si ce n'est une querelle qui a este
« appaisée, cestoit entre monsieur le chr d'Aumale et monsieur de la Valete sans
« grand subiect. Toutz les princes y ont mis la main et les ont accordés.... »
Dans celle du 26 mai 1585 il lui offre ses consolations les plus affectueuses et
les plus touchantes au sujet de la grande perte qu'il vient de faire.... « Ma-
« dame de Vaudemont et monsieur son fils en ont même un extrême dueil, les
« plurs et les sanglots en donnent asses de cognoyssance, de la mere en la pré-
« sence de tous ses seruiteurs et du filz deuant la Roine et les dames, ou il
« regretoit, auecque larmes la perte de sa bonne tante, faisant pleurer une
« partie de la compagnie en le voyant pleurer....

220. CASTI (l'abbé Jean-Baptiste), poëte, auteur de : *Gli ani-
mali parlanti;... Poema tartero...*   N. 1721. M. 1803

Pièce de six vers aut. (en italien). Petite page in-8 en travers.
1754. Son nom s'y trouve écrit à chaque vers.

221. CATHELINEAU, fils du général vendéen.

L. aut. sig., à M. Moricet, à Beaupreau. Paris, 17 mai 1830. 3 gr.
pl. in-4. *Portr.* de son père.

Curieuse lettre sur ses affaires et sa sollicitude pour ses enfants... « Voilà la

« chambre renvoyée comme une *Péteuse*, vous allez donc travailler sur de nou-
« veaux frais dans le même mois prochain. Puisse les départements, je veux
« dire les Royalistes, *sentendrent* afin de faire de bonnes nominations, il est
« temps, et grand temps de commancer et vogue la galère.... voilà Paris dans
« la joie, le Roi et la Reine de Naples sont ici ; déjà il n'est question partout
« que de spectacles, c'est une singulière manière, selon moi de se réjouir :
« je crois que cela ne convient nullement au Seigneur. Pourquoi suis-je une
« mauvaise langue? Je me tais.... »
    CATHELINEAU. Certificat sig. Xaintray, 1er janvier 1809. 1 p. in-4.

222. CATHERINE DE MEDICIS, reine de France.
    L. avec la souscription d'une ligne aut. sig., à son cousin, Julien de
Médicis, évêque de Poitiers. Saint-Germain, 14 nov... Demi-p. in-fol.

223. CATHERINE DE MEDICIS, reine de France.
    L. aut. sig., au maréchal de Tavannes. 14 décembre 1569. 1 gr. p.
pl. et demie in-fol. 2 cachets en cire rouge.
    Document historique très-important, sur les événements politiques et les
opérations militaires du temps.

224. CATHERINE DE MEDICIS. *La même.*
    L. aut. sig., au vicomte de Turenne. 1 p. in-fol.
    Elle lui rappelle sa promesse, quand il est parti, de faire service au roi son
fils. Il s'en présente une occasion plus grande que nulle ne se puisse pour lui
en faire le plus grand et le plus utile à tout le royaume, et en particulier au
roi de Navarre, etc., etc.

225. CATHERINE II, impératrice de Russie.
    L. sig., à S. A. R., l'archiduc Maximilien d'Autriche. Saint-Péters-
bourg, 2 décembre 1781. 2 p. in-4.
    Elle lui recommande bien instamment son ambassadeur en Allemagne, le
comte Nicolas Roumainzoff, son chambellan actuel.

226. CAVAIGNAC (J.-B.), député du *Lot* à la Convention.
    L. aut. sig. (pendant son exil), à M. Janner, à Bruxelles. Ce lundi 8.
1 p. pl. et demie petit in-8.

227. CAYLUS (le comte de), célèbre antiquaire, membre de
l'Acad. royale de peinture et de sculpture.   1692-1765.
    L. aut. sig., à son cousin:.. Toulouse, 15 janvier 1786. 1 p. in-4.

228. CAYLUS (le comte de). *Le même.*
    L. aut., à l'abbé Conti, noble vénitien, à Venise. Paris, le 20...
2 p. pl. et quart in-4. Intéressante.
    Il a fait remettre à M. Cassini les observations astronomiques de M. Zan-
drini.... « Si vous aués de bons télescopes à venise nous en auons aussi d'ad-
« mirables, nous auons un ouurier que le gout pour l'astronomie a rendu tel
« dont les télescopes de sept pouces font autant d'effet que ceux de treize
« d'Angleterre et cela de laueu de tous ceux qui sy connoissent. Il en fait un
« actuellement de cinq pieds et demi il sera fini ces jours cy et je vous en par-
« lerai, ce grand ouurier que par parenthèze les arts me doluent, se nomme
« Passement. Il sera célèbre dans l'Europe, et quoique marchand de peaux vous
« en entendrés incessamment parler.... » (Ce grand ouvrier, du nom de *Passement*, n'est-il pas le Claude-Simon Passement du n° 952 de ce catalogue?)

229. CAYLUS (le comte de). *Le même.*
    L. aut., à l'abbé Conti. Paris, 19 janvier 1730. 4 p. pl. in-4.
    Il l'entretient de M. de Villeroy, qui se meurt autant de chagrin qu'il a de
n'être plus rien que de vieillesse..... On dit que les illuminations pour la fête
des ambassadeurs ne coûtera pas moins de cinq cents mille francs.... Voltaire a
retiré la pièce de Brutus qu'il avait donnée aux comédiens, on dit qu'il la veut
retoucher.... « Vous scaués que je fuis tout commerce auec les poëtes, tout ce
« que je scais c'est que le brutus qu'il a traité est lancien.... »

230. CAYROL (Louis-Nicolas-Jean-Joachim de), commissaire
des guerres, député de la Nièvre en 1820, littérateur.
    1° *A mademoiselle Rachel*, pièce (de 16 vers) aut. sig. Compiègne, 12
nov. 1840. 1 gr. p. in-4. En marge M. de Cayrol a écrit et signé: « Le
« désir d'avoir une lettre autographe de Mlle Rachel m'a donné l'idée
« de ces lignes rimées, et madame Ducis, née Talma, voulut bien se

« charger de les envoyer à notre grande tragédienne avec un petit mot
« de souvenir. Mais hélas! la réponse est encore à venir. »

2° L. aut. sig., à M. de la Bouïsse-Rochefort. Compiègne, 27 mai
1841. 3 p. pl. in-8. Intéressante.

D'après l'idée qu'il a bien voulu lui communiquer de confier aux presses de
Toulouse son griffonnage sur la vie et les ouvrages de Gresset, il s'est arrêté
à cette pensée, qu'il y aurait quelque chose de désobligeant pour la Picardie,
d'aller chercher si loin la publicité, avant de s'être assuré positivement qu'elle
ne pouvait pas s'obtenir dans la patrie de Gresset. Il a donc renvoyé à son
ami, M. Rigollot, à Amiens, le manuscrit qu'il se proposait de lui communiquer.... « Si vous n'habitiez pas si loin, monsieur, et si surtout les communi-
« cations officieuses et sans frais n'étoient pas si difficiles à trouver, j'aurois
« très-volontiers soumis à votre critique, soyez en persuadé, mes phrases à
« propos de Gresset, et cette foule de pièces inédites qui appartiennent aux
« grands hommes contemporains de Gresset, tels que Frédéric, Voltaire, Jean-
« Baptiste Rousseau, De Lille, etc.... » C'est donc avec regret qu'il réduit son
envoi aux trois petits chiffons de papier qui accompagnent cette lettre.... Ces
chiffons (de Gresset), malgré leur exiguité, ont cependant une véritable valeur
d'après les prix auxquels sont montés des chiffons semblables à la vente qui
s'est faite dernièrement à Paris, de la collection des autographes formés par
M. de Pixerécourt.'... Et le libraire chargé de ses commissions pour cette vente
a poussé jusqu'à 40 francs une feuille sur laquelle il y avait *quatorze lignes*
assez insignifiantes adressées par Gresset à Mme de Graligny au sujet de Génie.
Ce qui fait 3 fr. par ligne...

231. CENSEURS ROYAUX avant la révolution, 27 lettres et pièces sig. et aut. sig. (Rapports et approbations, etc.)

AMEILHON.—ARTAUD.— BÉRANGER.—BOSSU, curé de Saint-Paul.—
BOUCHAUD.— CAPPERONNIER.— COQUELEY DE CHAUSSEPIERRE.— DEGUI-
GNES.—DESTOY DE ROCHEFORT.—GUYOT (l'abbé).—KERALIO (de).—LA-
CHAPELLE (l'abbé de).—LEBAS. — LOURDET.—PERRIN DE CAYLA.—RI-
BAILLER.—ROBERT DE VAUGONDY, etc. Ensemble, 59 p. in-4.

232. CESAROTTI (Melchior), célèbre littérateur et traducteur de Voltaire, etc. N. 1730. M. 1808.

L. aut. sig. (en italien). Août 1774. 2 p. in-4.

233. CHABANON, poëte et littérateur, membre de l'Acad. française. Né à St-Dominique en 1830. Mort en 1792.

L. aut. sig., à M. le comte d'Argental, quai d'Orcay, à Paris.
Genève, 4 février. 2 p. in-4. Cachet.

Il voit habituellement le grand homme qu'il aime, il le voit enjoué, badin,
prenant tout du côté plaisant, prodiguant l'esprit dans sa conversation.

> « Enfin Voltaire vieillissant
> « A le feu d'Arouet naissant
> « Il a de plus l'expérience
> « Ce savoir profond à qui tout est connu,
> « Il mourra comme il a vécu.
> « L'idole du permesse, et l'aigle de la France.

..... Ce n'est pas sur le sujet de *Virginie* que sa tête s'échauffe, et puis le
bonnet de nuit refroidit, « je me couche bien poëte, et je me réveille philosophe,
« philosophe apathique, indifférent, traitant tout à mon aise; avec cela on ne
« court guère cinq actes ... »

234. CHABOT (le capucin François), conventionnel.

Arrêté du comité de sureté générale. Aut. sig. de François Chabot,
et signé par Lavicomterie et Legendre. 12 juillet 1793. 1 p. in-fol.
Tête impr. Cachet en cire rouge.

L'un des gendarmes du comité se transportera aux prisons de l'Abbaye et
amènera au comité les citoyens Loubit, Barras, et Artaud citoyenne de Toulouse,
traduits par décret du 24 juin....

235. CHAM (le comte A. de Noë, dit), caricaturiste.

L. aut. sig., à M. de Bercy. 1 p. pl. in-8.

236. CHAMBERLOT (Jean), éditeur de l'*Oraison dominicale* en plus de 100 langues différentes, avec disserta-tions, etc. M. 1724.

Six lett. aut. sig., à l'abbé de Conti. Hampton-Wich, etc. **1717**.
Ensemble, 6 p. in-8 et in-4. Intéressantes.

237. CHAMILLART (Michel de), ministre de la guerre de Louis XIV.   N. **1651**. M. **1721**.
L. aut. sig., à M. de la Reynie, lieutenant de Police. **Paris, 11 déc. 1694**. 2 gr. p. in-4.
Curieuse lettre au sujet des réclamations des fermiers de la seigneurie de Chevreuse, relativement à la vente des bleds sur le marché dudit lieu, aux arrêts qui le défendent, à cause qu'ils sont dans l'étendue de huit lieues, etc.

238. CHAMISOT (Adalberg), poëte allemand.
Traduction, en allemand, d'une chanson de Béranger *Le chant du Cosaque*. aut. sig. **1838**. 2 gr. p. in-fol.

239. CHAMPFLOUR (Etienne de), évêque de La Rochelle.
L. aut. sig., à M .. **La Rochelle, le 4 nov. 1705** 2 p. in-4.
Il lui recommande un nouveau converti depuis quinze ans, *Charles Ducoux*, lequel, depuis sa conversion, a toujours fait parfaitement bien son devoir de catholique... « Comme il est de la dernière importance pour la conuersion des « huguenots, qu'il paroisse qu'on fauorise les noueaux conuertis qui font tres « bien leur deuoir, et qu'on ne les abandonne pas dans leur besoin, je vous « supplie de ne pas refuser à celuy-cy votre protection... »

240. CHANT, DANSE, *équitation*, etc. 24 let. aut. sig. 8 portr.
Chant. GAVAUDAN (Mlle), dite Spinette. L. sig., an VII. 2 p. in-4, et pièce de vers (Ms) à elle adressée par un Gascon. 2 p. in-4.— BARBET. 6 p. et demie in-8.— BATTAILLE. **1858**. 2 p. in-8.
Danse. BERTHIER. **1853**. 3 p. in-8. *Portr.*—GALLINI. **1787**. 3 p. in-4.—GOUGIBUS. an XII. 1 p. in-4.—LAURENT (E.). 4 p. in-fol.— MILON (et Bigottini). **1827**. 1 p. in-fol.—VESTRIS, père. **1752**. 1 p. in-8.—*Mmes.* DUPUY (Mimi). **1835**. 2 p. in-8.—PIERSON (Louise). **1831**. 2 p. in-4.— THÉODORE (Mme), dame *Dauberval*. **1781**. 3 p. in-4.—VESTRIS. Pièce sig. **1807**.
Ecuyers. BAUCHER. **1841**. 2 p. et quart in-4. *Portr.* — CIRQUE OLYMPIQUE (les écuyers du). L. sig. par Lejars et Cuzent et Mmes Lejars et Cuzent. 3 p. in-8.
Acteurs et actrices. CHILLY. **1859**. 2 p. et demie in-4.—GRANVILLE, **1835**. 1 p. et demie in-4.—GRÉVIN. 1 p. in-4.—HOFFMANN. 3 p. in-8. *Portr.* — LANDROL, père. **1841**. 3 p. in-4.—VILLARS (Ch.), du Gymnase ; s'est suicidé. **1834**. 3 p. in-4. *Portr.* Plus, deux portr. de Brindeau.—*Mmes :* VALMONZEY. **1824**. 1 p. in-4. *Portr* — WENZEL (Virginie), comtesse Orloff. 2 p. in-8. Superbe lot.

241. CHANTEURS français et étrangers.
TAMBURINI. L. sig. **1841**. 1 p. et demie in-4.—BARROILHET. Billet a. s.—NOURRIT (Adolphe). 2 lett. a. s. 2 p. in-8.— NOURRIT père. L. a. s. **1817**. 1 p. in-4.—DUPONT (Auguste). L. a. s. 1 p. in-8.

242. CHANTEUSES françaises et étrangères.
GRIMM (Sophie). L. aut. sig. 4 p. in-18.--GRISI (Julia). L. aut. sig. 3 p. in-8, et un billet de bal signé.—PHYLIS. L. aut. 1 p. in-8.— PONCHARD d'HALBER. L. aut. sig. 1 p. in-8.— FEL. Pièce sig. **1750**. 1 p. in-4. *Portr.* gravé imprimé sur parch.

243. CHANTEUSES italiennes, allemandes. 4 lett. aut. sig.
CRUVELLI (Sophie). 1 p. in-18.—PASTA (Juliette). L. aut. sig. de ses initiales (en italien). **Londres, 17 juin 1826**. 2 gr. p. in-4. — PERSIANI (Fanny). **1844**. 1 p. in-18.—SCHROEDER DEVRIENT (Wilhelmine). **Dresde. 1832**. 1 gr. p. in-4.

244. CHANTEUSES italiennes. 5 lett. aut. sig.
CARADORI (Anna). 2 p. in-8.—FALCONI (Anna), **1856**. 2 p. in-8.— GRASSINI. 2 lett. 3 p. in-8.—PAPPESCO. **1854**. 4 p. in-4.

245 **CHAPELAIN** (Jean), poëte, littérateur. N. **1595**. M. **1674**.

L. aut. sig., à Mlle de Scudéry. Paris, 29 janvier 1645. 3 p. pl. in-4. Cachets et soies. Intéressante.

246. CHAPELAIN (Jean). *Le même.*

L. a. s., à Mlle de Scudéry. Paris, 12 avril 1645. Intéressante.

Il est plus capable devant elle que devant M. son père du longtemps qu'il a laissé passer sans répondre à l'excellente lettre qu'elle lui a fait l'honneur de lui écrire... Il lui a donné ainsi qu'aux autres le triomphe qu'elles méritaient. « Je les ay fait voir non seulement à mademoiselle Robineau qui y estoient si « agreablement grondée et qui ne pouuoit mais du sujet que vous aués pris « de m'y quereiler si obligemment, mais encore à tout lhostel de Clermont à « tout lhostel de Rambouillet, à Mme de Sable, à Mlle de Chalais, à M. Tou- « rait, à Mlle de Longueuille et à Mme de Longueuille mesme, qui tous leur « ont fait justice en leur donnant des éloges qu'on ne donne qu'aux pièces « acheuées, et les ont ou leües plusieurs fois, ou retenues plusieurs jours ou « copiées auec soin, afin d'en mieux en considérer les beautés... »

247. CHAPELAIN (Jean). *Le même.*

L. a. s., à Mlle de Scudéry. Paris, 14 juillet 1645. 2 gr. p. in-fol. Superbe pièce (un peu jaunie par le temps à la marge extérieure).

... Ayant découvert depuis deux jours que M. Conrart lui écrit presque toutes les semaines, il a perdu tout scrupule de ce côté là, et il n'a plus cru avoir trop tardé à lui écrire. Il a cru même lui avoir écrit aussi souvent que lui, et il a eu la douce illusion de lui avoir dit toutes les belles choses qu'il sait dire, de telle sorte qu'elle a plutôt sujet de se louer de lui que de s'en plaindre. « Sans autre plus grande explication vous jugés bien, made- « moiselle, que cet homme estant un autre moy-mesme, il ne fait rien que je « ne puisse dire auoir fait, et que je ne puis estre accusé de paresse pour ce « qui vous regarde tant qu'il en prendra le soin que j'ay appris qu'il a fait... » ... Il lui parle ensuite de la nouvelle Mme de Montausier et de son célèbre hymenée. Il est vrai que M. Conrart l'en a instruite amplement dès la se- maine passée. Il est donc réduit au sonnet qu'on a fait sur ce sujet, s'il lui en veut faire savoir quelque chose qu'elle ne sache pas...

248. CHAPELAIN (Jean). *Le même.*

L. aut., à Mlle de Scudéry. Sans date. 3 p. pl. petit in-4.

Remerciements et détails au sujet de sa nomination à la chapellerie de Notre-Dame de Preuillé.

249. CHAPELAIN (Jean). *Le même.*

Bulletin des opérations militaires... du 9 octobre... Aut. 1 p. in-8 en travers.

« L'armée de l'archiduc est aux environs d'Avennes. composée de 15 mille « hommes et de 14 pièces de canon. Ils ont envoyé 2000 chevaux aux environs « de *Cimay* qui attendent les Lorrains et les troupes des princes... »

250. CHAPELAIN (Jean). *Le même.*

1º Fragment de lettre aut. sur les règles de l'art au point de vue de l'histoire et de la poésie.

2º Copie d'une lettre de Chapelain à Mlle de Scudéry, du 19 juin 1646, dont l'original a été donné à M. de Mussy.

3º Copie d'une autre lettre de Chapelain à Mlle de Scudéry (sans date), dont l'original a été donné à M. Campenon.

4º *Chapelain.* Manuscrit de la main de M. de Cayrol, extrait des Mémoires de Tallemant des Réaux. 16 p. pl. in-4. Ecriture fine et serrée.

251. CHARETTE (Mme la marquise de),

L. aut. sig.: *Mqse de Charrette tante du brave général de ce nom*, à M. le maréchal... Paris, 27 août 1823. 2 p. in-4. Intéressante.

CHARETTE DE LA GACHERIE (Madame). Deux lett. aut., sig. à M... Jarry de Witerheim. Nantes, 10 mars, vieux style, et 10 mai... 3 p. in-4.

252. CHARLES VII, roi de France,   N. 1403. M. 1461.

Pièce sur parchemin, adressée, comme fils du roi de France, dau- phin de Viennois, duc de Tourraine, etc., au trésorier-général de ses finances. A Auchère, 21 juin 1417 (fatiguée par l'humidité).

253. CHARLES IX, roi de France.   N. 1550. M. 1574.

L. avec la souscription d'une ligne aut. sig., à son frère, le roi

Pologne (depuis Henri III). Du château de Boulogne, le dernier jour de juin 1573. 1 gr. p. in-fol. *Portr.*

Détails politiques. Il a trouvé la réponse faite par le docteur Miron à l'ambassadeur polonais « fort à propos et conuenante... »

254. CHARLES IX. *Le même.*

Commission à François de Vigny, secrétaire de la chambre du Roi et receveur de l'Hôtel-de-ville de Paris, pour le payement des reitres, suisses et gens de guerre. Lyon, 2 juin 1571. Grande et belle pièce sur parchemin.

255. CHARLES X, roi de France.   N. 1757. M. 1836.

Apostille de 6 petites lignes aut. sig., en marge d'une lettre de M. Le Blanc de Castillon adressée au Chancelier de France. Paris, 27 juillet 1816. 2 gr. p. et demie in-fol.

256. CHARLES-QUINT, empereur d'Allemagne et roi d'Espagne.   N. 1500. M. 1558.

L. sig. (en espagnol), à Cosme de Médicis. De Monçon, le 20 août 1537. 1 gr. p. in-fol. en travers. Trace de cachet. Belle lettre.

257. CHARLES VI, empereur d'Allemagne et roi d'Espagne, sous le nom de Charles III.   N. 1685. M. 1740.

L. sig. : *Yo el Rey* (en espagnol), comme roi d'Espagne, aux magistrats de la ville de Milan. Barcelone, 17 juil. 1709. 1 p. in-fol. Sceau.

258. CHARLES Ier, roi d'Angleterre.   Décapité en 1649.

Pièce sig. en tête : *Charles R.,* et contresignée *Abra. Williams* (en anglais). 1 gr. p. in-fol. Écriture fine et serrée. *Portr.* du temps.

Belle pièce historique. Elle prouve que cet infortuné prince ne manquait point de sympathies pour son beau-frère Frédéric, l'électeur palatin qui avait perdu la couronne de Bohême et ses états héréditaires.

259. CHARLES XI, roi de Suède.   N. 1655. M. 1697.

Pièce sig. : *Carolus,* contresignée par *Eric Jean Dalhberg,* feldmaréchal, publiciste, ingénieur et graveur, et par *J. Resuschieldt.* Stockolm, 2 mai 1673. 2 gr. p. in-fol. Belle et curieuse pièce.

260. CHARLES (Jacques-Alexandre-César), célèbre physicien et aéronaute, membre de l'Institut.   1746-1825.

Certificat d'assiduité à ses cours de Physique expérimentale, suivis par le citoyen Jean-Antoine-François Leré. Paris, 10 germinal an II. Demi p. in-4.

La Lande (Jérôme de), astronome.   N. 1732. M. 1807.

L. aut. sig. Paris, 20 janv. 1789. Demi p. in-4.

261. CHARLET, célèbre peintre et dessinateur.   1792-1847.

L. aut. sig., à MM. les membres du conseil de recensement de la 10e Légion. Paris, 17 décembre 1832. 1 gr. p. in-4.

Supplique en faveur des grenadiers qu'il désire conserver dans la compagnie qu'il commande... « En lui refusant le BONHEUR de porter la grenade vous en « ferez un Bizet coriace, un Bizet récalcitrant, un Bizet fugitif et nébuleux, « grognant, rechignant pour tout ce que vous lui demanderez, montant tout « juste sa faction, s'esquivant et se dissimulant à chaque instant, enfin un « Bizet atroce... »

262. CHARLET. *Le même.*

L. aut. sig., à son ami Bellangé, artiste et homme de lettres, à Meudon. Ce lundi 16. 3 gr. p. pl. in-4.

Lettre comique au sujet de son épitre en vers dont tous les principaux libraires éditeurs de Paris qu'il cite se disputent la publication au prix de 8 à 9 mille francs... Tous ces éditeurs qui dînaient chez lui se sont dit des choses désagréables, des choses aux voies de fait, « et moi obligé de jetter un sceau « d'eau dessus pour les séparer, ils ont mis l'épitre en pièces, mouillé, dé- « chiré, quelques vers seulement se sont retrouvés le lendemain dans des cu- « lottes, plusieurs s'étaient emparés des derrières et retranchés solidement ne « se sont rendus qu'à la dernière extrémité ayant de la crotte jusqu'à la cein-

« ture, quelle désastreuse affaire, pauvres vers solitaires... » Description comique aussi du tableau décrit dans les vers avec le croquis à la plume des principales situations. Il dit en terminant : « Rien de nouveau, tout le « monde se porte bien, Horace (Vernet) est rétabli, mais ce pauvre Géricault « est au lit peut-être pour la dernière fois. »

263. CHARPENTIER (François), littérateur, memb. de l'Acad. française et de celle des belles-lettres. 1620-1702.

L. aut. sig., à Monsieur de la Ménardière. Paris, 7 mai 1661. 2 gr. p. pl. in-fol. Rare et belle lettre.

Il l'encourage dans son projet de composer l'histoire du Roi... « Nous atten- « dons de vous nostre instruction maintenant que vous estes à la source « des grands exemples. Cela vous oblige à redoubler vostre attention pour ob- « server tous les mouvements de ce monarque du nom de qui les faiseurs de « recueils et d'apophtegmes ennobliront souuent leurs ouvrages. On a droit « d'exiger de vous pour la postérité une entreprise de cette nature et de vous « dire que vous ne laissiez rien échapper d'un sujet ou tout est précieux... « L'académie est presque déserte depuis que vous et quelques autres illustres « que la cour nous a enleuez, n'y venez plus. Du moins faittes quelques « petites conférences à Fontainebleau et songez que vous avez des confreres « icy qui vous y souhaittent fort. Je ne vous dis point cela sans ordre... »

264. CHASTELLUX (François-Jean, marquis de), littérateur, membre de l'Académie française. M. 1788.

L. aut., à M. le duc de Nivernois, ambassadeur de France à Rome. Lundi 16. 2 p. pl. et demie in-4. Cachet aux armes, en cire rouge.

Il l'entretint longuement de l'abbé de Bernis... Quoiqu'il soit dans une espèce de létargie pour les amis, il espère qu'il en sortira en faveur de la poésie et de la musique, c'est-à-dire de son plaisir... « On donne aujourd'hui la 1re « représentation d'une comédie en trois actes de Voltaire, c'est le sujet de « Paméla, elle est intitulée Nanine ; je vous manderai le succès par l'ordinaire « prochain... »

265. CHATEAUBRIAND (Franç.-René, vicomte de), ministre, ambassadeur, de l'Acad. française. 1769-1848.

L. aut. sig., à M. Bergasse. 5 août 1818. 1 gr. p. pl. in-4.

On a grand besoin de ses talents et de son courage, qu'il vienne à leur secours. Les plus infâmes calomniateurs, les plus lâches et les plus pervers des hommes triomphent. « Prenez votre plume, écrasez ces malheureux de toute « l'éloquence de la vérité. Je suis resté seul sur le champ de bataille ; mais « auprès de vous je me ranimerai... »

266. CHATEAUBRIAND. *Le même.*

L. aut. sig.: *Ch.*, à Madame Martainville. Paris, mercredi 31 oct... 1 p. pl. in-8. Cachet.

267. CHATEAUBRIAND. *Le même.*

L. a. s., à M. Esménard. Lundi 28 janvier 1811. 1 gr. p. pl. in-4.

Il est de la dernière importance, pour lui et pour son libraire, que son *Itinéraire à Jérusalem* lui soit rendu le plus tôt possible. « Vous y avez vous « même, monsieur, un intérêt, puisque j'ai embelli ma méchante prose par « vos beaux vers... »

268. CHATEAUBRIAND. *Le même.*

L. a. s., à M... Paris, 17 juin 1821. 2 gr. p. pl. in-4. Belle lettre.

Il n'a jamais publié son discours à l'Académie. Il ne reconnaît aucune des copies qui sont entre les mains du public. « Elles ont toutes été répandues par « la police de Buonaparte ; elles sont interpolées et mutilées d'une manière « horrible. Celle qui est insérée dans les *pièces pour servir à l'histoire du* « *19e siècle* est aussi fautive que les autres... Je possède l'original écrit de « ma main rayé et lacéré par celle de Buonaparte, et quand on lit cet original, « on voit pourquoi Buonaparte, voulait me faire fusiller. Je n'ai point, mon- « sieur, réclamé contre l'article du drapeau blanc, car je ne ferai jamais « rien qui puisse nuire aux royalistes, lorsqu'ils disposeraient de ma propriété « sans m'en demander la permission... »

269. CHATEABRIAND. *Le même.*

L. aut. sig., à Monsieur... Paris, 7 novembre 1831. 1 p. pl. et demie in-4. Jolie lettre.

270. **CHATEAUNEUF**, frère du garde des sceaux, général, ambassadeur de France en Angleterre et auprès des Etats-Unis.

2

L. a. s., à MM... Au camp... 25 août 1641. 1 p. in-fol. Jaunie par le temps à la marge extérieure. Cachet ajouté. Affaires militaires.

271. **CHATEAUNEUF-RANDON**, conventionnel.

3

L. aut. sig., à M. Jaume, Banquier, à Paris. Versailles, 1er nivôse an XIV, deuxième de l'empire. 4 gr. p. pl. in-fol. Très-belle lettre.

Longs et intéressants détails sur un nouveau moteur de son invention pouvant s'appliquer dans toutes les usines, sur les cours d'eau, etc., et sur les ressources financières dont il a besoin pour l'exploiter dans tous les départements...

272. **CHAULNES** (Mme la duchesse de).

10

L. aut., à M. Gresset, *chés Me de l'ailli rüe courteau vilain au Marets, à Paris. A Forges, ce 17e 8bre*...2 p. pl. et quart in-4. Cachet.

Curieux récit d'un voyage avec sa société.

CHAULNES (le duc de). Pièce sig. Paris, 8 mars 1756. in-4.

273. **CHAVIGNY** (Léon Le Bouthillier, comte de), secrétaire d'Etat et négociateur habile.   N. 1615. M. 1652.

6.50

L. aut. sig., à M... Narbonne, 26 août 1642. 2 p. pl. in-4. Un peu jaunie par le temps. Affaires politiques.

274. **CHENNEDOLLÉ** (Charles de),   N. 1770. M. 1682.

1

L. aut. sig., à M. Michaud. Liége, 8 janvier 1832. 2 p. in-4.

Il lui fait des offres de service pour le supplément de la biographie universelle.

275. **CHÉNIER** (Marie-Joseph), poëte.   N. 1764. M. 1811.

6.50

Pièce aut. sig., signée aussi par Bossu et Ginguené. Paris, 1er ventôse an VIII. Demi-p. in-4. *Portr.*

276. **CHEVERT** (François de), lieut.-général.   1695-1769.

1.50

Réponse aut. sig. au bas d'une lettre de Fumeron d'Ardeuil, Conseiller d'état, au sujet de l'exercice à feu. 30 mars 1754. 1 p. et demie in-4.

277. **CHIFFLET** (Pierre-François), savant professeur de philosophie.   N. 1592. M. 1682.

6

L. aut. sig., au Révérend Père... Dijon, 11 février 1648. 2 p. in-fol. Belle lettre

Recherches des lois disciplinaires qui règlent les personnes du sexe, et autres à différents degrés de parenté, qui peuvent habiter avec les ecclésiastiques.

278. **CHIFFLET** (Pierre-François). *Le même.*

2.50

L. aut. sig. de ces initiales : V. T. S. P. F. C., à M. du Bouchet. (Paris). La veille de la Pentecôte, 1678. Demi p. petit in-4. Cachet.

LYOBARD (Pierre de). L. aut. sig., au père Chifflet, de la Compagnie de Jésus, à Salins. Saint-Claude, 25 sept. 1632. 1 p. in-fol. Deux petits et singuliers cachets.

Relative à une petite caisse renfermant des ossements trouvés dans le grand autel de l'église de Saint-Romain de Roche...

279. **CHIFFLET** (Pierre-François). *Le même.*

1.50

L. aut., (le bas de la lettre où se trouvait la signature a été enlevé), au Révérend Père... Dijon, 3 janvier 1666. Demi p. in-4.

Relative à l'impression de ses ouvrages pour lesquels il a dépensé plus de dix mille francs. Il voudrait bien avoir pour cela de l'argent pour payer 1650 fr. qu'il a emprunté par deçà sur l'espérance que le cardinal Fr. Barberin y pourvoiroit suivant sa promesse...

280. **CHIMISTES**, *naturalistes, orientalistes, archéologues*, etc. 10 lett. aut. sig.

2.50

BARBIER DU BOCAGE. 1807. 1 p. in-4. — BERTHOLLET. 1819. 1 p.

in-fol. — Blainville. 1821. 1 p. in-4.— Boissonnade. 1831. Demi-p. in-4. — Borda (de). 1756. Demi-p. in-4. Cachet. — Bory de Saint-Vincent. 1826. 2 p. in-8. — Boullanger. 1758. 1 p. in-4. — Burnouf (Jean-Louis). 4 p. in-8. — Burnouf (Eugène). 1830. 1 p. in-4. — Caussin de Perceval. 1820. 1 p. in-4.

281. CHIMISTES, *nataralistes, géographes, antiquaires, etc.* 10 lett. aut. sig.

Champollion le jeune. Demi-p. in-8. — Chevalier (Michel). 1 p. in-8. — Chevreul (É). 1846. 3 p. in-4., et 2 pages de notes aut.— De Candolle. 1826. Demi-p. in-4. — De Mur, savant allemand. Nuremberg, 1798. Quart de p. in-4. — Mathieu de Dombasle. 1832. 3 p. pl. in-8. — Mentelle. 1785. 2 p. in-4. — Millin (A.-L.). 1818. 1 p. in-4. — Vauquelin. 1807. 2 p. in-4.

282. CHODERLOS DE LA CLOS (Philippe Jean-Baptiste de), écuyer, chevalier de Saint-Louis.

Pièce avec une ligne aut. sig. Paris, 11 juillet 1785. 2 p. in-4.

283. CHOISEUL (François, duc de), ministre de Louis XV.

L. aut. sig., à M... Marly, 6 fév. 2 p. in-4. Affaire de finances.
Choiseul (famille de). Huit pièces diverses, sig. et aut., sig.

284. CHRETIENNE de France, fille de Henri IV, duchesse régente de Savoie.   N. 1606. M. 1663.

L. aut. sig. : *Chrestienne, à monsieur le prince Thomas* (de Savoie), *mon frère.* Turin, 10 janvier 1622. 1 p. in-fol. Cachet et soies. Petite déchirure par le cachet enlevant la fin de deux lignes. (Collection de Châteaugiron).

285. CHRISTIAN Ier, électeur de Saxe.   N. 1560. M. 1591.

Pièce sig. : *Christianus Churfurst* (en allemand). 29 sept. 1586. 9 p. pl. et demie in-fol. Cachet. Rare et belle pièce.

286. CIGNANI (Charles), peintre, élève de l'Albane. Le pape Clément XI le fit prince de Bologne et le combla de bienfaits.   Né en 1628. Mort à Forli en 1719.

L. a. s. (en italien). Bologne, 19 oct. 1656. 2 gr. p. pl. in-folio. *Rare.*

287. CLARENDON (Edouard-Ayde, comte de), grand chancelier d'Angleterre.   N, 1608. M. 1674.

L. avec la souscription d'une ligne aut. sig. (en français), à MM.... Londres, 12 juillet 1661. 1 p. in-folio.

288. CLAVIERE, ministre des finances de la République.

Quatre lettres et pièces sig. ou aut., relatives aux finances de la République. 1793. 4 p. in-4 et in-fol.

289. CLERGE, *Cardinaux, archevêques,* etc.

Afforty. — Bausset. — Beaumont (Christophe de). — Bernis. — Calignon. — Charrier de La Roche. — Clabault. — Clausel. — Cosnac. — Dehory. — Estrades. — Fleury. — Diannyeré. — Forbin-Janson. — Garibaldi. — Grenier (Dom). — Isoard. — Orléans de La Motte. — Rohan Guemené. — Ruffo. — Descombes de Laric. — Athanase Coquerel, etc. etc. Ensemble, 28 lettres et pièces aut., sig. et aut., sig.

290. CLERGE CATHOLIQUE, français et étranger.

Albani (le cardinal Alexandre). L. sig. (en italien), à l'impératrice, reine de Hongrie. Rome, 1747 2. p. in-fol. Enveloppe avec cachet. — Charrier de La Roche, évêque de Versailles. L. aut. sig. Versailles, 19 mars 1806. Demi-p. in-4. — Grimaldi (Jérôme), nonce apostolique et cardinal. L. sig. (en italien). Bruxelles, 15 oct. 1708. 1. p. in-4. — Pyrker (Jean-Wladislas), archevêque d'Erlau, en Autriche, historien

et poëte. N. 1772. M. 1835. L. aut. sig. (en allemand). 1844. 1 p. in-8.
— Salviati (Alemauno), cardinal légat. L. aut. sig. (en italien). Avignon, 26 oct, 1711. 3 p. in-4. — Saxe (le cardinal de), primat de Hongrie. L. sig. (en latin), à l'empereur. 26 mai 1723. 2 p. in-fol. Cachets.
— Spiegel de Diesenberg, archevêque de Cologne. N. 1764. M. 1835. L. aut. sig. (en allemand). 1796. 1 p. in-4.

291. **CLERMONT-TONNERRE** (Stanislas, comte de), colonel en 1791, membre de l'Assemblée constituante, publiciste. Né en 1747. Massacré en son hôtel le 10 août 1792.
L. aut. sig., à M. le comte ... 21 mai 1789. 1 p. in-fol.

292. **COBENTZEL** (le comte Philippe de), ambassadeur autrichien. Il négocia la paix de Lunéville.
1° L. a. s. — à Mme de Nettine, à Bruxelles. Vienne, 12 nov. 1773. 1 p. in-4. — 2° L. aut. sig., à M. le comte... Paris, 12 sept. 2 p. in-8.

293. **COCCEJI** (Samuel, baron de), chancelier de Russie, célèbre jurisconsulte. N. 1676. M. 1755.
L. sig. (en latin), aux Etats-Généraux, à La Haye. Magdebourg, 29 janvier 1723. 6 gr. p. in-fol. Très-grand cachet. Belle pièce.

294. **COCHON DE LAPPARENT** (Charles), conventionnel, ministre de la police, sénateur.
L. aut., deux fois sig., au citoyen Poix, officier de santé de l'hopital militaire, à Poissy. Paris, 2 thermidor an 11. 1 p. in-4.

295. **COEHORN** (Meuno, baron de), lieutenant général hollandais, célèbre ingénieur militaire. N. 1641. M. 1704.
Pièce sig. Namur, 6 nov. 1696. 1. p. in-4. en travers. Cachet en cire rouge. *Rare.*
« Nous ordonnons par cette aux villages dépendans du ban de Sampson de « livrer journellement un chariot de bois pour le chauffage des gardes, dans « le fort de Sainte-Barbe, à peine d'exécution militaire. »

296. **COETLOSQUET** (Jean-Gilles de), ancien évêque de Limoges, membre de l'Acad. française. N. 1696. M. 1784.
L. aut. sig., à M... Versailles, 20 nov. 1769. 1 p. in-4.

297. **COGNIET** (Léon), peintre d'histoire et de portraits.
1° L. aut. sig., à M. Monvoisin, peintre d'histoire, 1. p. in-8.
2° L. a. s., au même, à Rome. Paris, 29 déc. 1823. 2 gr. p. pl. et in-4.
Les personnes qui ont vu son tableau dans son atelier, où il est depuis le mois de septembre, le trouvent généralement d'un très-bon effet... Il lui fait quelques observations et lui rapporte celles de plusieurs amis sur quelques imperfections qu'il lui sera facile de corriger... Si elles sont justes, elles lui seront plus utiles que les éloges que son tableau mérite sous beaucoup de rapports... « Mais, parbleu, je suis bien bon, moi, de vous parler de votre ta-« bleau. M. Guérin n'est-il pas à Rome? et ne l'a-t-il pas vu?... »

298. **COLASANTI**, artiste remarquable sur l'ophicléide.
1° L. aut. sig. (en italien), au peintre Dell' Acqua. Dresde, 9 février 1858. 4 p. pl. in-8.
2° Charge au crayon par Delle' Acqua. Petit in-fol.

299. **COMPOSITEURS DE MUSIQUE.** 8 lett. aut. sig.
Adam (Adolphe). 1 p. in-18. — Berlioz. 1819. 1 p. in-4. — Castilblaze. 1 p. in-8. — Dancla. —1845. 1 p. in-8. — Fétis. 1857. 1 p. et demie in-8. — Gevaert. 1858. 1 p. in-8. — Kalkbrenner. 1842. 1 p. in-8. — Paer. 1. p. pl. in-8.

300. **COMPOSITEURS,** *instrumentistes* célèbres,
Artot. L. aut. sig. Paris, 7 mai 1843. 3 p. in-8. Fort intéressante.
— Carafa de Colombrano. L. aut. sig. 28 juillet 1833. 2 gr. p. pl. in-4. — Schneider (Jean-Chrétien-Frédéric). L. aut. sig. (en allemand).

Dessau, 8 février 1843. 3 gr. p. in-4. — Walther (Jean-Godefroi), musicien, organiste et compositeur. L. aut. sig. (en allemand). Weimar, 26 janvier 1833. 3. p. pl. in-fol.

301. COMPOSITEURS. *instrumentistes* français et étrangers.
Lee (Alexandre). 1840. 2 p. pl. in-4. — Linley (Will.). 25 avril 1844. 3 p. pl. in-8. *Portr. Charge* à la plume. — Liszt (Franz). 2 p. et demie in-8. *Port.* — Nageli (J.-G.). 18 déc. 1833. 2 p. pl. et demie in-4. — Osmond (le Mis d'). 2 p. in-8. — Tolbecque. 11 mars 1840. 3. p. pl. in-4. Intéressante. Ces six lettres sont aut. sig.

302. COMPOSITEURS *allemands.* 3 lett. aut. sig.
Flotow (Ferdinand). Demi-p. in-4. — Marschner (Henri). 22 mai 1841. 2 p. in-4. *Portr.* — Spohr. (Louis). Cassel, 17 janvier 1836. 2 p. in-4. Musicale. Ces trois lett. sont en allemand.

303. COMTE, physicien et ventriloque.   N. 1788. M. 1859.
1° L. aut. sig., à M. Rebatel, capitaine, à Toulon. Lyon, 17 juillet 1812. 3 gr. p. in-4.
Au sujet de son projet de mariage avec sa fille qu'il peut maintenant accomplir.
2° Deux engagements à son théâtre, sig. 1826 et 1829. 2 p. in-4.

304. CONDÉ (Louis II de Bourbon), prince de Condé, surnommé le *Grand.*   N. 1622. M. 1686.
L. sig., à M. Des Roches d'Orange, à l'armée de Flandres. Versailles, 1er sept. 1626. Demi-p. in-8. Cachet.

305. CONDÉ (Louis II de Bourbon, prince de). *Le même.*
L. aut. sig., au chancelier Michel Le Tellier. Deux tiers de p. in-4.
Cette lettre a été doublée, ainsi que celle de Le Tellier en réponse à celle-ci, laquelle forme le second feuillet, aussi deux tiers de page in-4.

306. CONDÉ (Louis II de Bourbon, prince de). *Le même.*
L. aut sig. à M... Bruxelles, 24 janvier 1659. 1 p. pl. in-4.

307. CONDÉ (Louis II de Bourbon, prince de). *Le même.*
Pièce sig. (sur parch). Paris, 20 mars 1664. gr. in-fol.
Condé (Louis-Joseph de Bourbon, prince de). Trois pièces sig. 1776 à 1788. 3 p. in-4 et in-fol. — Conti (le prince de). Pièce aut. sig. 1718. 1 p. in-4. et pièce sig. 1724. 2 p. in-fol. — Conti (le prince de). Quitt. aut. sig. 1753. 1 p. in-4.

308. CONDÉ (Louise-Marie-Thérèse-Bathilde d'Orléans, duchesse de Bourbon), épouse du prince de Condé, mort en 1830.   N. 1750. M. 1822.
L. aut. sig. : *L.-M.-T.-B.-Orléans F. Bourbon,* aux membres composant le Directoire exécutif de la République française. Sans date. 1 p. in-fol.
Elle leur expose que, privée de tout ce qui lui appartient, elle est loin d'avoir une existence supportable jusqu'au moment où ils voudront bien s'occuper de statuer définitivement sur son sort. Il serait trop long de leur faire le détail de ses privations, etc.

309. CONDILLAC (l'abbé Bonnot de), philosophe et grammairien, de l'Acad. française.   N. 1715. M. 1780.
L. aut. sig., au duc de Nivernois. Parme, 1er mars 1766. 3 p. pl. in-4.
La minute aut. de la réponse du duc (22 mars) est derrière, elle remplit la page d'une jolie écriture, fine et serrée. Curieuses.

310. COLLIN D'HARLEVILLE (Jean-François d'), poëte et auteur dramatique, membre de l'Académie française.
L. aut. sig., *Harleville,* à M. Alix, avocat, à Paris. Meroisin (par Maintenon), 20 juillet 1788. 3 p. pl. in-4. Cachet.
Jolie et intéressante lettre relative à ses charmilles et ses *châteaux en Espa-*

gne, il a fait en trois mois ses *Châteaux*, comédie, en trois actes, malgré ses voyages, une maladie de trois semaines et ses dérangements, et il doit convenir que c'est à lui à faire...

311. COMITÉ DE SALUT PUBLIC. Quatre pièces.   3. 2

1° Arrêté signé par Boissy d'Anglas, Cambacérès, Carnot, Dubois Crancé, Fourcroy, Merlin (de Douai), et Pelet. 26 frimaire an II. 1 p. in-4, avec la jolie vignette de Quéverdo. — 2° Arrêté avec sept petites lignes aut. sig. de Tallien, et six lignes aut. sig. de F. Aubry. 1er messidor an III. 1 p. in-4. Vignette. — 3° Arrêté signé Barère, Billaud Varenne, Carnot, Collot d'Herbois, Jeanbon Saint-André, Prieur de la Marne. 28 sept. 1793. 1 p. in-fol. Vignette. — 4° Arrêté signé Barère, Billaud Varenne, Bréard, Laloy, et Tallien. 1er fructidor an II. 2 p. in-fol. Vignette.

312. COMITE DE SURETE GENERALE. Quatre pièces.   3. 50

1° Arrêté aut. sig. de Basire et sig. par Ingrand. 17 août 1793. 1. p. in-4. Cachet. — 2° Arrêté aut. sig. de Dartigoyete et sig. par Bernardy, Ingrand, et Michaud, du 17 août 1793. 1 p in-4. Cachet. — 3° Arrêté aut. sig. par Maure aîné, sig. par Brival, Cavaignac, Garnier, Maulle et Osselin. 23 avril 1793. 1 p. in-4. Cachet. — 4° Arrêté (ordre d'arrestation de la nommée De Fremery, ex-noble et sa sœur. sig. M. Bayle, Elie Lacoste. Lavicomterie, Louis (du Bas-Rhin), et Vouland. 18 floréal an II. 1 p. in-fol. Cachet. — Plus, bas d'un arrêté (découpé), sig. par Dubarran, La vicomterie et Louis (du Bas-Rhin). Cachet.

313. COMITE DE SURETÉ GENERALE. Quatre pièces.   5. 50

1o Arrêté aut. sig. de Bernard de Saintes, et sig. aussi par M. Bayle. A. Dumont, Goupilleau (de Fontenay), Elie Lacoste et Louis (du Bas-Rhin). 29 thermidor an II. 1 p. in-4. Cachet. — 2° Arrêté sig. par M. Bayle, Bernard de Saintes, Dubarran, A. Dumont, Louis (du Bas-Rhin) et Vadier. 23 thermidor an II. p. in-fol. Cachet. — 3° Arrêté aut. sig. de Moyse Bayle, et sig. aussi: Elie Lacoste, La vicomterie, Vadier, et Voulland. 18 messidor an II. 1 p. in-4. Ordre d'arrestation et d'emprisonnement de Doniol. Il y a au bas : Refusé aux Carmes faute de place. — 4° Arrêté aut. sig. de Clauzel, et signé aussi par Bentabole, Bourdon (de l'Oise), A. Dumont, Goupilleau (de Fontenay), Lesage Sénault, Mathieu, Beubell, et Reverchon. 27 vendémiaire an III. 1 gr. p. in-fol. Cachet. Le citoyen Millet, ci-devant commis au Comité de salut public, et maintenant employé dans les bureaux du Comité de sûreté générale, surpris de présenter quatre arrêtés de mise en liberté, aux membres du Comité, écrites de la main dudit Millet, et qui n'avaient pas été délibérés et discutés sera mis en arrestation, conduit au Luxembourg, etc.

314. CONSTANT DE REBECQUE (Benjamin), député, publiciste, orateur et philosophe.   N. 1767. M. 1830.   4

1° L. aut. sig. 7 sept. 1807. 1 p. in-8. — Fac simile in-4.

2° L. aut. sig., *au citoyen consul Sieyes, à lui seul, en mains propres. Ce 22.* 1 p. in-4.

Il lui demande son appuie auprès des patriotes pour être nommé au tribunat... La réunion de Genève l'a déclaré *français né* quoiqu'il le fut déjà par une loi... « Qu'il me sera doux de vous devoir et le bonheur d'être utile à la « liberté et celui d'entrer dans une carrière que j'ai toujours désirée comme « celle de la véritable gloire... »

315. CONSTITUANTS, *pairs, députés,* etc. 10 lett. aut. sig.   2. 50

ANTRAIGUES (Louis, comte d'). 1 p. in-8. — AUDRY DE PUYRAVEAU. Demi-p. in-8. — CONSTANT DE REBECQUE (Benjamin). Demi-p. in-4. — CORMENIN. 1843, 2 p. pl. et demie in-12. — CORNET (du Loiret). 1828. 1 p. in-4. — GRELIER. An VI. 2 p. et quart in-4. — JOUFFROY, philosophe, député. 1 p. pl. petit in-8. — PRADT (l'abbé de). 1811.

1 p. et demie in-4. — Roux Laborie. 1828. 3 p. in-8. — Anthony Thouret. 2 p. in-8.

316. CONTRAFATTO (l'abbé), Sicilien, condamné aux travaux forcés à perpétuité par la Cour d'assises de la Seine, le 15 oct. 1827. Evadé, il s'est réfugié en Italie.
L. aut. sig., au ministre de la justice. Bagne de Brest, 15 juin 1831. 1 p. pl. et quart in-4.
L'exemplaire qu'il lui adresse de son concours itératif qu'il envoie au Roi, lui fera connaître combien il est à plaindre. Il soumet à son intégrité et à ses hautes lumières, les moyens qu'il développe, et les conclusions qui le terminent...

317. CONVENTIONNELS. Neuf lett. aut. sig.
Amar, avec une note de 9 lignes aut. de Bouchotte. An II. 1 p. in-4. — Barrot. 1815. 3 p. in-4. — Beauvais Despréaux. 1792. 1 p. in-4. Cachet. — Becker (Joseph). An VIII. 2 p. in-fol. — Bissy. An VII. 1 p. in-4. — Bourdon (Léonard). 1789. 2 p. in-4. — Camus. Demi-p. in-8. — Chamborre. An IV. 3 p. pl. et demie in-4. — Charbonnier. An II. 2 p. in-4.

318. CONVENTIONNELS. Dix lett. aut. sig.
Chiappe. An XII. 1 p. in-4. — Corbel. An IV. 3 p. in-4. — Crassous. An II. Demi-p. in-4. Cachet. — Dabray. An II. 1 p. in-4. — Defermon. 1821. Demi-p. in-4. — Delacroix (Ch.). 1793. 1 p. in-4. — Delbrel. An III. 1 p. in-fol. — Delpierre. An XII. 1 p. et quart in-4. — Dentzel. Apostille de 4 gr. lignes aut. sig. 2 p. in-fol. — et let. sig. 1809. 2 p. in-4. — Derazay. An IV. 1 p. in-4.

319. CONVENTIONNELS. Neuf lett. aut. sig.
Dugué d'Assé. 2 p. in-4. — Duroy, signée aussi par Haussmann, Laurent et Ritter. 1793. 1 p. in-fol. — Fabre (de l'Aude), sig. aussi par Salomon et Periès. An IV. p. et demie in-4. — Fleury (Honoré). Chartres, 21 floréal an III. 2 p. et demie in-fol. Vignette. — Florent Guiot. An V. 3 p. pl. et demie in-4. — Fréron. Marseille, 17 pluviôse an II. 1 p. in-4. — Garnier de Saintes. An III. 1 p. in-fol. Singulière vignette. — Garrau. 1794. 1 p. in-4.

320. CONVENTIONNELS. Huit lett. a. s. et une pièce a.
Goujon. 1793. 1 p. in-4. — Guffroy. 1803. 3 p. in-4. — Guyton Morveau. An XIV. 2 p. in-4. — Lacoste (Jean-Baptiste). An II. Tiers de p. in-fol. Cachet. — Lakanal. 2 p. in-4. — Lanjuinais. 1814. Demi-p. in-fol. — Lepaige. An IV. 3 p. in-4. — Le Cointe Puyraveau. An VIII. 1 p. in-fol. — Lemailliaud. An II. 1 p. in-4. — Lindet (Robert). Consultation sur une question d'hypothèques. Aut. 2 p. pl. et demie in-4.

321. CONVENTIONNELS. Neuf lett. a. s., et une apost. a. s.
Maignen. An III. 2 p. in-4. — Maisse. An IV. 1 p. in-4. — Marec. 2 p. et demie in-8. — Mathieu-Miranpol. An III. 1 p. et demie in-4. — Moltedo. An II. 1 p. in-4. — Paganel. An IV. 2 p. pl. et quart in-8. — Pénières. L. a. s. an IV. Demi-p. in-4, et apostille de 4 lig. aut. sig. 1 p. in-fol. — Pocholle. An VI. 2 p. in-fol. Jolie vignette. — Porcher. An III. Demi-p. in-4.

322. CONVENTIONNELS. Neuf lett. aut. sig. et une sig.
Poullain-Grandprey. 1807. — Poultier. L. sig. an XIV. 1 p. in-4. — Quinette. 1 p. in-4. — Réal. 1792. 1 p. in-4. — Richard. 5 août 1795. Demi-p. in-4. Distribution d'eau-de-vie au sujet de l'Anniversaire du 10 août. — Richou. 1812. Quart de page in-4. — Riou. An VII. 2 p. in-4. — Ritter. An IV. 1 p. et demie in-4. — Robert (F.). 1800. Demi-p. in-8. — Rovère. An III. Demi-p. in-4.

323. CONVENTIONNELS. Neuf lett. aut. sig.
Souhait. An III. 3 p. in-4. — Thibault. An XIII. 1 p. in-8.

— Thirion. Demi-p. in-4. — Treilhard. 1807. 1 p. in-4. — Vardon. Apostille de 20 grandes lignes aut. sig., aussi par Giraud et Bourdon (de Loise). In-fol. — Vernier. An XI. 1 p. in-4-. — Villetard. 1812. 2 p. in-4. — Vitet. An IV. 2 p. in-4. — Villar. 1 p. in-4.

324. CORMARTIN (P.-M.-J. Dezoteux, baron de), major général de l'armée catholique et royale de Bretagne.

L. aut. sig., au général commandant de l'armée républicaine. Nantes, 20 janvier 1795. 1 p. in-4. (Collection de La Jarriette).

Il est chargé de la part de l'armée catholique et royale de Bretagne de se rendre auprès de lui pour, conjointement et d'un commun accord, aviser et stipuler les moyens les plus sages et les plus doux à employer, pour engager les français à mettre un terme à une guerre aussi cruelle qu'ils se font entre eux... Demande de la manière dont la réunion des chefs pourra avoir lieu, avec les précautions convenables...

325. CORNEILLE (Mlle.), petite-fille du grand Corneille.

L. aut. sig., à M. le comte de Pradel, ministre de la Maison du Roi. Paris, 15 juillet 1816. 1 gr. p. in-4.

Elle lui fait connaître que la représentation du 6 juin dernier, que le roi a accordé à son bénéfice au théâtre de l'opéra, ne lui a rapporté, net pour elle, que quatre mille francs... Elle voit avec la plus vive douleur, que l'on croit avoir tout fait en sa faveur, elle n'a pu, de cette misérable représentation payer qu'une partie de ses dettes : Elle ne les a pourtant contractées que pour nourrir et élever les rejetons d'un homme dont la mémoire commande quelque intérêt. Elle n'a rien négligé pourtant pour réveiller l'attention royale... Cependant elle est toujours dans la détresse!... Elle prend soin d'un neveu de vingt ans, à qui elle fait faire son droit; elle en a un autre, qu'il faudrait qu'il fut au collége ; « et ce qui me *décire* l'âme, c'est de voir que le sort de mes « pauvres nièces, n'est pas encore assuré d'une manière digne de notre ayeul : « Cette idée m'anéantit!... Elles savent pourtant qu'elles descendent du grand « Corneille : cette pensée en élevant leur âme, rend leur sort que plus mal- « heureux ! »

326. CORNELIUS (P.), peintre allemand.

Reçu de cinq lignes aut. sig. (en allemand). Munich, 17 oct. 1821. 1 p. pl. in-8 en travers.

327. COSNAC (Daniel de), évêque de Valence, puis archevêque d'Aix, auteur de *Mémoires* édités par l'abbé d'Olivet.   Mort à Aix, en 1708, âgé de 81 ans.

L. aut. sig., à M... Aix, 24 sept. 1700. 3 p. pl. in-4.

Curieux détails au sujet de bruits de malversations... Quant à l'affaire de la noblesse et du tiers État, il n'a d'autre intérêt que celui du Roi. La guerre monacale que Mme de Bérulle a entamée contre lui commence à se ralentir... Curieux détails aussi sur ces intrigues de couvents.

328. COTTIN (Mme Sophie *Ristaud*, célèbre auteur de romans ; *Mathilde, Claire d'Albe*, etc. N. 1783. M. 1807.

L. aut. sig. : R. Vᵉ *Cottin*, à la citoyenne Bigand, à Champlan. Paris, 30 floréal. 1 p. in-4.

Petite somme qu'elle désire qu'elle lui tienne prête... « Je vous dirai que ma « belle mère et sa fille sont rayées depuis hier de la liste des émigrés. Vous « imaginez à quel point nous sommes contents de cette nouvelle... »

329. COUR DES AYDES, en 1650.

1° *État des droits de sucre deub. à Mrs de la Cour des Aydes et officiers d'Icelle pour l'année 1650*. Pièce sur parch. 7 p. in-4.

Les présidents, conseillers, etc., ont signé en marge de leur nom et de la quantité qui leur est allouée... Ainsi le premier président à 48 livres, les autres présidents 26, les conseillers et gens du Roi 12, les substituts 6, le greffier en chef 26 livres et demie, les commis élèves de greffe 6, les receveurs 7, le premier huissier 5 livres, les autres huissiers 2 livres trois quarts, etc.

2° *État des droits de sucre deub, etc.* Même sujet que celui qui précède, et sig. aussi en marge, pour l'année 1651. Parch. 3 p. gr. in-fol.

330. **COURIER** (Paul-Louis), écrivain politique et savant helléniste. Né en 1778. Assassiné en 1825.

> L. aut. sig., comme capitaine faisant les fonctions de chef de l'état-major de l'artillerie de l'aile gauche de l'armée d'Angleterre, au citoyen directeur du parc d'artillerie, au *port liberté*. Quartier-général de Rennes, le 8 fructidor an VI. 1 p. in-4. Tête impr. Vignette.
>
> Au sujet d'un ordre militaire déjà donné.

331. **COURIER** (Paul-Louis). *Le même.*

> L. aut. sig., à madame (Pigalle). Barletta, 29 ventôse an XIII. 1 gr. p. pl. et quart in-4.
>
> Envoi d'une procuration pour l'acquisition d'une terre... « Je ne puis me « rendre à Paris moi-même. Car outre mon emploi qui me retient, la peste et « les brigands qui nous entourent rendent la route impraticable ; on ne peut « voyager qu'avec un gros corps de troupe... »

332. **COURT DE GEBELIN** (Antoine), helléniste, auteur de : *Le Monde primitif, analysé et comparé avec le monde moderne*, etc. N. 1725. M. 1784.

> L. aut. sig. (à la 3e personne), au Comité qui se tiendra chez le C. F. H. de la Salle : *Le F. Court de Gebelin, 3e orateur de la R. L. des IX SS. aux C. F. F. du Comité tenu le 22 du 5e mois de l'an de la V. L. 5781. Chez le C. F. de la Salle et qui s'y sont érigés en un tribunal d'iniquité antimaçonnique.* 3 gr. p. pl. in-4.
>
> Curieuse récrimination en langage maçonnique, contre les accusations dont il a été l'objet.

333. **COUSTARD** (Anne-Pierre), député de la *Loire-Inférieure* à l'assemblée législative et à la convention, commandant général de la garde nationale nantaise, président du département. Né en 1741. Mis à mort en 1793.

> 1° L. aut. sig. Paris, 3 août, an IV de la liberté. 1 p. pl. in-4. (Collection de La Jarriette).
>
> Il prie ses amis et ses frères du département de faire imprimer l'article publié contre lui par l'*Ami du Nord* (rédigé par Monjoie), ainsi que sa réponse aux calomnies qu'il contient.
>
> 2° Copie de l'article de l'*Ami du Roi* et de sa réponse. Paris, 3 août, l'an IV de la liberté, terminé par quatre lignes a. s. 2 p. in-fol.

334. **COUTHON** (George), avocat, conventionnel. Né à Orsay, en Auvergne, en 1736. Mis à mort en 1794.

> L. aut. sig., à son confrère, M. Gaultier de Beauzat, avocat en Parlement, à Paris. (Clermont). Janvier 1789. 1 p. pl. in-4. — Plus, un petit billet de 14 lignes aut. ajouté à la lettre.
>
> L'ouvrage qu'il lui a envoyé lui fait autant d'honneur qu'il lui en fera dans tous les lieux où règnent le bon goût, la justice et l'humanité, et il l'a lu avec autant de plaisir que d'intérêt. — On ne cesse de s'entretenir des Etats-généraux et provinciaux. — Le froid est cruel, et la misère n'y a jamais été aussi grande... Organisation des secours...

335. **CREBILLON** père (Prosper *Jolyot* de), poëte tragique, membre de l'Académie française. N. 1674. M. 1762.

> Approbation de trois lignes aut. sig. à la fin de *La Belle orgueilleuse, ou l'enfant gâté*, comédie de Destouches, pour le Théâtre-Français. 21 août 1742. Manuscrit de 46 p. in-fol.

336. **CREQUI DE BLANCHEFORT** (Charles Ier, marquis de), prince de Poix, maréchal de France. 1578-1638.

> L. aut. sig., *A monsieur de Sully, duc et pair de France*. Sans date (Sully a écrit derrière : *M. de Crequi du 19 juillet 1624.*). 2 gr. p. in-fol. Cachets et soies. Très-belle lettre.
>
> Détails sur une audience du Roi ; annonce de sa nomination au commandement de l'armée d'Italie... Le Roi, va partir pour mettre sur pied l'armée qui est destinée pour l'Italie ou les prisons...

337. **CREQUI** (Anne-Lefèvre d'Auxi-Froullay, marq. donairière de), auteur de *Mémoires.*   N. 1715. M. 1803.
L. a. s.: *la citoyenne veuve Créqui*, à M... Sans date. 1 p. pl. in-4.
Elle lui envoie les deux petits morceaux qu'elle a retrouvés de M. Champfort.
Elle en aurait davantage si les circonstances ne lui avaient pas fait faire un
incendie de papiers inutiles, « où d'autres fragments étoient encore, mais ce
« n'est rien en comparaison de ces compositions perdues. L'unique chose que
« je demande, c'est que vous ne disiez pas de qui vous les tenés et que vous
« n'imprimiez jamais mon nom. J'aime l'obscurité, j'y ai passé ma vie, et je l'ai
« regardée comme un moyen de repos dont j'ay grand besoin... »

338. **CUVIER** (Georges, baron), célèbre naturaliste, membre de l'Académie française.   N. 1769. M. 1832.
L. aut. sig., à M. le vicomte Siméon. Sans date. 1 p. pl. in-4.
Portr. Notice biographique manuscrite.
Au sujet de l'ouvrage de M. Strauss sur l'anatomie des insectes, et surtout du
hanneton... Il le prie instamment d'en destiner un à M. Latreille, membre de
l'Académie des sciences, et le maître de toute l'Europe dans cette partie de
l'histoire naturelle, mais à qui la fortune ne permet pas de faire l'acquisition
d'un ouvrage aussi coûteux.

339. **CUVIER** (Georges, baron). *Le même.*
L. aut. sig., à M. Papion Du Château. 1 p. pl. in-4. Curieuse.
CUVIER (Mme Anne), femme du précédent.
L. aut. sig., à Mlle....16 janvier 1819. 2 p. in-4.

540. **CUVIER** (Georges, baron). *Le même.*
*Sur le projet d'un journal littéraire et scientifique digne de la nation
française.* Manuscrit aut. 14 pages à mi-marge, in-4. Ce curieux projet
est annoté presque sur toutes les pages par le ministre Champagny,
duc de Cadore, à qui il était adressé.

341. **DACIER** (Mme Anne Lefèvre, dame), femme d'André
Dacier de l'Académie française, littérateur et traduc-
teur célèbre. Née à Saumur en 1651. M. le 10 août 1720.
L. aut. sig., à Huet, évêque d'Avranches. Samedi matin. 1 p. pl.
in-4. Joli cachet en cire rouge.
Jolie et aimable lettre au sujet de la maladie qu'il vient d'éprouver.

342. **DAGUESSEAU** (Henri-François), chancelier de France.
L. aut. sig., à M. l'évêque et comte de Châlons. Amboile, le 14 oct.
1700. 2 p. et quart in-4. Belle lettre. Intéressante.

343. **D'ALEMBERT** (Jean le Rond), géomètre, littérateur,
membre de l'Acad. française.   N. 1717. M. 1783.
L. aut., à Madame la marquise du Deffand, à Saint-Joseph, rue Saint-
Dominique (à Paris). Blancmesnil, 3 sept. 1751. 3 p. pl. in-4. Joli cachet en cire rouge.
Lettre très-intéressante au sujet de la fonction de secrétaire perpétuel de
l'Académie française, en remplacement de Fontenelle, qu'elle et ses amis veulent lui faire obtenir... Il y est beaucoup moins propre qu'elle ne se l'imagine;
elle demande beaucoup de sujetion et d'exactitude, et elle le connaît assez
pour savoir que sa liberté est ce qu'il aime le mieux. Elle demande d'ailleurs
beaucoup de connaissances de chimie, d'anatomie, de botanique, etc., etc.,
qu'il n'a point, et qu'il n'a guère d'empressement d'acquérir. « Elle met dans le
« cas de louer souvent des choses et des personnes fort médiocres, et je ne
« sçay comment on peut se résoudre à louer ce qui ne mérite pas de l'être,
« n'y comment on en vient à bout; cette besogne-là est trop difficile pour
« moy. Le public d'ailleurs, est accoutumé depuis M. de Fontenelle à voir faire
« cette besogne d'une certaine manière qui ne serait point du tout la mienne,
« et il y a trop de risque à vouloir luy faire changer d'allure quand une fois
« il en a pris une, bonne ou mauvaise... » Il aura plus de temps pour la géo-
métrie à laquelle il serait bien fâché de renoncer... Pourquoi il n'a pas été
dîner chez le président Hénault...

344. **D'ALEMBERT** (Jean le Rond). *Le même.*
L. aut. sig., à M... Paris, 20 oct. 1774. 2 p. pl. in-4.

345. D'ANDRE (L.-J.-C.), conseiller au parlement d'Aix, député et président de l'Assemblée constituante. Né en Provence en 1759.   Mort en 1825.

L. aut. sig., à Messieurs de l'assemblée électorale du département de Paris. Paris, 15 juin 1791. 1 gr. p. in-fol.

Il refuse de remplir, conjointement avec Robespierre, les fonctions d'accusateur public. — On sait que Robespierre les déclina également.

346. DAMES NOBLES, *abbesses*, etc. 35 lettres et pièces, la pluspart aut. sig., in-8 et in-4.

ALBERTAS (La Rochejacquelein d'). — PRINCESSE D'AQUILÉE. — DE PONS. — DILLON. — GALLIFFET. — LANGEAC. 1764. — LATOUR DUPIN. — MARBEUF. — POLIGNAC D'ESCARS. — PRINCESSE DE STOLBERG. 1781. —PRINCESSE STÉPHANIE DE TASCHER, etc.

347. DAMES AUTEURS. Huit lett. aut. sig.

ABRANTÈS (duchesse d'). 1 p. et demie in-8. — BABOIS (Victorine). 1837. 1 p. et quart in-4, avec une pièce de vers (non de sa main, mais annoncée dans la lettre, 1 p. in-4.) sur Mlle Rachel, après une représentation d'*Andromaque* où elle avait rempli le rôle d'Hermione). — BENOIST (M.-F.). 1810. 2 p. in-4. — BRAYER DE SAINT-LÉON (Louise). 2 lett. 3 p. in-8. — CRAON, (princesse de). 1 p. in-8. — DASH (comtesse d'). 1 p. in-8. — HAUTPOUL (comtesse Beaufort d'). L. a. s. D'H. 2 p. in-18.

348. DAMES AUTEURS, *actrices*, Neuf lett. aut. sig.

ABRANTÈS (la duchesse d'). 2 lett. 4 p. in-8. — ANCELOT (Virginie). 1 p. in-8. — BAWR (comtesse de). 1 p. et demie in-8. — BELLOC à Carle Vernet. 1828. 1 page et demie in-8. Cachet. — CANDEILLE (Mme veuve Périé). 1829. 1 p. pl. in-4. — MIRBEL (Lizinka de). 1828. 1 p. in-8. — GEORGES WEIMER (Mlle). 2 p. in-8. Curieuse. — PARADOL (Mme). 1 p. in-8.

349. DAMES AUTEURS. Quatre lett. aut. sig.

CRAON (Mme la princesse de), fille de Mme la comtesse Du Cayla. Deux lettres au baron de Trémont. 1843 et 1847. 3 p. in-8 et in-4. Curieuses. — CUBIÈRES (Aglaé de), au même. 1843. 2 p. in-8. — DURAS (Noailles, duchesse douairière de). 1826. 1 p. in-4.

350. DAMOREAU-CINTI, célèbre cantatrice.

L. aut. sig., à son père. Gand, 18 décembre 1827. 4 p. pl. in-8. Relative à sa carrière théâtrale. Curieux détails.

STOLZ (Mme Rosina), cantatrice. L. a. s., à Benelli. 1854. 1 p. in-8.

351. DAMPIERRE (le général Auguste-Henri-Marie, *Picot*, marquis de)..   Né en 1756. Tué en 1793.

L. aut. sig., *H. P. Dampierre*, à M. Beulin, négociant, rue des Orties, butte Saint-Roch, à Paris. Dampierre, 27 février 1791. 2 p. et demie in-4. Cachet de deuil.

Il le prie de payer diverses sommes qui rentreront bientôt à madame de Dampierre. Il le prie aussi de dire à son domestique de passer au bureau de la Gazette des cours de l'Europe, de lui reporter tous les numéros qu'il pourra trouver et de lui dire qu'il n'en veut point, mais absolument point. « Ce diable « de papier aristocratique me poursuit pour que je lui paye trois ou quatre « numéros qu'il m'a envoyé, et que j'ai assés payé par l'ennuy qu'ils m'ont « causés. Le rédacteur m'a écrit une lettre anonyme par laquelle il me dit « bien des sottises aristocratiques, mais je suis accoutumé aux galanteries de « ce genre... » Il dit en poscriptum : « J'oubliais de vous dire que je vous priais « de redemander le louis que j'ai souscrit pour élever une statue à Rousseau « et de le reporter aux Jacobins, pour la souscription de David qui représen- « tera le serment fait dans le jeu de paume à Versailles.

LAVALETTE, homme de loi. L. aut. sig., à Mme la marquise de Dampierre. Besançon, 21 mai 1791. 4 p. pl. in-4. Intéressante.

Il lui parle de la tristesse et du deuil où l'a plongé la fatale nouvelle de la mort du général de Dampierre son mari, et lui expose longuement comment il est devenu son créancier d'une somme de 390 fr., avant son départ pour l'armée.

352. DAMPIERRE (le général, marquis de), et sa famille.

Vingt-six lett. sig. et aut. sig., quittances, billets à ordre, etc., des membres de la famille de Dampierre, de 1662 à 1839, in-8 et in-4, plusieurs sur parchemin; plus, sept lettres et pièces diverses concernant la famille. **Lot intéressant.**

Au nombre de ces pièces se trouve une promesse de payement de cent huit livres, souscrite par le général, marquis de Dampierre, tué en 1793, de 4 lignes aut. et sig. *H.* comte de Dampierre, 23 fév. 1785 (avant la mort de son père).

353. DANSEUSES françaises et étrangères.

Petra Camara de Guerrero. Paris, 27 sept. 1856. 1 p. in-8. *Charge* gravée. — Elssler (Fanny), 1838. Petite page in-18. — Taglioni (Marie). 1 p. in-8.

354. DAUBENTON (Jean-Louis-Marie), naturaliste, collaborateur de Buffon. N. 1716. M. 1799.

L. aut. sig., à Bernardin de Saint-Pierre, intendant du jardin des Plantes, de présent à Chantilly. Paris, 9 mai 1793. 1 p. pl. et demie in-4. Cachet.

Il était inquiet hier par rapport au citoyen Valencienne au sujet du recrutement. « Il a été arrêté hier à la section, que l'on ferait une proclamation trois « jours de suite pour offrir trois cens livres aux citoyens qui voudront s'enroler « volontairement, et que si, au bout de ce temps, le nombre n'était pas com- « plet, on tirerait au sort. On discutera aujourd'hui la question de savoir si les « hommes mariés tireront au sort avec les garçons... »

355. DAYDIE (le chevalier), amant de Mlle Aïssé, jeune Circassienne, amenée en France par le comte de Ferriol.

L. aut. sig. : *Le chevalier Daydie à Mme la marquise Du Chastellet.* Paris, 1er février 1741. 1 p. pl. in-4.

On vient de lui apporter son livre des *Institutions physiques.* Il est d'autant plus touché de cette attention de sa part, qu'il ne peut les regarder que comme une marque de son amitié, car d'ailleurs, son ignorance le rendait bien indigne de la grâce qu'elle lui fait.

356. DEJAZET (Mlle Virginie), actrice du Palais-Royal, etc.

L. aut. sig., à M... 3 p. pl. in-8. Jolie et aimable lettre.

357. DEJAZET (Mlle Virginie). *La même.*

L. aut. sig., à M... 2 p. in-8. Jolie lettre.

358. DEJAZET (Mlle Virginie). *La même.*

1º Billet aut. sig. 1 p. in-18.
2º L. aut. sig., à son amie... 1853. 1 p. in-8.

359 DEJAZET (Mlle Virginie). *La même.*

L. aut. sig., à M... Sans date. 1 p. pl. et demie in-13.

360. DELAMBRE (J.-B.-Joseph), astron. N. 1749. M. 1822.

L. a. s. à M. Ampère, à Lyon. Paris, 30 floréal an XI. 3 p. pl. in-4.

Au sujet du rapport qui doit être fait à l'Institut sur deux mémoires d'Ampère, par Lagrange et Biot.

361. DELAMBRE (J.-B.-Joseph), *Le même.*

1º L. aut. sig., à M. Crossart, à Amiens. Paris, 2 déc. 1783. 1 gr. p. in-4. Cachet.
2º L. aut. sig., à Mlle Delambre l'aînée (sa sœur), à Amiens. Paris, 7 mai 1814. 3 gr. p. pl. in-4.

Il a assisté au Te Deum pour l'entrée mémorable de monsieur comte d'Artois à Notre-Dame, à celui pour l'entrée de Louis XVIII, il a été témoin de l'ivresse du peuple, les princes de Condé et de Bourbon vont rentrer dans leur palais, on va tout remettre sur l'ancien pied, « rétablir les régiments suisses, parce « que nous n'avons pas assez de soldats français. On nous rendra nos anciens « traitements... »

362. DELAROCHE (Paul), peintre d'histoire.

L. aut. sig., à M. E. Weyden, secrétaire des Amis des Arts de Cologne, à Cologne, Paris, 13 août 1841. 1 gr. p. in-4.

Le tableau qu'il manifeste le désir de voir figurer à l'exposition de Cologne n'est pas en sa possession. Cette réduction de son tableau des enfants d'Edouard ne lui appartient plus depuis longtemps. Dans ce moment il n'a malheureusement aucun ouvrage de lui qui puisse lui être envoyé.

363. DELAROCHE (Paul). *Le même.*

L. aut. sig., à M. le comte... 11 mars 1828. 1 p. pl. in-8. — Lithographie (en petit) de son hémycicle du Palais des Beaux Arts.

Relative au prix qu'il désire (10 000 fr.) de son tableau d'*Elisabeth*. Cependant, s'il parle de ce prix, c'est qu'on lui a dit au salon que M. E. Dévéria avait demandé 10 000 fr. pour sa naissance d'Henri IV.

364. DE LAURIERE, célèbre avocat au parlement.

1° Délibération aut. (la signature a été biffée), en date de Paris, le 20 décembre 1707 (2 p. et quart in-fol.) pour les dames religieuses du Pont... — 2° Corrections aut. en marge d'un mémoire (imprimé) pour Thérèse Béraud de Beaulieu. 20 p. in-fol.

365. DE LESSART (Antoine de Valdec), ministre des affaires étrangères. Massacré à Versailles en 1792.

L. aut. sig., comme maître des requêtes, à M. Delorme. Paris, 16 sept. 1772. 4 gr. p. pl. in-4.

366. DELILLE (l'abbé Jacques), poëte, surnommé le *Virgile français*, memb. de l'Acad. française. N. 1738. M. 1813.

L. aut. sig., à Esménard. Sans date. 1 p. pl. in-8. *Rare.*

C'est à lui de le remercier de son obligeance, de son aimable conversation, de son beau poëme sur la *Navigation*, qui ne feras pas naufrage, et qui ira plus loin que toutes les flottes qu'il a chantées... « OEdipe vous recommande Antigone (madame Delille)... je me suis fait un véritable végétal, et je prends « racine ou je suis... »

367. DELILLE (l'abbé Jacques). *Le même.*

L. aut., à M. Gossart, professeur d'éloquence au collége d'Amiens. Sans date. 2 p. pl. in-4. *Rare.*

Affaires et nouvelles diverses... « L'affaire des jésuites ne fait moins de bruit « ici qu'elle n'en fait à Amiens. Mais comme tu le dis fort bien, cela commence « à nous intéresser fort peu. Que dit le petit Housei de la destruction de ses « bons amis; on parle icy d'un arrêt contre les affiliés. Votre ville en contient « je crois, une assez bonne quantité. Je voudrois bien les voir arriver icy à « Paris avec leur mine blafarde. Car je crois que cet arrêt les y oblige... »

368. DELILLE (Mme), femme du précédent.

L. aut. sig., à Mme Esménard. Demi-p. in-8. Entourage gauffré. Jolie et aimable lettre.

369. DELILLE (Mme veuve). *La même.*

L. aut. sig.: veuve *Delille*, à M. Amard, au Palais de l'Institut. Paris, 26 janvier 1825. 1 p. pl. in-8. Cachet de deuil.

Elle peut dire combien elle est heureuse de se trouver dans son honorable Elysée. Quand il s'agit de M. Delille, elle ne songe plus à elle. « Il serait gé« néreux de supprimer de votre noble écrit un passage qui n'est pas exact : Buo« naparte estimait M. Delille, mais il ne lui a jamais rien demandé ; il pouvait « dire beaucoup à celui qui avait laissé paraître le poëme de la pitié, bonne « œuvre, qui n'était pas pour lui, où les sourds et les muets n'étaient point « oubliés. Peut-être eut-il aujourd'hui, en échange de ce bienfait, signalé sa « reconnaissance : je connais son mépris pour l'ingratitude et tout son respect « pour les morts... »

369 bis. DEMBENSKI, général polonais.

L. aut. sig., à M... Paris, 4 sept. 1857. 2 gr. p. pl. in-4.

Il insiste beaucoup à lui soumettre son travail, car il le croit destiné à changer complettement la production et l'emploi de la vapeur, la théorie le lui prouve clairement, mais l'argent lui manque pour exécuter avec la précision voulue... Il sait trop qu'une chose présentée par lui ne prendras jamais le développement qu'elle prendrait si c'était un homme connu, par exemple, M. Peirère qui serait le premier à le faire connaître, ou autre...

370. DEMOUSTIER (Charles-Albert) , littérateur, membre de l'Institut, auteur des *Lettres à Emilie sur la Mythologie.* N. 1760. M. 1804.

L. aut. sig.. au citoyen Ramel, ministre des finances. Villers-Cotterets, II brumaire an VII. 3 p. pl. in-4.

Curieux détails au sujet de la vente que l'on veut faire du ci-devant château de Villers-Cotterets, qui ne produira pas vingt mille francs à la république, et lui coûterait plus d'un millon à remplacer pour le casernement des troupes. On veut vendre aussi le réservoir, le parc qui tient immédiatement à la forêt, etc.

371. DEMOUSTIER (Charles-Albert). *Le même.*

1° L. aut. sig., à sa mère. Paris, 1795. 2 p. et demie in-8.
2° L. aut. sig., à M... 2 p. in-4.
3° Fragments littéraires (avec des corrections). 5 p. in-8.

372. DENIS (Mme), nièce de Voltaire.

L. aut. sig., à *Monsieur de Coliny, chez M. de Voltaire, aux délices, à Genève.* 19 mai 1756. 2 p. in-4. Cachet. Curieuse.

373. DEPIERRE, curé de Saint-Sulpice. Ce fut lui qui assista le Maréchal Ney à ses derniers moments.

L. aut. sig., à M. le sénateur, comte Lemercier. Paris, 17 janvier 1809. 1 p. pl. in-4.

Au sujet de sa démission de fabricien qu'il avait donnée, et qui n'a été acceptée que parce qu'on avait l'avantage de le garder comme marguillier de la fabrique extérieur, « et que j'ai, moi particulièrement, toujours grand besoin de vos conseils et de vos bons offices. »

374. DÉRIVIS père (Louis-Etienne), chanteur de l'Opéra.

L. aut. sig., au comte de Montesquiou, grand chambellan de l'Empereur. Paris, 11 mai 1815. 1 gr. p. in-fol.

Dérivis (Prosper), fils du précédent, chanteur de l'Opéra.

L. aut. sig., à M... 1 p. in-8.

375. DE ROZOY, journaliste royaliste, mis à mort en 1792.

L. aut. sig., à Mgr. l'évêque de Lizieux. Mercredi matin. 1 p. in-4.

376. DESBORDES VALMORE (Marceline), poëte.

Prière. Pièce de vers aut. sig. 1 p. pl. et quart in-4.

377. DE SEINE (Louis-Pierre), statuaire. N. 1750. M. 1822.

L. aut. sig., à Mgr... Paris, 31 mars, 1820. 1 gr. p. in-fol.

Invitation à venir voir son monument du cardinal de Belloy, et à son atelier, celui du duc d'Enghien dont il est chargé.

378. DE SÈZE (le comte Romain), défenseur de Louis XVI, membre de l'Académie française. N. 1750. M. 1828.

L. aut., à sa sœur, madame Victor de Sèze, à Bordeaux. Paris, 22 juin 1827. 4 p. pl. in-8. Enveloppe avec cachet de Deuil. Certifiée le 9 mai 1844, par sa belle sœur, Mme C. H. de Sèze.

379. DESMARETS (Nicolas), neveu de Colbert, contrôleur général des finances. M. 1721.

Cinq lettres aut. sig., à Mgr... De Paris, Maillebois, et Montrésor. 1693. Ensemble, 12 p. in-4.

Relatives à l'acquisition de la terre de Montrésor faite par Mlle de Guise.

380. DESTOUCHES (Philippe Néricault), auteur dramatique, membre de l'Académie française. M. 1680. N. 1754.

L. aut. sig., à Mgr... Londres, 9 février 1719. 3 p. in-fol.

Relative aux affaires particulières et politiques de l'Angleterre.

381. DE THOU (Jacques-Auguste de), historien, poëte et

magistrat célèbre, l'un des rédacteurs (en 1598) de
l'édit de Nantes.   N. 1553. M. 1617.

L. aut. sig., Bordeaux, 13 octobre 1615. 3 gr. p. in-fol. Superbe et
intéressante lettre.

Sur son arrivée de Périgord à Bordeaux.r. « Le cérémonial du mariage se cé-
« lébrera ici le iour de saint Luc, et le XX du présent madame partira con-
« duite par M. de Guise. A la saint Martin les deux princesses doivent être
« arrivées, l'une à Bourdeaux et l'autre à Burgos. Dieu veuille qe rien n'in-
« tervienne, qui puisse nous retarder... L'on a tant d'affaires ici q. la sentence
« du Prevost de Paris a esté mis en arrière, mais non en oubli... » Il lui recommande les tablettes des manuscrits. « Je verai volontiers les épîtres de
« Baudius, et les poëmes de M. de la Scala. Faites m'en mettre a part un
. exemplaire bien net, et priés M. Rigaut de transcrire bien proprement les
« ccccxcii qui défaillent au Publius Syrus, pour estre mis en bon lieu, et reliés
« avec ce précieux volume q. ie veus toujours avec moi. Je désire que nostre
« escholier avec le temps se le rende familier. Dieu lui en face la grâce, etc. »

382. DE THOU (Jacques-Auguste de). *Le même.*

1° Sa sig. : *Jac. Aug. Thuani*, au bas du titre du livre : Jac. Sadoleti
de liberis recte instituendis, liber. Parisiis. Aupud simonem Colinœum.
1534. Petit in-8., avec la vignette *Tempus.*

2° Sa sig. : *Jac. Aug. Thuani*, au bas du titre du livre : Métamorphoses d'Ovide, mises en vers français : par Raimond et Charles de
Massac, père et fils. Au Roi. Paris, chez Abel L'Angelier. 1693. 1 p.
in-8. Vignette du sacrifice d'Abel.

3° Extrait notarié du partage fait entre messieurs et mesdemoiselles
de Thou, 13 mars 1632. 1 gr. p. in-fol.

383. DE THOU (François-Auguste de), fis aîné du précédent.   Né en 1607, Décapité avec Cinq-Mars en 1642.

Etat de solde militaire, avec le mot *bon* répété en marge 56 fois et
6 lignes aut. sig. (comme conseiller du roi et intendant de justice en
ses armées) d'arrêté de compte. Landrecy, 12 octobre 1637. 3 gr. p.
in-fol. et une p. in-4. Curieuse pièce. Jolie écriture.

384. DEVRIENT (Emile), célèbre acteur allemand.

L. aut. sig. (en Allemand). Dresde, 22 février 1852. 3 p. pl. gr.
in-8. Très-belle lettre.

385. DICKENS (Charles *Booz*, dit), romancier anglais.

L. aut. sig. (en anglais). Sans date. 4 p. petit in-8.
KNOWLES (James Shéridan), littérateur anglais. L. aut. sig.(en anglais).
1844. 1 p. in-8, et un petit billet aut. sig. 1 p. in-18.

386. DIDIER. (Jean-Paul), avocat au parlement de Grenoble,
engagé, en 1816, dans la conspiration de Lyon, et dans
l'attaque à main armée de la ville de Grenoble. Condamné à mort par la Cour prévôtale de *l'Isère* avec vingt-
un complices.   N. 1758. M. 1816.

L. aut. sig., à M. de Dovet, à Paris. Grenoble, 30 août 1811. Demi-p.
in-4. (Collection Lucas de Montigny).

387. DIVERS. *princes, princesses,* etc., une lett. aut. sig. et
neuf lettres et pièces sig.

BONAPARTE (Joseph). 1802. 1 p. in-4. — BOURBON (L.-J.-M. de), duc
de Penthièvre. L. aut. sig. 1754. Quart de page in-4. — BOURBON
(Louis-Henri, légitimé de). 1694. 2 p. in-f. — BEAUVILLIERS (le duc de).
1707. 2 p. in-4. — BELLEGARDE (Roger, duc de). 1575 (parchemin).
Cachet. — FOUCQUET (Nicolas). 1652 (parch.). — BOURBON (Louise-
Elisabeth de). 1754. 1 p. in-4. — GONZAGUE (Anne de), duchesse de
Nevers. 1639 (parchemin). — ORLÉANS (Marie d'), duchesse de Ne-
mours. 1674. 2 p. in-fol. — SAVOIE (Marie de Bourbon, veuve de
Thomas de). 3 p. in-fol.

388. DIVERS. Six lett. et pièces sig. et aut. sig.

VICTOIRE (Marie-Louise-Thérèse-Victoire de Bourbon, dite Mme), fille de Louis XV. Billet de 3 lignes aut. sig.. In-4. — NIBOYET (Eugénie), auteur socialiste. L. aut. sig. 1 p. in-8. — ZOLLERN (Elisabeth, princesse de). L. sig. 1659. 2 p. in-fol. Beau cachet. — BOUILLON (Geoffroy-Marie de La Tour, duc de). L. aut. sig. Versailles, 2 janvier 1708. 2 p. in-4. — BUSQUOY (Marguerite de Lille, comtesse), dame de Frasne et de Couelzin. Pièce sig. (sur parch.). Mons, 11 juillet 1582. — DE POTTER (Louis), philosophe et homme d'Etat belge. L. aut. sig. 1839. 1 p. in-8.

389. DIVERS. Dix-sept lettres et pièces sig. et aut. sig.

BARRAULT (Emile), saint-simonien. L. aut. sig. 1841. 1 p. in-4. — BERTHIER (Alex.) — MOISE DE MIOKOVICH, évêque et chef de l'Eglise grecque non unie, dans les provinces Illiriennes. Pièce sig. 1813. 2 p. in-fol. Cachet. — CORVETTO (le comte). L. aut. sig. 1813. 2 p. in-4. — DE GERANDO. L. aut. sig. 1 p. in-8. — JULLIEN (de Paris). L. aut. sig. 1846. 2 p. in-8. — LA FAYETTE (le général). L. sig. 1831. — MERCY ARGENTEAU. L. sig. 1813. Cachet. — MICHU, poëte. *Les Esprits, à madame X.* Pièce de vers aut. sig. 1861. 1 p. in-4. — etc., etc.

390. DIVERS. Vingt-quatre lett. et pièces.

SAINT-AIGNAN (Paul-Hippolyte de Beauvilliers, duc de), de l'Académie française. Lett. aut. sig. Saint-Germain-sur-Eaune, 30 oct. 1759. 1 p. et quart petit in-8, et 4 lett. sig. de 1758 à 1761. 5 p. in-4 — PARMENTIER, introducteur en France de la pomme de terre. L. aut. sig. 1803. 2 p. in-4. — L. sig. 1812. et deux lett. aut. sig. d'un Parmentier, trésorier de la succession de M. le duc d'Orléans. 1781 et 1787. 3 p. in-4. — BARON secrétaire de l'Académie d'Amiens. L. aut. sig. Amiens, 16 sept. 1750. 2 p. in-fol. — COFFINHAL. 4 lett. et billets aut. et aut. sig. 4 p. in-8 et in-4. — CHATEAUGIRON (le marquis de), amateur d'autographes. L. aut. sig. 1821. 2 p. in-8. Cachet. — GUILLOTIN. L. aut. sig. Bordeaux, 1778. 1 p. in-4. — MURAT (Joachim). Deux lett. sig., dont une avec 3 lignes aut. an IX. 1 p. in-4, et une p. in-fol. — Notes mss. sur l'astrée de d'Urfé, les diverses éditions, etc. 6 p. in-8. — Cinq lett. et pièces aut. de divers, sans signature. Celle du 16 juillet 1789 (4 p. in-4) est relative l'arrivée de l'Assemblée Nationale à Paris.

391. DIVERS. Vingt lett. et pièces sig., aut., et aut. sig.

ARNOUVILLE. L. aut. sig. 1789. 1 p. in-8. — BERRYER père, défenseur du maréchal Ney. Quitt. aut. sig. 1812. Demi-p. in-4. — BRUNET (général). L. sig. 1831. 1 p. in-4. — BOULAR, ancien notaire, bibliomane. L. aut. sig. et pièce aut. in-8 et in-4. — DAGUESSEAU, père du chancelier. L. aut. sig. 1703. 1 p. in-4. — DAGUESSEAU, fils du chancelier. L. a. s. 1757. 2 p. in-4. — DAGUESSEAU (le marquis), major général des gardes du corps. L. a. s. Paris, an XII. 2 p. in-4. — DIRECTOIRE *exécutif* (membres du). Trois lett. et pièces (dont deux adresées au général Kellermann) sig. par Carnot, Letourneur, et le secrétaire Lagarde. Ensemble, 4 p. in-fol. Tête impr. vignettes. — FOUDRAS (le marquis de). L. a. s. 1 p. in-8. — HAUY, instituteur des aveugles travailleurs. L. a. s. an VIII. 1 p. in-4 — LAGARDE (le baron), secrétaire général du directoire. L. a. s. 1808. Demi-p. in-4. — LATREMOILLE (ducs de). 4 lett. et pièces sig. et aut. sig. 1789, 1810, 1825 et 1838. — LAVAUGUYON (duc de). L. aut. sig. 1764. Demi-p. in-4. — MONTHION. L. et 4 lig. aut. sig. 1775. 2 p. in-fol. — Bon lot.

392. DIVERS.

Trois cents lettres et pièces sig. et aut. sig., hommes politiques, littérateurs, ingénieurs, etc., in-8, in-4 et in-fol.

393. DONIZETTI, *compositeur.*

Billet aut. sig. 9 juin. Demi-p. in-8.
BELLINI. Billet de spectacle aut. sig. 1835.

394. DONNADIEU (le général Gabriel, vicomte), célèbre par le rôle qu'il joua à Grenoble, lors de l'affaire Didier.

L. aut. sig., au marquis de Clermont-Tonnerre. Tours, 6 novembre 1826. 1 gr. p. pl. et demie in-fol. Très-belle lettre. Dans le transparent se trouvent le médaillon de Charles X et les armes de Bourbon.
Vive protestation au sujet d'une somme dont il n'avait pas justifié l'emploi.

395. DORVAL (Marie), célèbre actrice de drames.

L. aut. sig., à M. le ministre... Paris, 18 juin 1834. 2 p. pl. in-4.
Curieuse lettre au sujet des dépenses inutiles de costumes qu'elle a faites pour les pièces de *Henri III, Misantropie, Une liaison, Antony* (défendu trop tard pour elle) et *La mère et la fille*...
PLESSY (Mlle), dame Arnould, actrice du Théâtre-Français.
L. aut. sig., à Mlle Pontus. 2 p. pl. in-4. Curieuse.

396. DORVAL (Mme Marie). *La même.*

Pièce aut. sig. 1er décembre 1816. 1 gr. p. in-4 en travers.
Citation de l'opinion de Guy Patin sur les réjouissances et les cérémonies publiques où la populace se porte en foule, laquelle elle a toujours trouvée très juste. ..

397. DU BARRY (la comtesse), maîtresse de Louis XV.

Billet à ordre sig. de la somme de 500 fr. Louveciennes, 16 août 1786. 1 p. in-8 en travers.

398. DU BARRY (la comtesse). *La même*

Billet à ordre de mille livres (trois lignes), aut. sig. Louveciennes, 10 novembre 1770. Demi-p. in-8 en travers.

399. DUBOIS (Guillaume), cardinal, archevêque de Cambrai, Ier ministre du Régent, membre de l'Académie française.

L. sig., au maréchal, duc de Berwick. Paris, 3 juin 1719. 2 gr. p. pl. et demie in-fol. *Portr.* Belle lettre historique.
Il se réjouit avec lui de la gaieté et de la bonne volonté qui ont paru dans les troupes à l'ouverture de la tranchée de Fontarabie... Le moindre succès de la part des Espagnols serait un scandale dont les mal-intentionnés feraient une grande jactance... Il est certain que le cardinal Albéroni se trompe pour tenter encore quelque chose soit en Angleterre où en France, et il faut avoir les yeux ouverts. Mais l'essentiel est d'aller en avant, et de leur porter des coups qui aillent au cœur et qui excitent le mécontentement que les Espagnols doivent avoir de l'oppression où ils se trouvent... Ce qui est de vrai, c'est que le succès de sa campagne va décider des affaires entre la France et l'Espagne, et peut-être des affaires de toute l'Europe...

400. DU BOTDERU (le Cte de), chef de Chouans, chargé de la surveillance des travaux du monument de *Quiberon*.

L. aut. sig., à M. le duc de Damas, président du comité de Quiberon. Paris, 4 juillet 1827. 1 gr. p. pl. et demie in-fol.
M. l'abbé Deshayes propriétaire de la Chartreuse d'Auray, dans la transaction qui a été passée le 29 janvier dernier entre lui et le duc de Damas, au nom du comité de *Quiberon*, a pris indûment, à ce qu'il paraît, la qualité de *supérieur général des filles de la sagesse*, qualité que LL. EE. les ministres de l'intérieur et des affaires ecclésiastiques ne veulent pas plus reconnaître l'un que l'autre.

401. DU CANGE. (Charles *Dufresne*, sieur), glossateur et historien. Né à Amiens en 1610. Mort en 1668.

L. aut. sig., à M.... Amiens, 15 avril 1660. 1 p. pl. in-4.
Son travail touchant les familles d'Orient est presque achevé. Il ne sait s'il approuvera un sujet un peu abstrait, et peu utile en apparence, mais il n'y a pas moins de difficultés pour cela à le composer, à cause qu'il dépend d'une grande lecture d'auteurs communs.....

402. DU CAYLA (Mme la comtesse), amie de Louis XVIII.

L. aut. sig.. à M. la comtesse de Mesnars. Saint-Ouen, 22 sept. 1827. 1 p. in-8.

Elle regrette beaucoup de ne pouvoir offrir à Mme Delpech ce qu'elle désire,
mais elle ne peut disposer de son grand tableau, l'ayant mis en ce moment au
Louvre, où il est copié pour le cabinet du Roi (le grand tableau dont il s'agit,
c'est le portrait de Louis XVIII par Gérard, que le roi lui-même lui avait
donné).

403. DU CHASTELLET (la marquise), amie de Voltaire.

L. aut., à M. d'Argental, rue Saint-Honoré, vis-à-vis de la Sour-
dière, à Paris. A Lille, mardi matin, 2 p. pl. et demie in-8. Cachet.
Jolie lettre.

Elle avait bien raison de s'affliger de ce voyage, elle en perdra la vie, elle
en a déjà perdu la raison, « mon voiage ici en est une bone preuue, j'auois
« encore de l'espérance quand je suis partie, ie croiois venir au deuant de
« celui que i'yrai surement chercher quelque part ou il soit, hélas ie n'en
« doutte presque plus ie suis persuadée que mon malheur est public au present
« a Paris, et qu'il vous a déja couté bien des larmes, mes yeux n'en versent
« plus Ibebetement de la douleur est tout ce que ie conois a present..... »
Le temps qui s'est écoulé depuis les nouvelles de Berlin ne lui laisse plus
aucune espérance. Quelque chose qui arrive elle partira pour Paris ; elle veut
du moins mourir au milieu des amis de celui qu'elle va retrouver et mêler encore ses larmes aux leurs.....

404. DU CHASTELLET (la marquise). *La même.*

L. sig., à M... Cirey, 30 mai 1744. 4 gr. p. pl. in-4, avec des
ratunes et des corrections aut.

Lettre toute scientifique, et entièrement relative à ses discussions avec
M. de Mairan.

405. DUCIS (Jean-François), poëte dramatique, membre de
l'Académie française. N. 1733. M. 1827.

L. aut. sig., à M. de la Tour, à Paris. Versailles, 28 août 1809.
3 gr. p. pl. in-4.

Belle et intéressante lettre au sujet de la mort de son ami Bitaubé; comment
il lui est difficile maintenant de se livrer à la poésie..... Son impatience de
recevoir le portrait de son ami est bien vive...

406. DUCIS, à Talma, à son neveu, etc.

1° Six lettres (copies de), adressées à Talma (qui était son filleul) du
18 août 1795 au 13 nov. 1815. 14 p. in-4.

2° Trois lettres (copies de), adressées à son neveu, du 13 fructidor
an XII au 17 février 1808. 9 p. in-8 et in-4.

3° Deux lettres (copies de), adressés à M. Campenon et à son neveu,
1808 et 1823, de la main de M. Aimé Martin. 5 p. in-4.

407. DUCORNET, peintre, né sans bras.

L. aut. sig., à M... Paris, 28 février 1855. 1 p. in-8.

Il le prie de lui faire l'honneur de venir voir dans son atelier, un tableau
qu'il est sur le point de terminer, et dont il tient la commande de la munifi-
cence Impériale.

408. DU COUEDIC, célèbre marin français. Né en Bretagne.

Commandait la frégate *la Surveillante*, avec le titre de lieutenant de
vaisseau ; le 7 octobre 1779, il rencontra à la hauteur d'Ouessant,
Le Quebec, frégate anglaise, et la fit sauter en l'air. Il rentra à Brest,
couvert de blessures, dont il mourut peu après.

1° L. aut. sig., à M... Rennes, 14 avril 1779. 2 p. in-4.

2° L. aut. sig., à M... Rennes, 7 mai 1779. 1 p. in-4.

409. DUCREST, (Ch.-Louis, marquis), frère de Mme de Genlis.

Quatre lett. aut. sig., à Carnot, Bellanger, Charles, etc. 1784 à
1810. Ensemble, 4 p. et demie in-4.

410. DU DEFFANT (Marie de Vichy de Chambond, marquise), célèbre par ses galanteries et la société brillante
et choisie qu'elle recevait. N. 1696. M. 1780.

Douze lettres adressées au chevalier de l'Isle, à Paris, rue Grange-
Batelière, à coté du Corps-de-Garde des Suisses ; à Cirey, chez

madame la C. Du Chastellet ; à Chanteloup, par Amboise, chez M. le duc de Choiseul ; chez madame la M. Du Chastellet, aux eaux de Bourbonne ; à Paris, chez M. le duc des Deux-Ponts, rue Neuve-Saint-Augustin, de 1770 à 1774. Ensemble, vingt p. in-4 et 1 in 8, dont 7 avec le cachet aux armes, à la cire rouge. Il y a au bas de deux lettres une ligne aut. du chevalier de l'Isle. Aucune de ces lettres n'est signée.

Curieuse correspondance intime et littéraire, elle lui parle du séjour qu'il a fait auprès de Voltaire, etc.

411. DUMAS père, romancier, auteur dramatique.

A la princesse (Mathilde) Napoléon, pièce de vers aut. sig. (4 strophes de 4 vers). 1 p. in-8. Très-jolie pièce.

412. DUMAS père (Alexandre). *Le même.*

1° Deux billets aut. sig.—2° L. aut. sig., à M. Barnery. Saint-Corneille, 14 septembre 1837. demi-p. in-4. Prière d'avancer 53 f. 90 c. au receveur de l'enregistrement de Compiègne, montant de condamnations prononcées contre lui pour refus de service dans la garde nationale.—3° Mandat d'arrestation pour refus de service mentionné plus haut, pour être écroué à Sainte-Pélagie. 11 sep. 1837.

DUMAS fils (Alex.). L. aut. sig. 2 p. in-8.

KARR (Alphonse). Billet aut. sig. in-8 en travers.

SOULIÉ (Frédéric). Billet aut. sig. demi-p. in-8.

SUE (Eugène). Billet aut. sig. demi-p. 12.

413. DUMONT-D'URVILLE (Jules-Sébastien-César), capitaine de frégate, etc. Mort dans le terrible incendie du chemin de fer de Versailles (rive gauche), en 1842.

L. aut. sig., à Mgr... Paris, 6 mai 1825. 2 gr. p. pl. in-fol.

Belle lettre relative au voyage autour du monde qu'il vient de faire avec Duperray, et à l'avancement de grade qu'il est en droit d'espérer.

414. DUMOURIEZ (Ch.-Franç.-Dupérier), général en chef de l'armée du Nord, min. de la guerre. N. 1759. M. 1823.

L. sig., au maréchal Macdonald. Turville Park, near hossley upon Thames. 25 juin 1822. 1 gr. p. pl. et tiers in-4. Intéressante.

M. le duc d'Orléans lui a dit la vérité sur ses occupations actuelles. Il est établi dans une campagne très-sauvage, mais assez agréable, où il commence, un peu tard, mais avec grand plaisir, le métier de cultivateur. Il s'en trouve fort bien, pour sa santé, et son temps est partagé en travaux de campagne, en lecture de quelques bons livres, et sa correspondance très-restreinte avec quatre ou cinq amis emploie le reste de son temps, et lui font supporter patiemment les peines attachées à une aussi longue vie.....

415. DUPLESSIS BERTAUX, dessinateur et graveur dans le genre de Callot. M. 1843.

Dix dessins à la plume (pour être gravés) de canonniers servant leurs pièces, avec les légendes autographes. Une page in-fol. en travers. Curieuse et rare pièce.

416. DUPLESSY MORNAY (Philippe), célèbre homme d'Etat, surnommé le *Pape des protestants*. 1549-1623.

L. aut. sig., à M. Fortin. Mont-de-Marsan, 29 sept. 1583. 1 p. in-fol. Plusieurs taches au milieu et à la marge intérieure. *Portr.*

Il est bien aise qu'il ait trouvé bonne caution, « car c'estoit la principale « cause qui vous empeschoit de contracter avec nous. Quant à la bonne volonté « dont vous me faites offre je vous en remercie bien fort..... »

417. DUPONT (de *l'Eure*), député, membre du gouvernement provisoire de la République de 1848.

L. a. s., à M. Cauchois Lemaire. Paris, 19 mai 1847. 4 gr. p. pl. in-4. Relative à l'emploi que M. Cauchois Lemaire désirait obtenir dans la section législative aux archives du royaume, et en possession duquel il vient de mourir.

418. DUPREZ (Gilbert-Louis), chanteur de l'Opéra, compositeur.

1º Programme de rôles aut. sig. (commencement de sa carrière dramatique). 1 p, in-4.—2º Deux billets aut. sig. Deux demi-p. in-8. Charge et *portr.* Costume.—DUPREZ (Mlle Alexandrine *Duperron*, dame), chanteuse. Billet de bal signé.—DUPREZ (Louis-Julien-Édouard), frère du précédent., 1er comique des Variétés, et auteur dramatique. L. aut. sig. Bruxelles, 13 janvier 1843. 1 p. pl. in-8. Théâtrale.

419. DUQUESNOY, conventionnel, un des condamnés de prairial qui se tuèrent avec le même couteau.

Arrêté aut. sig. comme représentant du peuple envoyé près l'armée de Sambre-et-Meuse. Au Quesnoy, le 1er fructidor an II. Deux tiers de p. in-fol.

Tout citoyen qui n'aura pas fait sa déclaration au comité de surveillance pour demain midi, des individus suspects, aristocrates, émigrés et non domiciliés habituellement dans ladite commune, sera réputé complice des crimes dont ils pourraient être prévenus, et punis comme tels.

REUBELL, conventionnel, membre du Directoire. L. aut. sig. comme président du Directoire. 3 p. in-8.

NIOCHE, député d'*Indre-et-Loire* à la Convention. L. aut. sig. Paris, an II. 1 p. in-4. *Rare.*

420. DUREAU DE LA MALLE (J.-B.-Joseph-René), littérateur, membre de l'Institut.   N. 1742. M. 1807.

1º Pièce de dix vers aut. Demi-p. in-8. Il y a au bas au crayon : Lorsque je m'occupais de Marie-Stuart Dureau De la Malle vint me voir et écrivit ces vers devant mon tableau :

« Adieu, plaisant pays de France !
« O ma patrie
« La plus chérie
« Qui a nourri ma jeune enfance,

2º Pièce de huit vers (écriture attribuée au même, mais qui ne parait pas être de la même main). 1 p. in-8 en travers.

421. DUROC (Michel), duc de Frioul, grand maréchal du palais de Napoléon.   N. 1772. M. 1813.

L. a. s., à M. l'intendant général. 13 sep. 1813. 1 p. in-fol. 2 *portr.* JUNOT, duc d'Abrantès, gouverneur de Paris. Certificat a. s. Paris, 21 floréal an XII. 1 p. in-4.

422. DUSSAULX (Jean), littérateur, traducteur de *Juvénal*, membre de l'Académie des Inscriptions et Belles-Lettres.   Né à Chartres en 1728. Mort en 1779.

L. aut. sig., à Piron. Paris, 16 juillet 1762. 2 p. pl. in-4. Jolie lettre littéraire (prose et vers). Bouquet pour la fête de Piron.

423. DUVAL (Alexandre), auteur dramatique, membre de l'Académie française.   N. 1767. M. 1842.

L. aut. sig., comme directeur de la Bibliothèque de l'Arsenal, à Jules Taschereau. Paris, 12 janvier 1834. 2 p. pl. in-4. (Collection Lucas de Montigny, (N. 1014).

Au sujet du refus qui lui avait été fait de lui prêter les mémoires de Luynes, refus motivé sur la défense absolue du ministre.

424. DUVAL (Alexandre). *Le même.*

1º L. a. s., au libraire Vente. Brie-Comte Robert, 7 novembre 1817. Relative à l'impression et la composition de *la Manie des grandeurs*, *l'Intrigante* et *la Fille d'honneur.*

2º L. a. s., au docteur Villermey, à Paris. Plombières, 10 août 1836. 3 gr. p. pl. in-4.

Belle et intéressante lettre au sujet de la maladie d'un de ses petits-enfants. — Sur son séjour aux eaux de Plombières, le rendez-vous des riches malades de la capitale est très-piquant par le tableau des ridicules qu'il offre à l'observateur. Ils en feront le sujet de leurs petits bavardages d'hiver..... Il a fait une ébauche d'un opéra en trois actes qu'il destine à Boieldieu. Il a un rôle admirable de femme que Mlle Mars aurait joué à ravir, mais malheureusement il a promis cette pièce à Guilbert de Pixerécourt et il ne peut pas en changer la destination.....

425. DUPOTEY (le baron), célèbre magnétiseur.

L. aut. sig., à M... 2 sept... 2 p. pl. et quart in-8.

Il renonce pour un temps seulement, il ajourne, voilà tout, une lutte fatigante, « mais comme pour vous, le magnétisme est pour moi une vérité sainte « qui me brûle depuis longtemps, si vous avez lu mon dernier ouvrage *le Magnétisme opposé à la médecine*, vous aurez pu vous convaincre par l'expé- « rience philosophique qu'il contient, que je ne pouvais plus avancer sans « jeter tout-à-fait le masque, que l'homme honnête est obligé parfois de « prendre, et aborder franchement la question de la médecine et des religions... « Mais vous faites-vous l'idée des passions que je vois remuer. — Et quant à « moi, je suis bien certain que beaucoup de mes propres amis me jetteront la « pierre non pas qu'ils soient dévots et pieux, mais parce qu'ils s'imaginent qu'ils « ne faut pas toucher aux croyances des autres hommes..... »

426. EDGEVORTH (Miss Maria), célèbre romancière.

L. a. s. (en anglais). Edgeworth Town, 25 mai 1821. 4 p. pl. in-8.

427. EDOUARD VI, roi d'Angleterre, fils de Henri VIII et de Jeanne Seymour. N. 1538. M. 1553.

L. avec la souscription d'une ligne aut. sig., à sa bonne sœur et cousine, la reine douairière de Hongrie. De Greenwich, le 15 juin 1550. 1 p. très-grand in-fol. en travers. Très-belle et très-rare pièce, parfaite conservation.

Son conseiller et ambassadeur auprès de l'empereur, Philippe Hobby étant parti pour l'Allemagne, il lui envoie incontinent bon personnage pour y faire office d'ambassadeur auprès d'elle, Thomas Chambrelain, présent porteur.....

528. EGERTON (sir Thomas), premier chancelier d'Angleterre. N. 1540. M. 1647.

Sa signature : *Tho. Egerton,* au bas d'un fragment de lettre (en anglais) du 22 mars 1601. A côté de cette signature se trouve celle de Jean, archevêque de Cantorbery.

429. EGMOND (Georges d'), dernier évêque d'Utrech.

Quitt. sig. (en français) du 22 avril 1554. Demi-p. in-fol.

430. ELBE (Gigot d'), général vendéen. Fusillé en 1794.

Pièce aut. sig. (6 lignes petit in-18) Bressuire, 3 mai 1793. Tachée de jaune à plusieurs endroits. *Portr.*

Bon pour quatre bœufs fournis à l'armée catholique royaliste angevine, estimé la somme de quinze cents livres.

431. ENGHIEN (Louis-Antoine-Henri de Bourbon Condé, duc d'). Né en 1772. Fusillé dans les fossés la forteresse de Vincennes, le 21 mars 1804.

Fragment de devoir d'histoire (ce que fit le duc de Bourgogne au sujet du testament de Charles II en Espagne, etc.), à l'âge de huit ans. 2 p. in-8 en travers.—Fac simile.

432. EON DE BEAUMONT (Charles-Geneviève-Louis-Auguste-André-Thimothée d'), avocat au parlement, censeur royal, capitaine de dragons, ministre de France à la Cour d'Angleterre. N. 1728. M. 1810.

L. aut. sig.: *Deon,* à M.... 17 sept. 1774. 1 p. in-4 Portrait anglais (en Minerve), in-fol.—*Portr.* de Le Beau, en capitaine de Dragons, in-4, et caricature anglaise, in-fol. en travers.

433. EPINAY (Mme Louise-Florence-Pétronille De La Live, comtesse d'), littérateur. N. 1725. M. 1783.

1º Quittance a. s. de la somme de 1423 livres 6 sols huit deniers reçus de son mari, en à-compte de sa rente viagère. Paris, 18 août 1772. Demi-p. in-4.—2º Une quitt., et un billet à ordre sig. 1776.

434. EPINAY (Mme De La Live, comtesse d'). *La même.*
Quitt. a. s. (3 grandes lignes) de la somme de deux mille quatre cents livres que lui doit M. d'Epinay son mari. Paris, 13 nov. 1762. in-4.

435. ERNOUF (le général). — *Guerres de la Vendée.*
L. a. s., au général Chabot. Paris, 30 frimaire an IX. 1 p. in-fol. Tête imprimée. Belle et rare vignette.
La désertion serait à craindre si les soldats des contrées limitrophes de Nantes y tenaient garnison.

436. ESCHASSERIAUX, conventionnel.
L. sig., comme représentant du peuple, composant le Comité de salut public, signée aussi par Billaud Varenne, Bréard, Carnot, Collot d'Herbois et P. A. Laloy, à Salicetti, à Nice. Paris, 8 fructidor an II. 1 p. in-4.

437. ESCOUSSE (Victor), auteur dramatique *(Farruck-le-Maure*, etc.), mort à vingt ans, en 1832 (par asphyxie), avec son camarade et collaborateur, Auguste Lebras, âgé de seize ans. Né en 1811. M. le 17 février 1832.
L. aut. sig., à M. Alph. Brot. Paris, 27 janvier 1832. 1 p. in-18.
BÉRANGER, notre poëte national. L. aut. sig., à Victor Escousse. La Force (prison de). 6 juin 1829. 1 p. pl. in-8.
Il s'empresse de le remercier des chansons qu'il a bien voulu lui envoyer. Il se contentera de lui témoigner sa reconnaissance pour celle qui lui est consacrée; elle est trop louangeuse pour qu'il l'en félicite. Mais il peut lui assurer que les autres lui ont paru charmantes. Les vers en sont bien tournés, les pensées souvent heureuses, et les cadres ingénieux. « Si vous êtes aussi jeune « que vous me donnez lieu de le présumer, je ne puis que vous prédire des « succès dans la carrière poétique. »
BÉRANGER. *Le même.* L. a. s.. au même. Paris, 13 juin (1829) 1 p. pl. in-8.
Ce sera avec beaucoup de plaisir qu'il recevra sa visite (à la prison de La Force où il est détenu). Démarches à faire à la préfecture de police pour en obtenir la permission.

438. ESTAING (Charles-Hector, comte d'), membre de l'Assemblée des notables en 1787, amiral de France, poëte. Né en 1729. Mis à mort en 1794.
1º L. aut. sig., à M... Au cap, 19 août 1765. 1 p. pl. in-4.
« Comme M. le Cte de Menou a l'honneur de ressembler au Roy, il ne seroit « pas décent qu'il présentât à Versailles le haut de son visage tout jaune : cela « feroit tort à St-Domingue. Je lui ai conseillé d'envoyer mes paquets devant « lui : en voir (des paquets), donne de l'humeur : il resteroit huit jours avec « M. l'Evêque de la Rochelle, cela ne lui nuirat (sic) surtout auprès des « dames....
2º L. sig., à Mgr... Brest, 18 nov. 1772. 4 gr. p. in-fol.
Affaires de service maritime.

439. ESTAING (Maison d').
Précis des titres concernant la maison d'Estaing, trouvés dans le château d'Estaing (remontant à 1226). Manuscrit d'une jolie écriture du dernier siècle. 18 p. à mi-marge. petit in-4.

440. EUGENE (François-Eugène de *Savoie-Carignan*, dit le prince), fils d'Olympe Mancini, comtesse de Soissons, généralissime des armées impériales. N. 1663. N. 1736.
L. aut. sig., à S. A. R... Vienne, 16 février 1700. 4 p. in-4.
(Collection de la Jarriette). Très-belle lettre.

441. EUGENE (F.-Eugène de *Savoie Carignan*), *Le même.*
L. aut. sig., à M... Presbourg, 27 décembre 1703. 3 p. pl. in-4.
Belle lettre militaire.

442. FABERT (Abrah.), maréchal de France. 1599-1662.
L. aut. sig., à Mgr... Sédan, 18 juin, à 7 heures du soir. Demi-p. in-4. Affaires militaires.

443. FABRY (Pierre), seigneur de Roquayrolz, procureur général et conseiller du roi au Parlement de Toulouse.
« Relation sommaire présentée à la Royne mère, régente du Roy Louis XIV,
« heureusement regnant.... Contenant l'estat au vray de la province de Lan-
« guedoc, depuis la majorité du feu roy Louis le Juste jusques à présent, con-
« cernant les occupations et usurpations que ceux qui font profession de la
« religion prétendue réformée y avoient faict, lesquelles par les soings et dili-
« gence dudit sr de Roquayrols leur ont este ostés. Comme aussi l'advis qu'il
« donne à S. M. de ce qu'il reste à faire contre eux pour l'extirpation de
« leur hérésie, le progrès de la catholicité et la plus grande gloire de Dieu. »
Manuscrit sig. avec des corrections aut. 21 p. et demie in 4. Curieux document. Inédit.

444. FAGAN (Christ.-Barthélemy), écuyer, sieur de Lugny, poëte et auteur dramatique.   M. 1702.
Pièce de vers (16) aut. 1 p. in-4.
     « Pour garder sur nous quelqu'empire
     « Beau sexe, daignez m'éconter.
     « Ce que la Bruyère osa dire,
     « Je vais oser le répéter.
     « . . . . »

445. FAGAN. *Le même.*
Vaudeville à mettre dans la morale sur l'estomac. Pièce de vers (24) aut. 1 gr. p. pl. et quart in-4.

446. FAGAN. *Le même.*
Pièce de vers (18) aut. 1 p. in-4.
     « La fleur que je viens vous offrir
     « N'a point encore pu s'ouvrir,
     « A vos yeux pourtant je l'expose,
     « Et je vous feste à ses despens
     « Fleur qui n'est pas encore éclose
     « . . . . »

447. FAGAN. *Le même.*
BOUQUET. Pièce de vers (17) aut. 1 p. in-4.

448. FAGAN. *Le même.*
Pièce de vers (19) aut., sur l'usage que l'on peut faire de la raison humaine. 1 p. in-4.

449. FAGAN. *Le même*
Pièce de vers (14) aut., sur le mépris de la pauvreté. Demi-p. in-4.

450. FALCON (Mlle Cornélie), cantatrice de l'Opéra.
1° L. aut. sig., à M. Véron. Ce lundi... 1 p. in-18.
2° L. aut. sig., à M. Norblin. 1 p. pl. in-8.
L'écriture de ces deux lettres diffère essentiellement, nous les croyons pour-tant écrites par la même main...
FALCON (Mlle Jenny), sœur de la précédente. L. aut. sig., à Mlle Adèle... 2 p. pl. in-8.

451. FALCONET (Etienne), fameux statuaire.   M. 1791.
Minute aut. d'une lettre adressée à M...
Relation intéressante des opérations de la fonte dirigée par lui d'une statue équestre et d'un cheval dus à son ciseau.

452. FALLOUX (A. de), ministre, de l'Académie française.
L. aut. sig., à Mme la comtesse.... 13 décembre. 3 p. pl. in-8.

453. FARNESE (Alexandre), duc de Parme et de Plaisance, l'un des plus grands capitaine du XVIe siècle. 1546-1592.
L. sig. : *Alexandre* (en français) et contresignée : *Levasseur*, « à
« nos très-chers et bons amis ceux du Magnât de la ville de Bois-

« le-Duc » Bruxelles, 8 janvier 1591. 1 p. très-grand in-fol. Sceau.
Superbe pièce.
> Réponse aux félicitations qui lui ont été adressées par les magistrats de Bois-le-Duc, sur son retour de France et le succès de ses armes.

454. FAUCHET (Claude), conventionnel, évêque constitutionnel du Calvados. Né en 1744. Mis à mort en 1793.
> L. s. : *Claude Fauchet du Calvados*, à ses frères et amis.... Paris 20 déc. 1792. 1 p. in-4. Notice biographique manuscrite. 1 p. in-fol.
> Il leur envoie le prospectus d'un journal qu'il a entrepris avec un ami pour la propagation et pour la défense de la liberté. Les dangers de l'anarchie que désirent également les Despotes du dehors et les agitations du dedans lui ont imposé cette nouvelle tâche.....

455. FAUCHET (Claude). *Le même*
> Pièce aut. sig., signée aussi par Duluc et Delabastide, émanant de l'*Assemblée des représentants de Paris. Comité de police.* Comité de police, le 6 novembre 1789. 1 p. in-4. Tête impr. Vignette. Curieuse pièce.
> Le comité de Police vu les procès-verbaux et interrogatoires, a condamné le sieur Couder, dit Dupont, à être dépouillé de l'uniforme national et à tenir prison pendant huit jours à La Force. L'uniforme et le sabre seront remis au district de St Roch pour être vendus et le prix rendu à l'épouse du sieur Couder, dit Dupont.

456. FAVRE (Jules), avocat célèbre, député.
> L. a. s. à M... Rueil, 19 oct. 1856 1 p. pl. et demie in-8.
> Il est infiniment touché du souvenir qu'il veut bien lui consacrer. Il s'en reconnait peu digne, car, s'il est attaché par les plus vives sympathies à sa noble et malheureuse patrie, il a le regret amer de n'avoir pas fait pour elle tout ce qu'il aurait dû, et peut-être d'avoir cédé trop facilement aux fourbes qui l'ont trompé. Qu'il croie cependant que son cœur est avec le sien, avec ses douleurs, avec ses espérances, et qu'un des plus beaux jours de sa vie, s'il lui est réservé de le voir, sera celui où l'Italie délivrée pourra conclure avec la France libre et régénérée un pacte de fraternelle alliance.

457. FENELON, archevêque de Cambrai. N. 1651. M. 1715.
> L. a. s. : *Fr. Ar. duc de Cambray*, à Madame la marquise de Lambert. Cambray, 10 août 1704. 1 p. in-4. Belle lettre.
> Des louanges du prix des siennes ne doivent point être prodiguées, et elles touchent trop son amour propre. Elles donnent une trop forte délectation...

458. FESCA (Alexandre), célèbre compositeur.
> Fragment musical aut. de son 3me trio (en mi mineur). 4 p in-fol. oblong.

459. FICHTE (Jean-Gottlieb), philosophe allemand.
> L. a. s. (en allemand) au jurisconsulte Hufeland. Zurich, 8 mars 1793. 4 gr. p. in-4. Très-belle lettre scientifique et de polémique.

460. FITZ-JAMES (Charles de Berwick, duc de), maréchal de France, gouverneur du Haut et du Bas Limousin.
> Minute de sa correspondance avec MM. de Choiseul, Saint-Florentin, etc., des réponses qui lui ont été faites, du mémoire du Roi pour la conduite de son gouvernement du Haut et du Bas Limousin, extrait des registres du Parlement de Toulouse, etc. 79 pages in-4, d'une jolie écriture, fine et serrée. — Plus, pouvoir de la même écriture signé par le maréchal, duc de Fitz-James. Paris, 30 avril 1772. 1 p. in-4.—Minute aut. d'une lettre datée de Fitz-James, le 2 sept. 1773. 1 p. in-4.
> AFFAIRE DU MARQUIS DE LA JAMAIQUE, DUC DE BERWICK.
> 1° Quinze lett. aut. et aut. sig. du duc de Berwick, adressées à M. de Lafont, secrétaire du Roi, la 1re de Paris, le 10 janvier 1773. et les autres de Madrid en 1783. Ensemble, 35 p. in-4.
> 2° Onze lett. aut. sig. du marquis de la Jamaïque duc de Berwick, fils, adressées au même, de Venise, Florence, Madrid, de 1775 à 1785. Ensemble, 14 p. in-4, la plupart avec cachet.

3° L. a. s. de Mme la duchesse de Berwick, née princesse de Stolberg. Madrid, 19 juin 1788. 1 p. in-4.

4° Quarante lett. a. et a. sig., et une signée de Mme la duchesse Albe de Berwick, adressées au même. in-8 et in-4.

5° Trente-neuf lettres de l'abbé Violle, adressées au même, de Madrid, en 1783 et 1784, in-4

6° Onze mémoires ou requêtes aux maréchaux de France de la part des créanciers du marquis de la Jamaïque, et décision du conseil, au sujet de ces créanciers, en 1774, toutes sig. par le maréchal de Tonnerre. 27 p. in-fol. avec le sceau des maréchaux.

7° Cinq lett. a. s. de M. E. Gan, adressées à M. de Lafont, de Madrid, en 1784 et 1785. 11 p. in-4.—Etat de recettes et de dépenses du marquis de la Jamaïque, et divers imprimés.

Très-intéressant lot.

461. FITZ-JAMES (François, duc de), évêque de Soissons.

1° L. aut. sig., au Pape (minute avec des ratures). Soissons, 29 décembre 1759 29 p. pl. in-4. Ecriture fine et serréc.

2° L. aut., au Pape (minute). 10 p. et quart in-4.

3° L. avec la fin d'une page et demie aut , au Pape (minute).

4° L. a. s., au ministre... Paris, 24 février 1764. 2 p. pl. in-fol. — Sur les moyens à employer pour subvenir à la subsistance des jésuites supprimés.

5° Minutes et copies a. de lettres et mémoires au roi, à l'évêque de Nevers, au comte de Saint-Florentin, note sur un article de la lettre du pape, à l'ancien évêque de Mirepoix, à l'évêque de Laon, ambassadeur à Rome, etc., etc., (1757 à 1763). 80 p. in-4, écriture fine et serrée.

6° Projet d'Etat du Diocèse de Soissons. 3 p. pl. et demie a., in-4.

7° Six lettres s. et a. s. à lui adressées par l'évêque d'*Orléans* (1764), le cardinal de *Rochechouart* (aut. sig.), l'évêque de *Nevers* (aut. sig. 1763. 7 p. 4), l'archevêque, de *Reims* (aut. sig. 1763. 1 p. et demie in-4, avec la minute aut., à la suite de la réponse de M. de Fitz-James, 2 p. et demie in-4.). Curieuse et verte réponse contre les prétentions de la Cour de Rome de faire juger les évêques de France par le Saint-Office, et il lui assure, qu'un décret du Saint-Office ne lui cause pas plus de trouble, de crainte, et même d'embarras que les cris d'un chien qui aboierait dans la rue.... « Le « système de la cour de Rome est à découvert. Ils comptent en nous « intimidant nous empêcher de publier hautement nos maximes quand « les occasions le demandent en montrant de loin un chapeau rouge « pour lequel tout évêque qui s'explique clairement sur nos maximes « à l'exclusion, ils en arrêtent un bien grand nombre. S'ils viennent a « bout d'engager la Cour à faire garder le silence aux autres, que de- « viendront ces précieuses vérités qui, pendant ce temps-là, sont atta- « quées ouvertement dans toutes les écoles et les églises ultramon- « taines.... »

8° L. a. s. de M. Cannebier, au collége royal de Bourbon, datée d'Aix, le 22 janvier 1764 (2 p. in-4), adressée à M. de Fitz-James, accompagnée d'un manuscrit aut., (24 p. pl. in-4) contre l'ordonnance de l'archevêque d'Aix donnée le 28 nov. 1763.

9° Mandement (imprimé) de Monseigneur l'évêque de Soissons: Qui ordonne qu'on chantera dans toutes les églises de son diocèse, une messe solennelle, et le *Te Deum*, en actions de grâces, de la protection qu'il a plû à Dieu d'accorder à ce royaume, en préservant le Roi du danger qu'a couru sa personne sacrée. Soissons, 1757. 35 p. in 12.

Réunion de pièces et de documents des plus intéressants pour l'histoire religieuse du temps, la défense par le roi et les évêques de France des libertés de l'église gallicane.

462. FITZ-JAMES (François, duc de). *Le même.*

1° L. s. du duc de Praslin, ministre de Louis XV, à lui adressée. Versailles, 12 juin 1763. 2 p. pl. et demie in-fol.

Il lui rappelle qu'il a été successivement informé du décret du St-Office qui a condamné sa dernière instruction pastorale et de l'arrêt du Parlement de Paris qui a ordonné la suppression de ce décret. Le Roi constamment animé du zèle le plus sincère pour le maintien de la religion et des maximes qui constituent le droit public ecclésiastique du Royaume, a pensé que cette affaire était assez importante pour en prendre connaissance par lui-même, et il ne tardera pas à se faire rendre compte de tout ce qui peut avoir rapport à cet objet, sur lequel le Pape lui a adressé un bref... Il le prie en conséquence de ne faire aucune publication qui ne pourrait qu'aigrir les esprits, et perpétuer des troubles également contraires au bien de l'Église et de l'État. C'est dans cet esprit qu'il a écrit très-fortement à Rome par ordre du Roi.... « Au reste je puis vous as-
« surer, monsieur, que le Roi est dans la résolution la plus ferme de ne pas
« souffrir qu'on porte la plus légère atteinte aux maximes de son royaume, et
« de protéger efficacement tous ceux de ses sujets, et particulièrement les évê-
« ques qui soutiendront ces maximes dans toute leur pureté et leur intégrité... »

2° L. sig. du même au même. Versailles, 9 sept. 1763. 1 gr. p. pl. et tiers in fol.

Il lui envoie avec plaisir une lettre du roi à laquelle est jointe la copie de la réponse que S. M. a faite au bref qui lui a été adressé par le Pape au sujet de son instruction pastorale. Il croit qu'il sera content de l'une et de l'autre, et qu'il se trouvera bien dédommagé de la peine qu'a pu lui causer la censure irrégulière portée dans le décret du Saint-Office. Il doit le prévenir en même temps, que S. M. qui unit les principes d'une haute sagesse avec ceux d'une juste fermeté, désire que sa lettre ne devienne pas publique, et qu'en la communiquant seulement à ses parens et à ses amis particuliers, sans affectation, il s'abstienne d'en donner des copies. La publicité de cette lettre pourrait aigrir les esprits à Rome, et il pensera sans doute que dans les circonstances présentes, on ne peut pousser trop loin les attentions et les ménagements, pourvu qu'ils n'aillent pas jusqu'à altérer les saines et précieuses maximes du royaume.

3° Copies annoncées dans la lettre qui précède. Cahier de 6 p. in-4.

Le roi lui dit qu'il ne peut lui faire mieux connaître la justice qu'il a rendue à l'attachement qu'il a marqué pour la doctrine du clergé de France, qu'en lui confiant sa réponse à la lettre que le Pape lui a écrite au sujet de son instruction pastorale. Cette réponse lui fera connaître à la fois et son respect filial pour le chef de l'Eglise, et sa fermeté à soutenir les maximes de son royaume...

Dans sa lettre au Pape, le roi lui proteste qu'il mettra ainsi que ses prédécesseurs au rang de ses devoirs les plus étroits, de maintenir dans toute son intégrité la doctrine tenue et enseignée de tous temps par les évêques et les écoles de son royaume. Les maximes qui résultent de cette doctrine et qui n'en sont que le précis, réunissent le double caractère de lois civiles et religieuses de son Etat; « Et je ne dois pas laisser ignorer à S. S., que j'ai si fort à cœur
« de les faire observer, que je regarderois comme infidèle à son Roy et à sa
« patrie, quiconque en France oseroit y donner la moindre atteinte. Cette dis-
« position n'affoiblit point dans mon cœur les sentimens de respect dont je suis
« pénétré pour le St Siége, et j'éprouve qu'elle n'a rien d'incompatible avec le
« désir le plus ardent de faire rendre à l'autorité du chef de l'Église l'obéis-
« sance et la soumission qui lui sont dues.... »

463. FITZ-JAMES (François, duc de). *Le même.*

1° L. aut. (minute) au comte de Saint-Florentin. Demi-p. in-4.

Il croyait que c'était au 1er valet de chambre du Roi à qui on envoyait les lettres qu'on prend la liberté d'écrire à S. M. En conséquence, il avait adressé celle dont la minute aut. suit à M. Le Bel. Il la lui a renvoyée en lui marquant qu'il n'est pas dans l'usage de remettre des lettres au Roy, et qu'il faut qu'il s'adresse au ministre. « Comme vous êtes, Monsieur, secrétaire d'Etat pour
« Compiègne et que je suis évêque de Compiègne, j'imagine que c'est à vous
« à qui je dois m'adresser. Je suis persuadé que l'intention du Roy est qu'un
« évêque, surtout son évêque diocésain puisse lui écrire; qu'il y a même des
« occasions où S. M. luy sçauroit mauvais gré de ne pas le faire, et seroit fâché
« de ne pas recevoir ses lettres... »

2° L. a. s. du comte de Saint-Florentin à lui adressée. 3 août 1751, Quart de page in-4.

Il a remis au Roi la lettre qu'il lui a adressée pour S. M.

3° L. aut. (minute) de M. de Fitz-James au roi, annoncée dans les lettres qui précèdent. Août 1751. 4 gr. p. in-4. Ecriture fine et serrée. Nous croyons devoir donnner textuellement cet important document historique.

« Les apôtres reçurent ordre de Dieu d'annoncer les vérités saintes de l'Evan-
« gile, nommément aux Roys de la terre. Et à qui peut-on les rappeler avec

« plus de confiance qu'au Roy très-chrétien ? Je succède, tout indigne que je
« suis, au ministère des Apôtres auprès de Votre Majesté, et ce ministère redou-
« table m'impose l'obligation étroite de luy représenter le scandale qu'elle cause
« à toute l'Église, et en particulier aux fidèles de ce Diocèse, en vivant publique-
« ment avec une femme qui est à sa suite. Quoyque la dépravation des mœurs
« et l'irreligion soit venue à un point excessif dans notre siècle (ce qui est une
« des plus grandes playes de ce Royaume, à ne considérer même les choses
« que politiquement), cependant les idées du vice et de la vertu ne sont pas tel-
« lement confondues, qu'excepté quelques petits maîtres et quelques femmes
« abandonnées que le reste du monde méprise, on n'y ait encor horreur de
« l'adultère et surtout de l'adultère public. Si un particulier de mon diocèse se
« trouvoit dans le cas où est V. M. je serois obligé de le reprendre publique-
« ment et d'employer les censures ecclésiastiques pour le corriger. L'esprit de
« l'Eglise n'est pas d'employer cette voye avec les souverains. Ses censures
« pouroient altérer le respect et l'affection des peuples que les ministres de la
« Religion doivent être occupés d'entretenir et d'augmenter. C'est pour cela que
« l'église a toujours été extrêmement réservée dans l'usage de ses censures
« contre les princes, et que nous regardons en particulier en France comme
« un des principes de nos libertés que le Roy ne doit pas être excommunié.
« Mais si des raisons aussi solides empêchent les ministres de l'église d'user
« avec les princes d'un remède aussi efficace pour faire rentrer les pécheurs en
« eux-mêmes et les rappeler à leurs devoirs, l'impunité ne les rend que plus
« coupables. Vivants dans l'impénitence et sans réprimande, ils n'en sont que
« plus secrètement punis par celuy qui juge les Roys devant qui ils sont égaux
« au moindre de leurs sujets, et qui leur réserve des châtiments d'autant plus
« terribles que leurs fautes étant plus éclatantes, et ayant des suites plus dan-
« gereuses, en sont plus énormes. Que si des considérations aussi fortes nous
« empêchent dans certaines circonstances de les reprendre en public, nous de-
« vons le faire en particulier. Nous ne pouvons nous dispenser sans prévariquer,
« en les honorant devant leurs peuples, de leur faire connoistre en secret, avec
« toute la liberté que donne l'évangile à ses ministres, l'énormité de leurs
« fautes et la punition qu'ils méritent. Il y a du temps que je me reproche,
« Sire, d'être resté dans le silence sur un scandale qui se renouvelle tous les
« ans dans mon Diocèse, j'ay cru que ce que V. M. me donna occasion de luy
« dire. J'ay espéré encor que tant d'avertissements par lesquels Dieu a paru
« depuis en tant d'occasions vous rappeler à luy vous auroient fait ouvrir les
« yeux. Enfin je me confiois sur la circonstance du jubilé de l'année sainte et
« j'espérois que ce seroit l'époque de votre retour à Dieu. Mais le temps de
« grace et de miséricorde s'écoule, et il ne paroit pas que V. M. soit dans le
« dessein d'en profiter. Puis-je m'empêcher de luy faire entendre encor ma
« foible voix sans encourir la malédiction portée par le St Esprit contre les
« pasteurs qui, établis sentinelles sur la maison d'Israël, se taisent sur ses dé-
« sordres, et que le prophète Isaïe appelle des *chicns muets.*
« Je rappelleray dont à V. M. ce qu'elle me disoit à Metz lorsque les appro-
« ches de la mort qu'elle croyoit prochaine avoient dissipé l'illusion qui charme
« et étourdit pendant leur vie ceux qui sont assis sur le throne. V. M. me
« disoit que lorqu'elle avoit commencé à s'éloigner des voyes de Dieu, elle avoit
« été longtemps retenue par la considération du scandale qu'elle alloit causer
« (pensée digne d'un grand monarque). A quel degré, Sire, le scandale n'est-il
« pas monté depuis? vous avez enlevé la femme de votre prochain. Vous l'avez
« obligé malgré luy, contre son gré, de se séparer d'elle en justice. Par un bou-
« leversement de l'ordre qui doit régler les rangs et les conditions parmy les
« hommes, tous les ordres de l'état rampent devant cette idole. On voit à la
« Cour, au premier rang, une personne du plus bas étage, et qui n'a d'autre titre
« pour y être que la débauche. V. M. scait de quelle conséquence il est pour le
« bon gouvernement que chacun soit à sa place, et ne seroit-il pas à craindre
« qu'à la longue la Majesté Royale elle-même ne participat à la confusion générale
« de toutes les conditions! Cette femme enflée par son crédit se livre à une
« déprédation et à une dépense excessive, tandis que les impôts augmentent.
« Le peuple en murmure et son affection diminue. On n'a garde de le dire à
« V. M. On le dissimule au contraire et on luy en impose. La vérité n'ose appro-
« cher du throne ; mais dans la bouche de qui la trouvera ton si ce n'est dans
« celle des ministres du dieu de vérité, et quelle plus grande marque peut don-
« ner un évêque de son attachement et de son amour pour votre personne sa-
« crée que de luy exposer la vérité dans le secret et en présence de Dieu seul,
« au nom et par l'ordre de qui il parle.
« Sire, ne vous rendez pas sourd à la voix de Dieu. Il vous a formé un cœur
« chrétien. V. M. n'est pas née pour vivre dans le désordre. Le ver rongeur
« de votre conscience empoisonne tous vos plaisirs, et vous fait sentir une se-
« crette amertume dont vous ne pouvez vous défaire au milieu de la joye.
« Reprenez, Sire, votre caractère, et rentrez dans la pratique de la vertu. C'est

« l'élément pour lequel vous êtes né. Rompez des chaînes indignes de vous.
« Le sacrifice d'un instant vous mettra à votre aise pour toute votre vie. Vous
« sentez dès à présent, quelque effort qu'on fasse pour vous en distraire, combien
« il vous est dur d'avoir abandonné le Seigneur. Vous éprouverez combien il est
« doux de revenir à luy et de porter son joug. Toute l'église du ciel et de la
« terre, tous les saints, surtout de votre royaume sont en prières en ce temps
« de jubilé pour votre conversion. Négligerez-vous un temps de grâce si favo-
« rable? Ah! craignez la vengeance d'un Dieu qui, pour montrer que sa misé-
« ricorde est infinie, attend le pêcheur avec patience et longanimité ; mais pour
« faire voir aussi que sa justice n'est pas moins infinie, le livre à l'endurcisse-
« ment lorsqu'il abuse des longueurs de sa patience. Qui scait si après tant
« d'avertissements par lesquels il vous appelle depuis si longtemps, celuy-cy
« n'est pas le dernier, et si votre réprobation n'est pas attachée au mépris de
« cette dernière grace? Alors vous le chercheriez et vous ne le trouveriez pas,
« vous voudriez faire pénitence et vous ne trouveriez pas miséricorde. Préve-
« nez, sire, un malheur si terrible par une prompte pénitence. C'est la grace
« que demande tous les jours à Dieu celuy qui est avec l'attachement le plus
« inviolable et le plus profond respect.... »

N. B. — Toutes ces lettres et minutes du duc de Fitz-James, évêque de Soissons, (nos 461 à 463) pourront être vendues en un seul lot s'il est fait des offres suffisantes.

464. FLECHIER (Esprit), évêque de Nîmes, célèbre orateur, membre de l'Académie française.   N. 1632. M. 1710.

L. aut. sig., à Mme de Pichoni (sa nièce). Nîmes, 26 sept. 1709. 1 p. petit in-4.

Il se réjouit de la voir contente. Pour lui, il est, grâce à Dieu, dans une bonne santé, fort occupé des misères publiques, et plus encore du soin et du désir d'y remédier....

465. FLEURY (Claude-Antoine), peintre d'histoire et de por- traits, élève de Regnault.

L. aut. sig., à M. Monvoisin, à Rome. Subiaco, 19 juillet. 2 p. pl. et demie in-8.

A Palestrina ils ont vu des choses infiniment plus belles qu'à Subiaco, ce qui les y fera bientôt revenir.. Qu'il lui donne des nouvelles du Pape qu'on dit fort mal.. . » Je ne trouve pas non plus à peindre des modèles comme je « le croyais, elles font toujours des difficultés.... »

466. FLOQUET, historien de Bossuet.

L. aut. sig., à M. Houel, avocat, à Rouen. Paris, 28 juillet 1827. 1 gr. p. in-4.

Il a échoué aux concours de l'Académie. Il n'a ni prix, ni mention, « et je « vous le dis, moi, avec sérénité, et sans aucun embarras, ma conscience me « criant très-haut que la honte en cette affaire est pour mes juges et non pour « moi.... »

467. FLORIAN (Declari de), réfugié en Angleterre.

L. aut. sig. : *Declari Florian*, à M Le Courayer, chanoine régulier et bibliothécaire de Sainte-Geneviève, à Paris. Londres, 4 oct. 1728 3 gr. p. pl. et quart in-4. Cachet.

Lettre très-intéressante au sujet d'un de ses confrères qui vient embrasser leur religion et s'unir à l'église anglicane. Il a vu par ses papiers et par ses réponses qu'il est prêtre et chanoine de Ste Geneviève de Paris, qu'il a été sous-secrétaire du très-révérend père général, et qu'il s'est retiré après avoir trouvé des erreurs capitales dans le culte et la doctrine de l'église romaine.... S'il rend témoignage à la régularité de ses mœurs et qu'il assure qu'il n'a point été en scandale au milieu d'eux, il lui rendra tous ses bons offices dans ce pays où les étrangers ont surtout besoin d'être encouragés. « Je ne vous demande « pas si c'est un génie, s'il est savant, nous nous convaincrons par nous même. « Comme nous n'allons pas chercher les gens et que nous n'employons ni les « promesses ni les menaces pour les attirer, nous cherchons le cœur, la bonne « volonté, les mœurs pures et réglées, le désir de connoître la vérité et le cou- « rage de préférer sa confession et sa connaissance à tout le reste. C'est là ce « que nous demandons, bien persuadé qu'avec de telles dispositions ceux qui se « présentent sont menez de Dieu, et supporteront constamment les privations « dans lesquels on est obligé de vivre dans une religion qui n'a que des croix « à proposer par rapport au monde.... »

468. FLORIAN (le marquis Philippe-Antoine Claris de), oncle du poëte-fabuliste.

1° L. a. s., à M... Ferney, par Versoy, 1er janvier 1773. 1 p. in-4.
2° Billet aut. sig. Ferney, 18 juillet 1773. in-8 en travers.

Ces deux lettres sont relatives à un contrat de mille livres de rente viagère, à sept pour cent sur la tête de sa femme et sur celle de son neveu.

469. FLORIAN (Jean-Pierre Claris de), littérateur, fabuliste, membre de l'Académie française.   1755-1794.

1° *Remarques pour mon Guillaume Tell.* Onze lignes a. Demi-p. in-4.
2° Fragment aut. de *Guillaume Tell.* 1 gr. p. pl. et demie in-fol.
3° Fragment aut. d'*Estelle et Némorin.* 1 p. et quart. in-fol. format d'agenda, avec beaucoup de ratures.

470. FLORIAN. *Le même.*

Fragments aut. de *Numa.* 6 gr. p. in-fol. à mi-marge, avec de nombreuses ratures et corrections.

471. FLORIAN. *Le même.*

La mort, fable. Aut. Il a écrit à la fin : *Lue à l'Académie.* 1 p. et quart in-8.

472. FLORIAN. *Le même.*

Le Rinocéros et le Dromadaire. Fable. Aut. 2 p. in-8, avec des corrections.

473. FLORIAN. *Le même.*

Le Rossignol et le Paon. Fable. Aut. 1 p. pl. et demie in-8.

474. FLORIAN. *Le même.*

Les deux Bacheliers. Fable. Aut. 1 p. pl. et trois quarts in-8.

475. FLORIAN. *Le même.*

La Pie et la Colombe. Fable. Aut. 2 p. in-8.

476. FLORIAN. *Le même.*

La Pie et la Colombe. Fable. Aut. 1 p. et tiers in-8.

477. FLORIAN. *Le même.*

La Pie et la Colombe. Fable. Aut. 1 p. pl. in-8.

Nota. Ces trois copies différentes qui précèdent de la main de Florian de sa fable : *La Pie et la Colombe* présentent de notables variantes, elles pourront être vendues en un seul lot.

478. FLOTOW (Ferdinand), compositeur allemand.

L. a. s. (en allem.). Tentendorf, 29 juin 1859. 1 p. in-8. Théâtrale.

479. FLOURENS, membre de l'Académie des sciences.

Article a. s. Philosophie anatomique des organes respiratoires sous le rapport de sa détermination, et de l'identité de leurs pièces osseuses, par Geoffroy Saint-Hilaire. 5 p. et demie à mi-marge, in-4.

480. FONCEMAGNE (Etienne Laurault de), littérateur, membre de l'Académie française.   N. 1694. M. 1779.

L. a. s., à M. Lambert, trésorier de France, à Châteaudun. Au marais, près Boiscommun, 12 janvier 1749. 3 p. pl. in-4. Cachet.

481. FOSCOLO (Hugues), savant, poëte.   N. 1776. M. 1827.

L. aut. sig. (en italien). Milan, 6 février 1811. Demi-p. in-4.

482. FOUCHE (Joseph), conventionnel, ministre de la police générale sous l'empire.   N. 1763. M. 1820.

L. aut. sig : Fouché, de Nantes, au citoyen Thurot. (Paris) 7 messidor (an IV). Quart de page in-4.

Il l'invite, au nom du général Joubert, et au sien, à dîner avec eux le 9, au quartier général de l'armée de l'Intérieur, quai Voltaire. « Vous y trouverez « le général Championnet, et plusieurs républicains que vous serez bien aise « de voir... »

483. FOUQUIER-TINVILLE (Antoine-Quentin), accusateur public au tribunal révolutionnaire de Paris.

Ordre signé (avec 4 lignes aut. dans le corps de la pièce) au gardien de la maison d'arrêt de la conciergerie et de toutes autres, de remettre *à l'huissier porteur du présent, le nommé Destaing, ex-lieutenant gé-néral, prévenu, pour être conduit au tribunal révolutionnaire.* Paris, 8 floréal an II. 1 p. in-4. Vignette. Cachet du tribunal en cire rouge.

484. FOURCROY DE RAMECOURT (Charles-René), célèbre ingénieur, maréchal de camp, directeur du génie sous Louis XVI.   N. 1715. M. 1791.

Mémoire aut. sig. concernant les restaurations faites au pavage de l'église Notre-Dame de Paris, et les différences de niveau que l'on peut constater. Calais, 24 avril 1772. 2 gr. p. pl. in-4.

485. FOURIER (Charles), fondateur de l'association pha-lanstérienne.   N. 1772. M. 1837.

L. aut. sig., à M. de Précorbin. Paris, 31 décembre... 1 p. pl. in-8.

Il pourra dire à M. Buchez que s'il veut prendre la bonne voie il fera capi-tuler Enfantin sous un mois, les deux autres sectes lui demanderont la réunion, et cette société aura peut-être plus de souscripteurs à Londres qu'à Paris, si elle veut ne pas s'effrayer à l'idée d'attaquer Owen qui veut rentrer en scène et le faire tomber à plat, en se ralliant elle-même au mécanisme naturel...

CONSIDÉRANT (Victor), phalanstérien, représentant du peuple.

L. aut. sig. 1 p. et demie in-8.

486. FOY (le général), député, orateur célèbre.   1775-1825.

L. aut. sig., au général Rémond. Paris, 15 juin 1825. 1 p. in-4. Deux *Portr.*

487. FRANCOIS Ier, roi de France.   N. 1494. M. 1547.

Ordonnance de payement. sig. et contresig. : *Bayard.* Villeneuve, 10 nov. 1541. Belle pièce in-fol. oblongue sur parchemin.

LACHAMBRE. L. avec la souscription de deux lignes aut. sig., à M. de Bassefontaine ambassadeur pour le roi en *Souisse.* De Chaulados, le 17 juin 1533. 1 p. in-fol. Cachet.

488. FREDERIC II, roi de Prusse.   N. 1712. M. 1786.

L. sig., à M. de Maupertuis. Potsdam, 12 juillet 1755. Demi-p. in-4. *Portr.*

Il a appris que le sieur Hubert qu'il a engagé pour son Académie veut des apaisements; il lui envoie en conséquence l'assurance qu'il demande concer-nant ses biens et effets, et surtout la promesse de ne jamais être inquiété du militaire....

489. FREDERIC-AUGUSTE, roi de Saxe.   1750-1827.

L. sig., au graveur Wille, à Paris. Dresde, 6 août 1764. 1 gr. p. pl. et demie in-4. Beau portr. gravé in-4. (Collection de Chateaugiron).

C'est avec un sensible plaisir qu'il a reçu la belle estampe *des musiciens am-bulans* qu'il lui a fait remettre par son cher Hagedon : il la regarde comme un chef-d'œuvre qui fera l'ornement de son cabinet, et il y trouve cette vie et cette âme que l'on admire dans les originaux. « Vous donnés un nouveau lustre à la « nation allemande, quelle gloire ne retire-t-elle point! d'avoir un artiste tel « que vous, monsieur Wille, au nombre de ses patriotes...

WILLE, graveur. 1° Minute aut. (en français) de sa réponse au roi, à la lettre qui précède. 1 p. pl. in-4. — 2° Quittance aut. sig. de la somme de quatre cent cinquante livres reçue de M. Massé, pour fin de payement des différentes opérations qu'il a faites sur les planches de la galerie. Paris, 7 octobre 1751. 1 p. in-8 en travers.

490. FREJUS (évêché de).

Sept lett. aut. sig. et une lettre sig. de l'abbé de Cosnac, relatives à l'administration de l'évêché de Fréjus. Aix, du 25 avril 1691 au 30 mars 1699. Ensemble, 33 p. in-4. Curieuses.

494. FRERON (Elie-Catherine), poëte, critique, rédacteur de l'*Année littéraire*.　　　N. 1719. M. 1776.

1º L. aut. sig., à l'abbé Mercier de Saint-Léger, bibliothécaire de Sainte-Geneviève. 4 décembre 1763. 3 p. petit in-8.
Au sujet de sa critique des *Opuscules mathématiques de d'Alembert*.

2º L. aut. sig., à Piron. 19 juillet 1762. 1 p. in-4. Derrière se trouve la minute aut. de la réponse de Piron. Lundi 19 juillet 1 p. in-4.

Fréron est si affligé par la perte affreuse qu'il a faite, et il en est si accablé, qu'il n'a ni l'esprit assez présent ni le cœur assez calme pour répondre, comme il la devrait, à tous les témoignages de sensibilité qu'il a reçu de lui en cette circonstance.

Piron lui répond que les personnes aussi justement affligées que lui sont, de plein droit, dispensées des grimaces de tout cérémonial... « Je n'ai qu'une « seule et stable façon de penser en ce qui regarde la belle et douce humanité « si vantée, si digne de l'être, si peu sentie et si mal pratiquée. En fait de ba- « dineries littéraires, c'est autre chose ; je varie comme tout autre : j'estime « plus ou moins du jour au lendemain selon les circonstances... »

492. FROTTE (le comte Louis de), général vendéen. Né en Normandie en 1755.　　　Mis à mort en 1800.

1º L. aut. sig. : *Louis de Frotté, gén. en chef des routes de Normandie du B. Maine*, à son ami Picot. 22 février 1796. 2 p. pl. in-4.
Instructions sur les mesures militaires à prendre pour réunir les compagnies de Fresne, Landisac, etc., et à marcher en colonne pour s'opposer aux invasions répétées de leurs ennemis. Il lui donne toute autorité de faire *travailler* ses compagnies entre la Ferté et Tinthebray....

2º Trois pièces s. de pl. et du marquis de Frotté 1820, 1821 et 1830.

493. GAMBA (Bartolomeo), savant bibliographe.

Sept lett. aut. sig. (en français et en italien), à M. Renouard. Venise, 1805 à 1825. Ensemble, 10 p. in-4. Bibliographiques et littéraires.

494. GANGES (le marquis de), fils de l'infortunée marquise victime de son mari et de ses deux beaux-frères.

L. aut. sig., à Mgr l'évêque d'Alet. Ganges, 2 mars 1706. 3 p. in-4. Cachet aux armes.

Il lui rappelle la promesse qu'il a bien voulu lui faire à la fin des Etats, d'une pièce de quelque habit que feu M. l'abbé de La Trappe avait porté. Il le supplie de vouloir bien lui faire ce plaisir, et lui accorder cette consolation, car la mémoire de ce saint homme lui est extrêmement en vénération, comme il lui faisait l'honneur pendant sa vie...

495. GARRICK, célèbre tragédien anglais　N. 1716. M. 1773.

L. aut. sig. (en anglais), à Mme Riccoboni. 20 nov. 1770. 4 p. in-4. Cachet. Très-belle lettre. Remontée dans le fond, et dans quelques plis qui avaient été fatigués.

496. GASSENDI (Pierre), illustre philosophe.　　1592-1656.

L. latine aut. sig., à M. Naudé (Gabriel), conseiller et médecin ordinaire du Roi, à Rome. 6 déc. 1636. 3 p. pl. grand in-fol. Ecriture fine et serrée.
Superbe lettre scientifique.

497. GELLERT (Chrétien-Furchtegott), célèbre poëte et fabuliste allemand.　　　N. 1715. M. 1769.

L. aut. sig. (en allemand), au poëte Stoffel. Leipsic, 9 juillet 1761. 2 p. in-4. Littéraire.

498. GELLERT (Chrétien-Furchtegott). *Le même.*

L. aut. sig. (en allemand), à Schlegel. 3 novembre 1787. 1 p. pl. in-4. Très-belle lettre.

499. GENCE (J.-B.-M.), poëte, littérateur, auteur d'une traduction de l'*Imitation de Jésus-Christ*, et de recherches savantes sur son auteur.　　　Né à Amiens en 1755.

L. aut. sig., à M. le rédacteur du journal ecclésiastique. 3 p. pl. et demie in-4, avec des ratures et corrections.
La lettre qu'il lui adresse, et qu'il croit utile de publier, a pour objet la rectification de quelques erreurs qui se sont glissées dans la notice anonyme de son journal du 9 août dernier sur une ancienne édition de l'*Imitation de Jésus-Christ*.... Dates d'un grand nombre d'éditions depuis 1483, et remarques sur des variantes de texte,...

500. GENERAUX de la République et de l'Empire. 11 pièces.
BARBOU. L. s. an XII. 1 p. in-fol.—BONNARD. L. s. an VII. 1 p. in-fol.—BOYER (Pierre) L a. s. 1 p. in-fol.—COLAUD. L. a. s. an VII. 2 p. in-4.—DESSOLLE. L. a. s. 1 p. in-8.—DUMAS (Mathieu). L. s. 1810. 1 p. in-fol. — GUDIN. L. a. s. an VII. 1 p. in-4.— HARISPE. Pièce. s.— JANSSENS. L. s. 1808. 2 p. in-fol.— JARDON. L. s. an VIII. 1 p. in-4. *Portr.* — KELLERMANN fils. L. a. s. 1 p. in-8.

501. GENERAUX de la République et de l'Empire, 11 pièces.
GOURGAUD. L. a. s. 1833. 2 p. in-4. — LAMETH (Charles). L. a. s. 1811. 1 p. in-4. — LAPOYPE. L. a. s. an VIII. demi-p. in-fol.— LECLAIRE. Ordre a. s. an II. demi-p. in-4. — LÉRY. L. s. 1807. 1 p. in-4. — LOBAU. L. s. 1815. 1 p. in-fol. — MARESCOT. L. s. an XIII. 1 p. in-4. — MÉNARD. L. a. s. 1 p. in-8.— MILLET MUREAU. an XI. 1 p. in-4. — MIOLLIS. L. a. s. 1812. Demi-p. in-4. — MORAND. L. a. s. an X. 1 p. in-fol.

502. GENERAUX de la République et de l'Empire. 11 pièces.
OSTEN. L. sig. demi-p. in-fol. Jolie vignette. — PARADIS. L. a. s. an XII. 1 p. in-4. — PILLET. L. a. s. 1808. 1 p. in-4. — POMMEREUL. L. a. s. 1 p. in-8. — PRISSE, belge. L. s. Anvers 1835. 2 p. in-fol. *Portr.* — RAMPON. L. a. s. 1808. 1 p. et demie in-fol. — REDORTE (Maurice-Mathieu de La). L. a. s. 1828. 1 p. in-4. — SOULT. Apostille sig.— TURREAU. L. a. s. an VII. 1 p. in-fol.— VAUBOIS. L. a. s. an VIII. 1 p. in-4. — VIGNOLLES. L. a. s. 1818. 1 p. in-fol.

503. GENLIS (Madame la comtesse de). N. 1739. M. 1831.
L. aut. sig.. à M. Després. Aux Carmélites, rue de Vaugirard. 17 juillet 1816. 1 p. in-4.

504. GENLIS (Madame la comtesse de). *La même.*
L. aut. sig., à M.... 20 août 1823. Demi-p. in-4. *Portr.*

505. GEOFFROY SAINT-HILAIRE (Etienne), célèbre zoologiste. N. 1772. M. 1824.
1° L. aut. sig. comme professeur administrateur du Museum d'histoire naturelle, au citoyen Leré, à Compiègne. Paris, 29 fructidor an IV. 3 p. in-4. Tête impr. Vignette du Museum. Cette lettre est aussi sig. par le directeur de Jussieu. — Petit billet in-18. Remerciements pour un envoi de bêtes fauves pour le Museum.
2° L. a. s., à madame Leré. Paris, 11 juin 1806. 1 p. et demie in-4.

506. GEOFFROY SAINT-HILAIRE (Etienne). *Le même.*
L. aut. sig., comme secrétaire de l'assemblée administrative des professeurs du Museum d'histoire naturelle, au ministre des finances. Paris, 20 floréal an V. 3 p. in-4. Tête impr. Vignette.
* GEOFFROY SAINT-HILAIRE, fils (Isidore), naturaliste. L. a. s., à M. Becker. 3 p. pl. in-8. Relative à la biographie de son père. Intéressante.

507. GEORGES II, roi d'Angleterre. N. 1683. M. 1760.
L. avec la souscription d'une ligne aut. sig. (en anglais), au Margrave Carl Wilhem Frédéric. Saint-James, 3-14 janvier 1738. 1 p. in-fol., fortement mouillée et tachée à la marge extérieure. Cachet.
GEORGE III, (Guillaume-Frédéric) roi d'Angleterre n. 1738. m. 1820. L. sig. (en allemand) Saint-James, 27 déc. 1768. 1 gr. p. pl. et quart in-fol. Cachet : *Portr.*

508. GERARD (l'abbé Philippe-Louis), chanoine de Saint-

Thomas-du-Louvre, auteur du *Comte de Valmont*, ou *les égarements de la raison.*   Mort en 1843 à 56 ans.
Traité aut., deux fois signé, avec le libraire Moutard, pour la publication de l'ouvrage de Louis Cousin Despréaux, Echevin de la ville de Dieppe, pour la nouvelle édition des *Considérations sur les œuvres de Dieu de Sturm*, distribuées et travaillées par ledit sieur Despréaux d'après un nouveau plan.... Paris, 4 nov. 1788. 2 p. in-4.

509. GERARD (l'abbé Philippe-Louis). *Le même.*
L. aut. sig., à madame Nyon, libraire. Passy, 8 mars.... 1 p. in-4.
Au sujet de l'impression de l'ouvrage de Louis-Cousin Despréaux qu'il s'est chargé de diriger.

510. GERARD (le baron Fr.), peintre d'histoire. 1770-1837.
L. aut. sig., à M. le Préfet... 14 février 1810. 1 p. in-4.
Au sujet du portr. de l'Empereur avec le costume et avec les attributs du couronnement qu'il a fait pour l'Hôtel-de-Ville, et au prix convenu de *six mille francs.*

511. GERARD DE NERVAL (Labrunie), littérateur.
L. aut. sig., à M. Duchâteau. 2 p. pl. petit in-4.
Il l'entretien d'Alexandre Dumas et de Victor Hugo, et de diverses choses curieuses.

512. GERBIER (Pierre-J.-B.), avocat célèbre.   1725-1788.
L. a. s., à M. Lambert, procureur au Châtelet. Ce 16. 1 p. in-8.

513. GERLE (Dom), chartreux, député aux Etats-Généraux, compromis en 1794, dans la fameuse affaire de Catherine Théos, avec qui il fut enfermé.
L. aut. sig., au patriote Palloy. Paris, 25 juin, l'an IV de la liberté. 1 p. in-4.
Il a reçu sa médaille commémorative de la prise de la Bastille, comme récompense de son patriotisme..... « Je porterai et conserverai ce gage dont « le prix n'est connu que de ceux qui, comme moi, aiment le peuple, et sont « invariables dans leurs sentiments sur l'égalité des hommes et sur leur liberté.»

514. GERLE (Dom). *Le même.*
L. a. s., au citoyen Biauzat. Paris, 5 ventôse an VI. 1 p. pl. in-4.

515. GESVRES (Le marquis de), dit l'*Impuissant.*
Ordre aut. sig., par lequel les *abitans de la ville et faubours de Compienne ne fourniront aux régiments de Saint-Agnan et Sainte-Maure des viures que en paiant et leur donneront seulement les utancille suivant les ordres du roy...* Péronne, 4 avril 1642. 1 p. in-4.

516. GIOBERTI (Vincent), philosophe célèbre italien.
Fragment politique aut. (en italien). 1 p. et quart in-4.

517. GMELIN (Jean-Georges), célèbre botaniste, médecin et voyageur.   N. 1709. M. 1774.
Billet aut. sig. (en allemand). Tubinge, 24 mars 1752 (4 grandes lignes in-4). Beau *portr.* gravé in-fol.

518. GOETHE (Jean-Wolfgand Von), célèbre poëte, romancier et auteur dramatique.   N. 1749. M. 1832.
L. aut. sig. (en allemand). Octobre, 1792. 1 p. in-4. Cachet.

519. GONZAGUE (Catherine de), duchesse de Longueville, fille de Louis de Gonzague, duc de Nevers.
Arrêté de compte et quittance de treize grandes lignes aut. sig., au bas d'un compte de recettes et dépenses pour sa maison. 1625. 21 p. in-fol.

520. GOTTSHEL (Jean-Christophe), philosophe et savant allemand.   N. 1700. M. 1766.
L. aut. sig., à M.... Octobre 1742. 4 gr. p. in-4.

Belle lettre scientifique et littéraire. Il a profité en quelque manière de la belle pièce contre l'abbé de Saint-Pierre, dans une remarque qu'il a faite à l'article *Machiavel* au dictionnaire de Bayle... Il l'entretient de sa philosophie allemande, etc., etc.

521. GOUPILLEAU de *Montaigu* (Ph.-Ch.-A.), conventionn.
L. aut. sig., comme représentant du peuple dans les départements de la Drôme, l'Ardèche, Vaucluse, la Lozère et l'Aveyron, à ses collègues Isnard, Cadroi, Guérin et Chambon, à Toulon. 11 prairial an III. 2 gr. p. in-fol. Tête impr. Vignette. Déchirure par les souris à la marge intérieure, mais ne touchant pas l'écriture. Intéressante.
Relative aux troubles du midi et au soulèvement de Toulon.

522. GOUVION SAINT-CYR (Louis, marquis de), maréchal de France, ministre de la guerre.   N. 1764. M. 1829.
L. aut. sig., à S. A. R... Villiers, 4 juin 1824. 1 p. et demie in-4.
Au sujet du rapport fait à la Société d'encouragement sur la découverte si extraordinaire de M. Parkins, découverte qui ne peut manquer d'amener les plus grands changements dans les principes de l'art de la guerre.

523. GRABBE (C.-D.), littérateur et poëte allemand.
L. aut. sig.,(en allemand). Detmold, 7 juillet 1836. 4 p. pl. in-4.

524. GRAMONT (Antoine, comte de Guiche, puis duc de), maréchal de France.   N. 1604. M. 1698.
L. aut. sig., à M. de Chavigny. Du camp de... 30 juillet 1636. 2 gr. p. in-fol. Cachets. Très-belle lettre. (Collection de la Jarriette).

525. GRANDMAISON (l'abbé de), aumônier des armées vendéennes.
L. aut. sig., à Mgr... Blois, 5 mai 1824. 1 gr. p. in-fol.
Curieuse lettre au sujet de sa disgrâce et de la justice qui lui a enfin été rendue.

526. GRAND-MENIL (Jean-Baptiste *Fauchard*, dit), célèbre acteur de la Comédie-Française, auteur dramatique. membre de l'Institut.   N. 1737. M. 1816
L. aut. sig., à M... 30 nov. 1806. 1 p. in-8.
Le Sage, acteur de l'Opéra-Comique.
L. aut. sig., à M. de La Ferté, intendant général des menus plaisirs du roi. Paris, 19 nov. 1816. 1 gr. p. in-fol.

527. GRAVE (François de), évêque de Valence.
L. aut. sig., à M... Valence, 17 janvier 1782. 3 p. in-4.
Protestation contre un arrêt du Parlement de Grenoble, favorable aux protestants dans la question de l'état civil. Il voudrait aussi un ordre du roi pour réintégrer dans leurs communautés les religieuses qui courent le monde habillées et coiffées comme des séculières...

528. GRAVEURS français et étrangers. 14 lett. et pièces a. s.
Andrew, Best et Leloir. L. collective aut. sig. Paris, 11 sept. 1842. 1 p. in-4. — Audran (Claude). Quitt. Paris, 7 février 1694. — Audran (Benoit). Quitt. 1708. — Axmann (Joseph) (en allemand). 1828. 1 p. in-4. — Bartsh (Adam de). Pièce (en allemand). 2 p. in-4. — Basan (Pierre-François), auteur d'un dictionnaire des graveurs. Pièce. 1787. — Bause. Pièce (en allemand). Leipsig. 1765. *Portr.* — Beyer (Léopold) (en allemand). Vienne, 1832. 1 gr. p. in-4. — Bettheuser (en allemand). Wurzburg, 1820. 1 p. in-4. — Dutten-hoser (en allemand). Stuttgart, 1814. 2 p. in-4. — Ender (Jean). 1834. (en allemand). 1 p. in-4. — Felsing. L. aut. sig. (en allemand). 1836. Demi-p. in-4. — Geissler. Deux lett. (en allemand). 1817. 2 p. et demie in-4. Très-bon lot.

529. GRAVEURS français et étrangers. 14 lett. et pièces a. s.
Haldenwang (en allemand). 1820 et 1829, 2 p. in-4. — Kriehuber lithographe et dessinateur: Quitt. (en allemand) in-8. — Le Barbier.

(Jean-Jacques-François). 1778. 1 p. in-8. — LE BAS (Jacques-Philippe).
Deux quitt. sur la même page, in-4. 1785. — LUDERITZ (en allemand).
Berlin, 1733. 2 p. in-4. — MANDEL (en allemand). 1832. 1 p. in-4.
— MECHEL (en allemand). 1802. 1 p. in-4. — MEYER (en allemand).
1832. 1 p. in-4. — MULLER (en allemand). 1823. in-4. — RAHL (en
allemand). 1827. 1 p. in-4. — PRIMAVY (en allemand). 1 p. in-4. —
SEYFFER (en allemand). Stuttgart, 1819. Demi-p. in-4. — SCHWERT-
GEBURT (en allemand). 1816. 2 p. in-4. Très-bon lot.

**530. GREGOIRE (Henri), constituant, évêque constitution-
nel de Blois, conventionnel, sénateur, etc. 1750-1831.**

L. aut. sig., au citoyen d'Hermand, consul général, à Madrid.
Paris, 30 floréal an IV. 2 p. pl. et demie in-4.

Au sujet de l'envoi qu'il vient de faire des cinq cents marcs de platine. Cette
nouvelle a été accueillie avec le plus vif intérêt.

531. GRENOBLE (Pierre, évêque de).

Pièce sig., contresignée Brun et Delissac. Grenoble, 20 décembre
1629. 1 p. in-fol. en travers. Cachet épiscopal.

Certificat en faveur de maître Josué Barbier, ministre converti de la province, habitant à Grenoble, lequel persévère en la sainte profession de foi de
l'Église catholique apostolique et romaine avec édification, vivant sans
scandale.. ..

**532. GRESSET (Jean-Baptiste-Louis), de la Compagnie de Jé-
sus, poëte, membre de l'Acad. franç. N. 1709. M. 1777.**

L. aut. sig., à M....., 15 juin (1762). 1 p. pl. et demie, in-4.

Il le prie de lui mander ce qu'on dit de la condamnation de l'Émile. « Est-
« il vrai que Jean-Jacques a un protecteur dans Mme de Pompadour et dans
« le roi Stanislas, et que jugeant de sa position comme d'un procès qu'on a
« perdu, il a pris sagement le parti de s'en consoler en s'acheminant vers la
« Suisse. Là il sera au moins à l'abri de l'orage, et trouvera peut être du repos
« dans une patrie qu'il n'aurait pas dû quitter... »

533. GRESSET *Le même.*

L. aut. sig., à Mgr..., 3 nov. (1775). 2 p. in-4.

Il a eu l'honneur de lui écrire deux fois sans obtenir aucune réponse, à sa
première lettre étaient joints trois exemplaires de son dernier discours à l'Académie française ; l'un de ces trois exemplaires lui était offert avec tous ses
vœux pour qu'il fut digne de son goût et de son suffrage..... Devant y avoir
un nouvel arrangement pour le *Mercure de France*, ne pourrait-il pas bien
augmenter la pension de deux mille francs que le feu roi lui a accordée sur ce
journal ; « Si vous accordiez un accroissement à ma très-mince fortune, je
« pourrais me déprovincialiser un peu chaque année et soutenir le coûteux
« séjour de la capitale..... »

534. GRESSET. *Le même.*

Minute de son discours à l'Académie française, avec des corrections
autographes. 10 p. in-4.

535. GRESSET. *Le même.*

Matériaux autographes de la comédie du *Méchant*. 14 p. in-4. Ces
pages, d'une écriture fine et souvent raturée, sont intéressantes, il y
en a une surtout qui est extraordinairement remplie en losanges, etc.
Il y a écrit en marge d'une de ces pages. *Matériaux de la comédie du*
MÉCHANT, *écrits de la main même de Gresset. — Ils m'ont été donnés
au mois de juin 1822, à Mareuil (arrondissement d'Abbeville), par
M. Gresset ainé, maire de cette commune, et neveu de Gresset.*

536. GRESSET. *Le même.*

Minutes et fragments aut. : Pièces de vers *sur le mariage de M. Thi-
roux de Crosne, Maître des Requêtes avec Mlle de La Michodière.....*
Fragment d'un discours prononcé à l'Académie d'Amiens à la réception
de M. Vallier, militaire et poète. — Plus, 6 p. pl. in-4 de vers et de
prose attribuées à Gresset, mais dont l'écriture ne me paraît pas être
la sienne.

537. GRESSET. *Le même.*

Pièces de vers (copie de cinq) non aut. : L'Anti-Mondain, ou l'Anti-Voluptueux (c'est contre le *Voluptueux*, de Voltaire.). — A M. l'évêque de Luçon. — A M. le comte de Rocheuse, sur certaines brochures qui ne méritent pas d'être demandées. — A MM. les ducs de Chevreuse et de Chaulnes à l'armée de Flandres, etc. Ensemble, 17 p. in-4.

538. GRESSET (sept lettres sur, et adressées à).

1° Sept lettres sur Gresset et sur ses œuvres adressées à M. Renouard et à M. de La Combe, en 1811. 1° Trois de M. Boitel de Belloy ; — 2° Deux de M. de Mandelot ; — 3° Une de M. Slabrendorf ; — 4° Une de J.-B.-M. Gence. Ensemble, 12 p. in-4. Intéressantes.

2° L. aut. de M. de Wailly, adressée à Gresset. Amiens, 27 juin. 1 p. in-4. Il y a derrière quatre petites lignes de la main de Gresset.

3° L. aut. sig. (en vers), adressée à Gresset. Paris, 30 avril 1767. 4 gr. p. pl. in-4.

539. GRIBOURGERE (Jean de la), évêque de La Rochelle.

L. sig., à M. l'évêque de Causerans, agent général du clergé, à Paris. 31 août 1653. 2 gr. p. in-4. Cachets et soies.

Relative à la situation de la ville de la Rochelle dépeuplée de tous ceux de la religion prétendue réformée comme étant rebelles au roi, mais depuis lors *catholiques quoy que pauures*... Opposition de l'évêque et du clergé auprès du Roi, de la Reine, de M. le Cardinal, de M. le Chancelier, etc., des maîtres Artisans, et avec plus de raison des Notaires et autres officiers plus importants, « comme il sestoit prattiqué jusques à présent, si ceste reigle est enfreinte on verra dans peu la Rochelle encore une fois remplie d'hérétiques « et ce qu'il y a de pauures catholiques venus de diuers endroits du Royaume « obligez de quitter..... »

540. GRIGNAN (Adhémar de Monteil, c^te de), évêque d'Arles.

L. sig., à M. l'abbé de Marniesse, agent général du clergé de France. De Grignan, le 17 juillet 1652. 2 gr. p. in-4. Cachets et soies.

« La déclaration que les huguenots ont obtenue les rend sy insolents, qu'ils « entreprennent impunément toutes choses, et nous auons lally d'auoir auec « eux une guerre très-sanglante dans une guerre dependante de la comté de « Grignan, en sorte que sy on ne reprime leur audace, on metra les catho- « liques en estat, toutes les fois qu'ils le pourront, de venger eux-mesmes « leur querele, ... »

541. GRILLET (Nicolas de), évêque d'Uzès.

Pièce sig. et contresignée par l'abbé de Grignan. Paris, dernier de mars 1643. 1 p. in-fol. en travers. Cachet épiscopal.

Certificat de bonne vie et mœurs accordé à Pierre Deveze, prêtre, prieur de Rivière, ancien converti à la foi, qui travaille sans relâche par ses prédications et ses écrits à la conversion des âmes.....

542. GRIMM (Frédéric-Melchior, baron de), littérateur, philosophe, critique.   N. 1723. M. 1807.

Billet aut. sig. (à la 3me personne), à M. Perregaux. Ce vendredi 3 novembre. 1 p. petit in-8. Notice biographique manuscrite. In-fol.

543. GRIMM Frédéric-Melchior, baron de). *Le même.*

L. aut., à ... Czarkozélo, 14-25 avril et 30 avril — 11 mai 1781. 1 p. pl. in-4. (Collection du baron de Trémont).

Au sujet de la représentation d'une comédie de Sédaine dont il annonce d'abord la représentation prochaine, et ensuite qui, jouée la veille, a reçu des applaudissements sans fin ....

544. GROTIUS (Hugues), célèbre historien et jurisconsulte, ambassadeur en Suède.   N. 1583. M. 1646.

L. aut. sig. (en latin), au P. Denis Petau. Paris, 3 déc. 1660. Tiers de page gr. in-fol. Cachet. (Collection Parison.)

545. GROUCHY (Emmanuel), maréchal de France.

L. aut. sig., au général (depuis maréchal) Clauzel, à Baltimore. Philadelphie). 1 gr. p. pl. et demie in-4. Curieuse.

46. GROUVELLE (Philippe-Antoine), littérateur, secrétaire du conseil exécutif provisoire, il fut chargé, en cette qualité, de lire au malheureux roi Louis XVI le décret de la Convention qui le condamnait à mort.

L. aut. sig., *au citoyen Sieyès, président de l'Institut national des sciences et des arts.*

Au sujet de sa nomination comme membre non résident de l'Institut, et du plan de réorganisation de l'Institut qu'il a médité.

547. GUA DE MALVES (l'abbé Jean-Paul de), mathématicien, membre de l'Académie des Sciences. Né en Languedoc en 1712. Mort en 1786.

1º L. aut. sig., à M. Salleron, chez M. Patenotre, son oncle, procureur au Parlement, au cloître Notre-Dame. 7 janvier 1784. 3 p. in-4.

2º *Additions aux notes sur le plaidoyer.* aut. 4 p. pl. in-4.

548. GUENEAU DE MONBEILLARD (Philibert), littérateur, naturaliste, collaborateur de Buffon. 1720-1785.

L. aut. sig., à Mme Pankouke, à Paris. Semur, 7 novembre 1778. 2 p. in-4. Cachet. Intéressante.

549. GUERICKE (Othon de), bourgmestre de Magdebourg, physicien célèbre, inventeur. N. 1602. M. 1686.

L. a. s. en (Allemand). 8 février 1646. 3 gr. p. in-fol. Cachet. *Rare.*

550. GUERIN (le baron Pierre-Narcisse), peintre d'histoire, directeur de l'Ecole de France à Rome, de 1822 à 1828, membre de l'Institut. N. 1774. M. 1833.

1º L. aut. sig., à M. Monvoisin. Mercredi soir. 1 pl. pl. in-8.

Malgré les objections qu'a fait naître le sujet de son tableau et le danger d'ouvrir une porte à tous les concurrents malheureux ou déçus, il est parvenu à le faire recevoir par la Société, mais elle n'a voulu le payer que douze cents francs. Il a acquiescé pour lui à ce prix, parce que cela vaut mieux que la chance de le garder longtemps.....

2º L. a. s., au même, à Bordeaux. Paris, 22 sept. 1821. 2 p. in-4.

On lui a demandé le matin même s'il voudrait se charger de faire une vierge, une assomption, croit-il, et pour le prix de trois cents francs, ce qui est modique; mais aussi il ne s'agit que d'une seule figure.....

551. GUERIN (le baron Pierre). *Le même.*

L. aut. sig., à M. Monvoisin, à Bordeaux. Paris, 18 oct. 1821. 2 gr. p. pl. et demie in-4.

Il a vu avec plaisir que le courage lui était revenu, et il se serait augmenté s'il eut entendu à l'Institut l'accueil que l'on fit à la note qui fut lue à son égard. Elle était un dédommagement de l'injustice qui lui a été faite... La voici : « L'Académie ayant regretté de n'avoir pas un autre premier grand prix « à décerner au tableau de M. Monvoisin, natif de Bordeaux, élève de « M. G. (Guérin), âgé de 27 ans, qui a déjà obtenu un second prix et a, deux « années de suite, manqué de peu de voix le premier; Son excellence le mi- « nistre de l'Intérieur en ayant informé le Roy, S. M. a bien voulu accorder « à M. Monvoisin une somme de cent louis pendant chacune des trois années « 1822, 1823, 1824, *à titre de gratification* pour remplir le vœu que l'Académie « avait exprimé en faveur de ce jeune artiste..... »

552. GUERIN (le baron Pierre). *Le même.*

L. aut. sig., à Mme Durandeau. Rome, 21 avril 1825. 2 gr. p. pl. et demie in-4. Cachet. Belle lettre.

553. GUERRIERS FRANÇAIS. 9 lett. et pièces.

BERTRAND. Billet a. s. — BOURMONT (le comte de). Apostille a. s. — BOURNONVILLE (Ambroise, duc de). Pièce a. s. et deux pièces aut. 1671. Ensemble, 2 p. in-4 et 3 p. in-fol. — CARAMAN (P.-P. Riquet, comte de). Pièce sig. 1693. in-4. — CHALBOS. L. a. s. an XI. 1 p. in-4. — CHAMILLY (le comte de), ambassadeur en Danemark. Pièce a. s. Spire, 1694. 1 p. in-4. — CHOISEUL (Antoine de), gouverneur de la Mothe. 16 nov. 1625. 1 p. in-fol. Cachet. — DAGUERRE (Jean), baron de Vienne,

gouverneur du Bourbonnais. L. s. 1540. Demi-p. in-fol. — DAM-
PIERRE. Ordre sig. an II. 1 p. in-4. —DEJEAN (le comte). L. a s. an XII.
1 p. et quart in-4.

554. GUERRIERS FRANÇAIS. 5 lett. aut. sig. et une sig.
LAMARQUE (Maximilien). 1830. 1 p. in-4. —LATOUR-MAUBOURG (V.),
an XIII. 1 p. in-fol. — LECOURBE. 1815. 1 p. in-4. — REYNIER. an V.
1 p. et demie in-4. — VANDAMME. L. sig. an III. 1 p. in-4.

555. GUERRIERS ETRANGERS. 7 lett. et pièces.
ARGYLE (John Campbell, duc d'). L. a. s. (en anglais). 1790. 1 p.
in-4. — ASSENTAR (le marquis d'). L. en partie a. s. (en espagnol).
1674. 1 p. in-fol.—AUVERGNE (François Egon de La Tour, prince d').
L. s. (en hollandais). 1709. 1 p. in-fol. — BATHIANY (le comte Charles de). Passeport sig. 1746. — BUQUOY. Pièce sig. (en allemand).
1618. 1 p. in-fol. — CHASSÉ (le baron). Pièce s. 1834, 1 p. in-fol.—
CLERFAYT. Pièce sig. 1794. 1 p. in-fol.

556. GUERRIERS ETRANGERS. 7 lett. et pièces.
ESTHERHASY (le prince Paul). L. s. (en allemand)). 1693. 1 p. in-
fol. Cachet. — HOLSTEIN (Joachim-Ernest, duc de). L. s. Bruxelles,
22 nov. 1690. 1 p. in-fol. — LEGANEZ (le marquis de). L. s. (en Espagnol). 1640. 2 p. in-fol. Cachet. — RONQUILLO (Pierre de). L. s. (en
espagnol). 1674. 1 p. et demie in-fol. — SCHOENFELD, (le baron de).
L. a. s 1790. 4 p. in-4. Curieuse. — VELASCO Y TOVAR, connétable de
Castille, gouverneur des Pays-Bas. L. sig. 1670. 1 p. in-fol., en mauvais état. — ZIETHEN. L. s. (en allemand). 1. p. in-fol. Cachet.

557. GUILLAUME II DE NASSAU, staathouder de Hollande,
et roi d'Angleterre.   N. 1650. M. 1702.
1° L. s. : *Prince Wilhem de Nassau,* à M... 1 p in-4. Deux *portr.*
2° Pièce sig.: *Willam R.* et contresig. *d'Allonne* (en anglais). 1701.
1 p. in-fol.

558. GUIZOT (François), historien, de l'Académie française.
Arrangement aut. sig. avec Michaud, libraire, pour le travail complet de la littérature allemande dans la Biographie universelle. 18 nov.
1812. 1 p. pl. in-4. (Sur papier timbré.)

559. GUNTHER, général de Frédéric II, roi de Prusse.
L. aut. sig. (en allemand). 9 mai 1795. 1 p. pl. in-fol.
PESCARA (A. d'Avalos, marquis de), gouverneur de Milan. L. s. (en
espagnol). 1562. 1 p. in-fol. Cachet.

560. HALLAM (Henri), célèbre historien anglais.
Pièce a. s. (en anglais). Extrait d'un de ses ouvrages. in-8 en travers.
BERKELEY (Grantley). L. a. s. (en anglais). 9 février 1840. 3 p. in-18.
Jolie lettre.
SHERWOOD (Mme), romancière. Deux extrait a. s. (en anglais) de ses
romans, 24 août 1844. 2 p. in-8.—Croquis à la plume d'un Lazzarone
de Naples, par Mme Sherwood. in-18.

561. HECQUET (Philippe), célèbre médecin.   1661-1737.
L. a. s., à M. Winslow, médecin à Paris. 21 avril 1723. 1 p. pl. et
demie petit in-4.

562. HEINE (Henri), poëte allemand.
L. a. s. (en allemand), à Th. Hell (Winkler). Berlin, 16 oct. 1823.
1 gr. p. pl. in-4.

563. HEINSIUS (Nicolas), poëte latin.   N. 1620. M. 1681.
L. latine a. s., à Gabriel Naudé. Lugd. Bat. 1653. 1 gr. p. pl. in-fol.

564. HEINSIUS (Antoine), diplomate, grand pensionnaire de
Hollande, ami du duc de Malrboroug   1641-1722.
L. a. s., à son altesse... La Haye, 23 avril 1685. 3 p. in-4. Nou-
velles politiques. Intéressantes.

565. HENAULT (le président), historien.   N. 1685. M. 1770.
   1° Billet aut., à madame Denis, nièce de Voltaire. 1 p. in-18.
   2° L. aut., à son cher confrère... Versailles, 29 juin (1763). 1 p. pl.
et quart in-8.
   Sur le succès de son nouvel abrégé de l'histoire chronologique de France,
qui vient d'être traduite en italien, en anglais, et en allemand; mérite divers
de ces traductions.

566. HENRI II, roi de France.   N. 1518. M. 1559.
   L. sig., et contresignée: *Hurault*, au lieutenant général aux Pays-Bas
et duché de Guyenne. Saint-Germain-en-Laye, le 3 janvier 1554. 1 gr.
p. in-fol. Portr.
   Relative à l'approvisionnement et à l'exportation des bleds... Nul ne pourra
désormais tirer aucuns bleds de ses pays de Guyenne, Poitou, Saintonge,
Normandie et Bretagne, s'il n'a son exprès congé et permission.

567. HENRI III, roi de France.   N. 1551. M. 1586.
   L. aut. sig., à Villeroy, sans date. 1 gr. p. pl. in-fol. Portr. Petite
déchirure au bas enlevant la fin des deux dernières lignes.

568. HENRI III. *Le même.*
   L. s., et contresignée : *Brulart*, Blois, 5 janvier 1581. 1 p. in-fol.
   Le roi a donné charge au sieur Mandelot. chevalier de ses ordres... gouverneur et son lieutenant général en Lyonnais, d'employer jusqu'à la somme de
six mille écus en certaines affaires secrètes, convenans et importune, etc., etc.

569. HENRI III. *Le même.*
   L. s., et contresignée : *Brulart*. Blois, 5 janvier 1581. 1 p. in-fol.—
Duplicata exact de la précédente.

570. HENRI III. *Le même.*
   L. s., et contresignée : Brulart, Blois, 3 janvier 1581. 1 p. in-fol.—
Triplicata exact des deux lettres qui précèdent.

571. HENRI III. *Le même.*
   Lettres patentes sig. par le roi, pour la régularisation et l'approbation de la dépense de la somme de six mille écus, faite par le sieur
de Mandelot, gouverneur et lieutenant général du royaume en Lyonnais, d'après les ordres mêmes du Roi.... Saint-Germain-en-Laye, 9 décembre 1584. Grande feuille double in-fol. (parchemin).

572. HENRI III. *Le même.*
   L. s. et contresignée : *Revol*. Blois, 12 nov. 1588. 1 p. in-fol.
   Le roi ordonne que les lettres de don de deux mille écus fait par lui dès
le 7 nov. 1587 au sieur Mandelot gouverneur et son lieutenant-général en
Lyonnais, foretz et Beaujollais, à prendre sur les deniers provenans du revenu
et vente des biens de ses sujets de la nouvelle opinion, au dedans de la géné-
ralité de Lyon, qui n'ont obéi à son édit de réunion, etc., etc.

573. HENRI IV, roi de France.   N. 1553. M. 1610.
   1° L. a. s. : *A madame ma mère.* Sans date. 1 gr. p. in-fol. Entièrement tachée; elle a été raccommodée en plusieurs endroits, et plusieurs lettres du commencement de la dernière ligne ont été enlevées.
Portr.
   Cette lettre d'une forte écriture d'écolier doit être de 1568 ou 1569. elle fait
allusion à un ouvrage de théologie calviniste que lui avait envoyé Mme de
Tignonville, la gouvernante de la princesse sa sœur.
   2° L. s. (le corps de la lettre nous parait être de la main de son
secrétaire, Lallier Dupin, qui imitait parfaitement son écriture). Mon-
ceaux, 25 juillet. (Très-probablement vers 1604). Demi-p. in-fol.
   Ces deux lettres sont indiquées par le collectionneur, comme ne figurant pas
dans la publication de M. de Xivry.

574. HENRI (Jh.), auteur de l'attentat du 29 juillet 1846
   contre le roi Louis-Philippe.
   1° Reçu a. s. de l'ordonnance de M. le chancelier de France qui
fixe l'ouverture des débats de son procès au mardi 25 août. De la
conciergerie, le 19 août 1846. Tiers de page in-8.

2º Reçu a. s. du même, de la liste des témoins qui doivent être assignés à la requête de M. le procureur-général du roi, près la Cour des Pairs, etc. Paris, 22 août 1846. Tiers de page in-4.

575. **HERBART** (Jean-Frédéric), philosophe.   1776-1841.
L. aut. sig. (en allemand). Kœnigsberg, 26 juillet 1819. 2 gr. p. pl. in-4. Cachet. Belle lettre.
Relative à son traité de philosophie pratique.

576. **HERDER** (Jean-Gottfried), célèbre écrivain et philosophe allemand.   N. 1744. M. 1803.
L. aut. sig. (en allemand), à M. Dietrich, libraire, à Gottingue. Buchebourg, 10 nov. 1774. 1 p. in-4. Cachets de deuil.

577. **HERVILLY** (le comte d'), un des chefs de l'expédition de Quiberon.
Deux lignes aut. sig., au bas d'un état des ustensiles trouvés au corps de garde du magasin à poudre. Nantes, le 25 sept. 1789. Demi-p. in-fol.

578. **HISTORIENS FRANÇAIS**. 9 lett. aut. sig.
BARANTE (le baron de). 1 p. in-8. — CAPEFIGUE, 1 p. in-8. — MICHELET. 1 p. in-8. — MIGNET. 1840. 2 p. in-8 – QUINET (Edgar). — SALVANDY. 2 p. in-8. — THIERS. Demi-p. in-8.

579. **HISTORIENS**, etc., français et étrangers. 8 l. a. s. et 1 p. a.
ARCHENHOLTZ. 1810. 1 p. in-8. — BARANTE. in-8. — BLANC (Louis). 1842. 2 p. in-8. — BOTTA (Charles). 1810. quart de page in-4. — BUCHON 1826. 1 p. in-8. — DAHLMANN (en allemand). 1844. Demi-p. in-4. — DE BURE (Guill.-Fr.) 1763. 1 p. in-4. — DEPPING. 1816. 1 p. in-4. — DESROCHES (Jean). Man. aut. avec attestation de la main du baron de Stassart. 4 p. in-fol.

580. **HISTORIENS**, etc. français et étrangers. 9 l. et pièc. a. s.
ALTMEYER. 1 p. in-8.—BULAU. 1836. Demi-p. in-4. — CAPEFIGUE. 1 p. in-8. — HASSE, 1830. 1 p. in-8. — JOECHER. Feuille d'album. 1755. — KOERTE. 1804. 1 p. in-4. Cachet. — LANG. 1796. 1 p. in-4. — LANGENN. 1 p. in-4. — MARMIER (Xavier). 1 p. in-8. — Six de ces pièces sont en allemand.

581. **HISTORIENS**, etc., français et étranger. 10 l. et pièc. a. s.
MEINERS. 1792. 1 p. in-4.—MURRAY. Feuille d'album. 1767. — PŒLITZ. 1822. 1 p. in-4. — Ros (Lord J. de). 2 p. in-8, en anglais. — ROTTECK. 1839. 1 p. in-4. — SCHREIBER. 1796. 3 p. et demie in-8. — SAUVAGÈRE (Félix-François de la). 1774. 3 p. in-4. Intéressante. — SŒLTE. 1826. 3 p. in-8. — WELCKER. 1819. 1 p. in-8. — Huit lett. et pièces de ce lot sont en allemand.

582. **HISTORIENS**, *littérateurs, poëtes*. 6 lett. aut. sig.
ALTAROCHE. 1843. 1 p. in-8. — ANSON. Demi-p. in-4. — ARLINCOURT (le Vte d'). Demi-p. in-8. — AZAIS. 1830. 1 p. pl. in-4. — BARGINET (de Grenoble). 1842. 1 gr. p. in-8. — BARTHÉLEMY, collaborateur de Méry. A Mme Reybaud. 2 p. in-4. Curieuse. — BEFFARA, auteur de recherches sur Molière. Paris, 9 août 1780. 1 p. pl. in-4.

583. **HISTORIENS**, *littérateurs*, etc. 11 lett. aut. sig.
BERRIAT SAINT-PRIX. Grenoble, 16 nov. 1815. 1 p. in-4. — BOUILLY. Deux lett. a. s. 1835. 4 p. in-4.—BUCHON. Marseille, 10 janvier 1829. 3 p. in-4. Cachet. — CANTU (César). 1º Lett. 25 mars. 1 p. in-4. — 2º Vers aut. (36, en italien). 1 p. pl. petit in-18. — DAMPMARTIN, à Bernardin de St-Pierre. 1791. 3 p. in-4.— DAUNOU. 1810. 1 gr. p. in-fol.— DE GÉRANDO. 3 lett. 3 p. in-8.

584. **HISTORIENS**, *littérateurs, poëtes*. 8 lett. aut. sig.
DESCHAMPS (Emile). 1828. 1 p. in-8. — GAUTIER (Théophile). 1831. 1 p. in-8. —GRIMOD DE LA REYNIÈRE. 1821. 1 p. in-8 — LANCIVAL

(Luce de). 1806. 1 p. in-8.—MARTIN (Aimé). 3 p. pl. in-4. — MICHE-
LET. 1856. 1 p. in-8. — SOULIÉ (Frédéric). Tiers de p. in-4.

585. **HISTORIENS,** *littérateurs, publicistes.* 8 lett. aut. sig.
MONTEIL. 1809. 1 p. in-fol.— QUINET (Edgar). 1845. 3 p. in-8.— RA-
BBE (Alphonse). 1 p. in-8. — RŒDERER. Pièce aut., et lett. sig. 1 p.
in-8 et 1 p. in-fol. — SALVERTE (Eusèbe). 1837. 1 p. in-4. — SAY
(J.-B.) 27 avril. 1 p. in-8. — VEUILLOT (Louis). 1857. 1 p. in-8. —
WEISS. L. aut. sig. W. bibliothécaire de Besançon. à Charles Nodier.
1825. 3 p. pl. in-4. Ecriture fine et serrée.

586. **HISTORIENS,** *littérateurs, chansonniers,* etc. **35 lett.**
et pièces aut. sig , in-8 et in-4.
Bazin; Botta (Charles); Bourienne; Désaugiers; Féval (Paul); Fiévé;
Genoude; Granier de Cassagnac; Ginguené; d'Hozier de Sérigny;
La Mothe Langon; Lancival (Luce de); Le Beau (Ant.); Leclercq
(Théod.); Malitourne; Saint-Hilaire (Emile Marco de); Martainville;
Masson (Michel); deux lett.; Mély-Janin; Mennechet; Monmerqué;
Monteil; Morellet (l'abbé), aut.; Parny, trois lignes aut. découpées;
Pain; Paris (Paulin); Planard; Pradt (l'abbé de); Saint-Alais; Sal-
gues; Stassart (le baron de); Véron (le docteur); Vidocq.— Bon lot.

587. **HOCHE** (Lazare), général en chef.   N. 1768. M. 1797.
L. sig., comme général en chef, aux officiers généraux des armées
des côtes de Cherbourg et de Brest. Quartier général de Brest, le
26 brumaire an III. 3 p. et quart grand in-fol. Tête impr. Vignette.
Instructions très-détaillées sur les mesures militaires à prendre pour terminer promptement la guerre civile. « Les sistèmes des camps rejeté des hommes
« qui n'en connaissent pas les ressources, peut seulement finir la ridicule guerre
« que nous faisons et fairions longtemps sans succès; peut-être croira-t-on
« que j'avance un sophisme, non, citoyens, si vous considérés que dans les
« camps, s'alimente la discipline, que là seulement à l'heure qu'il vous plait vous
« trouvés les troupes, prêtes à voler ou est le danger, que là seulement, soit de
« jour, soit de nuit, vous les assemblerez sans bruits de caisse, sans être en-
« tourés d'espions; vous conviendrez que ce moyen est le seul à employer
« efficacement : je viens d'ailleurs d'en faire une nouvelle expérience, mais dira-
« t-on, la saison ne permet plus de camper, pourquoi ? est-ce l'approche de
« l'hiver qui doit nous effrayer, et les braves légions qui du nord au midi, cou-
« rent de victoires en victoires, ne sont-elles pas ainsi que nous exposées a l'in-
« tempérie des saisons ; lorsqu'il s'agit d'anéantir les rois, craignent-elles de
« s'enrhumer... la gloire de faire cesser nos discordes civiles n'est-elle donc
« pas aussi désirable à acquérir, que celle de chasser devant soi des Prussiens
« et des Autrichiens.... Nous camperons donc, puisque les camps en doublant
« notre force nous mettent à même de terminer promptement, il ne s'agit que
« de les multiplier à l'infini..... »

588. **HOCHE** (Lazare). *Le même.*
L. aut. sig, à M. Hoche, son frère, à Paris. Quartier général de
Vire, le 25 fructidor, an II. 1 p. in-4. Tête impr. Vignette. Cachet en
cire rouge.
Il peut le rejoindre, et qu'il apporte le papier que lui a donné Pille ; ils le
rempliront. Il le remercie des soins qu'il a prêtés à son amie (sa maitresse).
« Si tu es à Paris, témoigne lui combien je suis sensible à ses maux, et que
« je l'aime bien. »

589. **HOFFMANN** (le docteur Achille), médecin homéopathe.
L. aut. sig., à M. Alexandre Dumas, rédacteur des *Mousquetaires,*
suivie d'un article aussi aut. sig.) qu'il le prie d'insérer dans son journal sur la GUÉRISON CERTAINE *des premiers symptômes du choléra, quels
qu'ils soient par l'*ESPRIT *de camphre.* 3 p. pl. gr. in-4.

590. **HOLLMANN** (Samuel-Chrétien), philosophe. 1696-1787.
L. a. s. (en allemand), à M. Vandenhoerf. 1747. 1 p. in-4. Cachet.
BRETSCHNEIDER (Charles-Guill.), théologien et savant.
L. aut. sig. (en allemand). Gotha. 24 août 1830. 1 p. in-8.
THOLUCK (Frédéric-Auguste-Déoside), philosophe et théologien.
L. aut. sig. Halle. 1833. 1 p. in-4. Cachet.

591. HOMMES D'ETAT français. 14 lett. sig. et aut. sig.

ALIGRE (Etienne). L. sig., sig. aussi par Barrillon. 1649. 1 p in-4. — ARGOUT. L. sig. 1833. 1 p. in-fol. — BOISSY D'ANGLAS. L. a. s. 1826. 1 p. in-8. *Portr.* — BROGLIE (V., duc de). L. sig. 1833. in-fol. — CAMBACÉRÈS. L. sig. 1809. In-4.— CARNOT. L. sig. 1815. 2 p. in-fol. *Portr.* — COURTIN (Antoine de). L. sig., sig. aussi par Barillon. 1674. 1 p. in-fol. — DUPERRÉ (l'amiral). L. sig. 1835. 1 p. in-fol. *Portr.* — FLEURY (le car. de). L. sig. 1741. 1 p. in-4. — HEMERY (d'). L. a. s. 1645. 1 p. in-fol. — FOUCHÉ. L. sig. an IX. 1 p. in-4. — FOUCQUET (Nicolas). Pièce sig. (parchemin). 1651. *Portr.* — CESSAC (Lacuée, comte de). 1808. 1 p. in-fol. — LAROCHEJAQUELEIN (le marquis de). 1 p. in-8.

592. HOMMES D'ETAT français. 11 lett. et pièces.

LOMÉNIE. Pièce sig. 1651. 1 p. in-fol. — LOUVOIS. Pièce sig. (parch.). 1683. — MARET, duc de Bassano. L. a. s. 1 p. in-4. — MASSA (Régnier, duc de). 2 lett. et pièces sig. 1808 et 1813. 3 p. in-fol. — MERLIN (de Thionville). L. a. s. an VIII. 1 p. in-4. — MONTALIVET, père. L. sig. 1812. 1 p. in-4. *Portr.* de son fils. — MONTBEL. L. sig. 1830. 1 p. in-4. — NECKER. L. sig. 1780. Demi-p. in-fol. — RICHELIEU (le duc de). L. sig. 1821. 1 p. in-fol. *Portr.* — TURGOT. L. sig. 1740. 2 p. in-4.

593. HOMME D'ETAT étrangers. 12 lett. aut. sig.

ARNIM (le baron d'). 1843. 1 p. in-8. — AZARA. 1799. 1 p. in-4. — COBENZEL. 1805. 2 p. in-8. — COLLOREDO. (en allemand). 1 p. in-8. — EVAIN. 1837. Demi-p. in-4. — FALCK. 1843. 1 p. in-8. — GAGERN (en allemand). 1825. 2 p. in-8. — NESSELRODE. 1 p. in-8. — PAHLEN 1 p. in-8. — POZZO DI BORGO. 1 p. in-8. — WHEATON, érudit, ambassadeur des Etats-Unis. 1842. 1 p. in-12. — ZESCHAN. (en allemand). 1826. 1 p. in-4.

594. HOMMES D'ETAT étrangers. 10 lett. et pièces sig.

ALTENSTEIN. 1815. 1 p. in-fol. *Portr.* — BARTENSTEIN. 1755. 1 p. in-fol. — CAPO D'ISTRIA. 1817. 2 p. in-4. — DE CONINCK. 1825. 1 p. in-4.—GONZAGUE (Ferdinand de), vice-roi de Sicile et du Milanais. 1548. 1 p. in-4. — HARRACH, gouverneur du Milanais. 1748. 1 p. in-fol. Sceau.— HOCHER VON HOHENGRAN. 1674. 1 p. in-fol. — KAUNITZ RITBERG. 1769. 2 p. in-fol. — LIGNE (le prince de), vice-roi de Sicile et gouverneur du Milanais. 1662. in-fol. — LIRA. 1672. 1 p. in-fol.

595. HOMMES D'ETAT ET DIPLOMATES ETRANGERS. 15 lett. et pièces sig., aut. et aut sig.

BLUMENDORF. Deux l. a. s. 1785. 3 p. in-4. — BOWRING (le docteur John). Billet aut. sig. 1831. — BROUGHAM (lord). Billet aut. — CARAMANICO. L. a. s. 1736. 2 p. in-4. — COLLEGNO. L. sig. 1852. 2 p. in-4. — GRIFEO. L. a. s. 1 p. in-8. — HAAZFELDT. L. sig. 1852. 1 p. in-4. — HUBNER. L. sig. 1851. 2 p. in-8. — LOWENHIELM. Pièce aut. sig. 1852. 1 p. in-fol. — MOLLKE. L. a. s. 1852. 2 p. in-8. — PIGNATELLI. L. aut. sig. Naples, 1785. 4 gr. p. in-fol. — SPENCER (lord). L. a. s. 1820. 1 p. et quart in-8. — RUFFO. L. sig. Vienne. 2 p. et demie in-4. — VILAIN XIV. L. a. s. 1838. 1 p. in-8.

596. HOMMES D'ETAT anglais. 8 lett.

ABERDEM. L. a. s. 1853. 1 p. in-8. — BURGERSH. L. a. s. 1 p. in-8. — CANNING (George). L. a. s. (à la 3ᵐᵉ personne). 1822. 1 p. in-8. Deux *Portr.* — CASTELEREAGH. L. sig. 1813. 1 p. in-4. — PAGET (sir Arthur). L. a. s. demi-p. in-8. — PEEL (sir Rober). L. a. s. (à la 3ᵐᵉ personne). 1 p. in-8. — PELHAM L. s. 1750. 1 p. in-4.— RUSSEL (sir John). Billet a. s. 1836.

597. HORNES (Jean, comte de), comte de Beaucigny et ba-

ron de Boxtel, partisan dévoué de Guillaume le Taciturne, prince d'Orange, général gouverneur de Bois-le-Duc, pour les Etats-généraux.
Pièce sig. (en hollandais). 1604. 1 p. in-4.

598. HOUDETOT (Mme la C^{sse} d'), amie de J.-J. Rousseau.
L. aut. sig. : *L. Houdetot*, à madame. 1 p. pl. petit in-18.

599 HUGO (Victor), poëte, de l'Académie française.
Deux lett. aut. sig. 30 nov. 1830 et... 2 p. in-8.

600. HUGO (Victor). *Le même.*
Trois lett. et bill. aut. sig. : *H*.; *Victor*, et *V. Hugo*, à divers. 3 p. in-18 et in-8.

601. HULIN (le général), président du conseil de guerre qui condamna à mort le duc d'Enghien.
L. aut. sig., à Mgr.. Paris, 19 nov. 1811. 1 p. in-fol.

602. HUMBOLDT (Alexandre de), savant célèbre.
1° L. aut. sig., à M... samedi. 1 petite p. in-18.
2° Notes statistiques a. s. (en allemand), sur la population de l'Amérique du Sud. 2 p. in-8. Enveloppe aut. avec cachet. Curieuse pièce.

603. HUMMEL (J.-N.), compositeur allemand.
L. aut. sig., à S. E... Weimar, 14 sept. 1827. 1 gr. p. in-4.

604. IFFLAND (Auguste-Guillaume), auteur dramatique et acteur célèbre.   N. 1759. M. 1814.
L. aut. sig. (en allemand), à M... Berlin, 23 mai 1806. 1 p. in-4. Beau cachet de la direction du théâtre national en cire rouge.
Il a reçu la tragédie d'Idoménée, mais la description des décors et des costumes qui devaient y être jointe, d'après sa promesse, ne s'y trouve pas.

605. INGEMANN (Bernard-Séverin), poëte danois. N. 1789.
L. aut. sig. (en danois), au poëte Andersen. 22 août 1845. 2 p. pl. et demie in-4.

606. INGRES (Jean-Auguste-Dominique), peintre d'histoire, élève de David, membre de l'Institut.   N. 1781.
1° L. aut. sig., à M. le chevalier Belloc, ministre de France, à Florence. Rome, 22 janvier 1835. 1 p. in-4. Belle lettre.
Remerciements pour l'obligeante et gracieuse réception dont il l'a honoré à Florence. Eloge de MM. La Tour-Maubourg et de Tallenay... « On est heureux « et fier d'être appelé à représenter la France avec de pareils hommes. »
2° L. aut. sig., à Pradier... 1 p. in-8.
3° Note aut. Demande de couleurs.

607. INGRES, père du précédent, peintre.
L. aut. sig. *Ingres, peintre, professeur de dessin, logé au ci-devant collège, à Montauban, et père de ce jeune artiste qui, l'année dernière, a remporté le second prix de peinture dont la gravure va être insérée dans votre journal au trimestre prochain*, au citoyen Landon. Montauban, 20 prairial an IX. 2 p. in-4.
Envoi de quatre souscriptions pour ses *Annales du Musée.*

608. INSTITUT DE FRANCE (membres de l'). 5 lett. a. s.
ANSSE DE VILLOISON (d'). 1775. 1 p. et demie in-4. Cachet. — BIGNON (Ed.). Demi-p. in-4. — BOINVILLIERS. Beauvais, an X. 1 p. in-4. Cachet. — CLAVIER, beau-père de Paul-Louis Courier. An XIII. 1 p. et demie in-4. — LA PORTE DU THEIL. 1813. 1 p. in-4.

609. INSTITUT DE FRANCE (membres de l'). 6 lett. a. s.
REINAUD. 1 p. et demie in-8. — SACY (Sylvestre de). 1815. 2 p. in-4. — LIBRI (Guill.). 1 p. in-8. — REINHARD. 1791. 1 p. pl. in-4. — THÉNARD. 1855. 1 p. in-8. — WALKENAER. 1837. 2 p. in-8.

610. ISABELLE D'AUTRICHE, fille de Philippe II, gouvernante des Pays-Bas.   N. 1566. M. 1633.

L. sig. (en espagnol), à don Juan Bravo de Laguna, gouverneur de de la citadelle d'Anvers. Gand, 3 déc. 1625. Demi-p. in-4. Cachet.

611. ITALIENS (chanteurs et chanteuses). 7 lett. aut. sig.

AMBROGETTI. 1 p. in-4. — BEAUCARDÉ. Londres, 1856. 3 gr. p. in-4. Cachet. — BEAUCARDÉ (Augusta-Albertine, dame). 1854. 4 p. in-8. — CURIONI. 1822. 3 p. pl. in-4. — TODI (Mme Louise). 2 p. in-4. Cachet. — VARESI (Félix). 1854. 4 p. in-8. *Portr.* — VESTVALI (Mlle Félicité). 1853. 4 p. in-8. Toutes ces lettres sont en italien. *Portr.* Beau lot.

612. JACQUARD (Joseph-Marie), mécanicien lyonnais, inventeur du métier à tisser qui porte son nom. 1752-1834.

« État des services rendus aux manufactures et à l'industrie natio-« nale par le sieur Jacquard (Joseph-Marie), mécanicien ; ledit état « dressé en exécution de l'ordonnance de S. M., du 26 mars 1816...» Cette pièce est certifiée par lui sincère et véritable à Lyon, le 3 *février* 1820. *J. F. Jacquard.* (La date et la signature seulement sont autographes). 2 gr. p. in-fol.

613. JACQUEMONT (Vict.), natur. et voyag. N. 1801. M. 1832.

L. aut., à M... Montagne de Cachemyr, 31 juillet 1831. 1 p. in-8. Certifiée par son frère, P. Jacquemont.

JACQUEMONT (P.). L. aut. sig., à Madame ... Paris, 6 mars 1841. Demi-p. in-8. Envoi de la lettre qui précède.

JACQUEMONT-DONJON. L. aut. sig. St-Omer, 2 fruct. an XII. 1p. in-8. HUMBOLDT (le baron Alexandre de). L. aut. sig. 2 p. in-4.

614. JAGAULT (l'abbé), l'un des chefs de l'armée vendéenne.

L. aut. sig., à M. le vicomte ... Paris, 16 janvier 1818. 1 gr. p. in-4. Il recommande à ses bontés le sieur Toulan, parent de celui qui a péri dans les fureurs de la révolution.

615. JANIN (Jules), littérateur, critique dramatique. N. 1804.

L. a. s., à M. Charles Gosselin, libraire. (Paris) 23 août 1841.1 p. in-8. Il a bien fait de lui écrire cette bonne petite lettre, car véritablement, les procédés de MM. ses commis avec lui, étaient intolérables... « Mais enfin vous « leur avez dit qu'il fallait être bien élevé avec tout le monde, même avec les « amis de son patron. Quant à mon exemplaire de Saint-Simon et Créquy, je « vous assure que j'en avais grande envie, et que je suis bien heureux que « vous ayez pensé à moi. Donc, vos livres seront les bien venus dans ma bi-« bliothèque qui se fait belle tous les jours. »

616. JASMIN, poëte célèbre dans l'idiome languedocien. Coiffeur à Agen.

L. aut. sig., à M... Agen, le 6 oct. 1856. 1 p. in-8. Il accepte avec une affectueuse reconnaissance le bouquet d'honneur qu'il lui offre en tête de son inspiration musicale.

617. JASMIN. *Le même.*

L. aut. sig., à M. Dupont, rédacteur de l'*Echo*, à Périgueux. Rossignol, 26 janvier 1843. 2 p. in-8. Curieux détails sur ses pérégrinations poétiques.

618. JAUCOURT (le chevalier, puis vicomte Louis de), collaborateur de l'Encyclopédie de D'Alembert et de Diderot.

L. aut. sig., à M. Acaccia, banquier, à Paris. Lille, 20 août 1774. Demi-p. in-4. Cachet de deuil en partie brisé.

619. JAUCOURT (le chevalier, puis vicomte de). *Le même.*

Fragment aut. d'un manuscrit sur les revenus de plusieurs États de l'Europe,—du duc de Savoie, tabac et soies de Piémont,—de Milan, — de Venise,—du Pape, — de Livourne, — de Florence, — Lucques, — Gênes. — Espagne ; l'inquisition : ce que c'est, tabac, commerce en Espagne ; Cadix, Madrid ; Fête des Taureaux ; Escurial. — Sur le tabac en France. 14 p. pl. in-4.

620   JEANBON SAINT-ANDRE, conventionnel.

L. aut. sig., à son collègue Salicetti. Port-la-Montagne, 13 nivôse an III. Deux tiers de p. in-fol.

Il se plaint avec amertume de ce que les opérations relatives à l'expédition ordonnée par le comité ne sont un mystère que pour lui... » Je serai tou- « jours disposé à me concilier avec mes collègues, mais je ne souffrirai jamais « d'être dominé par eux.... »

621. JEFFERSON (Thomas), président des Etats-Unis.

L. a. s. (en anglais), au général La Fayette. Washington, 24 février 1809. 2 gr. p. in-4.

Lettre très intéressante, relative aux terrains concédés par le congrès au gé- néral, à titre de récompense nationale, et où il est question du canal du Mis- sissipi et d'un essai d'acclimatation, dans ces contrées, de moutons dits mé- rinos anglais. Il parle ensuite de l'*embargo*, qui a été pour les Américains une bonne mesure, et termine en disant qu'il s'occupe de botanique, etc., etc.

622. JOBARD, savant célèbre belge.   **M. 1861.**

Deux lett. aut. sig., au général comte de Chassenon. Bruxelles, juillet et septembre 1841. 3 p. pl. in-8.

623. JOLY (Hugues-Adrien), garde du cabinet des estampes à la Bibliothèque du Roi, secrétaire de l'Académie royale de sculpture, peinture et architecture. N. 1718. M. 1799.

L. a. s., à M. Tillard, graveur du roi. Paris, 12 avril 1790. 2 p. pl. et demie in-4. Joli cachet de deuil.

Détails intéressants au sujet de la publication de la Jérusalem délivrée et de la galerie de Forence que M. de Joubert était sur le point d'exposer en dépôt à Londres, vu les circonstances où en sont les arts peinture, sculpture, et gravure à Paris... « Je crois vous avoir dit que j'étois dépositaire de sept « grands dessins d'après les sept superbes tableaux peints par feu le célèbre « Carle Vanloo, qui ornent le chœur de l'église des Petits-Pères de la place « des Victoires, je les ai fait achetter pour le roi. J'en ai l'argent dans mes « mains, parce que je lui ai joué ce tour là pendant son séjour à Rome. Je « vous fais tout ce verbiage là, parce qu'il y auroit peut-être un coup à faire « à les graver en les réduisant au quart qui seroit une jolie proportion, « quoique ce soit de la dévotion, ils seroient encore plus intéressant que ne « le sont ceux du cloître des chartreux, en ce qu'ils ont trait à un fameux évé- « nement de l'histoire de France, c'est le vœu de Louis XIII, pour sa victoire « au siége de La Rochelle en 1627..... »

624. JOSEPH II, empereur d'Autriche.   **N. 1741. M. 1790.**

L. sig., contresignée *Colloredo* et Jean-Georges *Reizel*, au magistrat de Ratisbonne. Hermanstadt, 12 juillet 1773. 2 p. in-fol. Grand sceau.

625. JOSEPHINE (l'impératrice), prem. femme de Napoléon.

L. sig. La Malmaison, 9 juillet 1811. Tiers de page in-4.

626. JOURDAN, maréchal de l'Empire.   **N. 1762. M. 1833.**

L. aut. sig., au général Kléber. Quartier général, à Tongres, le 23 fructidor an II. 2 gr. p. in-fol. Tête impr. Vignette.

Dispositions à prendre pour recevoir l'ennemi qui paraît disposé à attaquer avec des forces considérables.

627. JOUY (V.-J. *Etienne*, dit de), litt., aut. dramatique.

1º L. aut. sig., à M. Amédée Pichot. 24 mars 1834. Demi-p. in-8.

2º *Esprits* (ou extraits d'auteurs anglais). Manuscrit aut. 5 p. pl. et quart in-4.

628. JULLIEN (Louis-Georges), fameux directeur de con- certs, à Paris et à Londres.   **M. 1861.**

L. aut. sig., à son ami. Mont-Rose (Ecosse), 29 septembre 1850. 8 p. pl. in-8. *Portr.* et deux charges.

Détails sur ses affaires, sa faillite à Londres, s'il peut être fait un article sur l'ouverture du théâtre italien à Paris, ou de l'opéra, etc.

629. JURISCONSULTES célèbres français et étrangers. 11 l.

BARBE-MARBOIS. L. a. s. an IX, 1 p. in-8. — BERLIER (T.). L. a. s. 1816. 1 p. in-4. — BRILLAT SAVARIN. Apostille sig. an VI. 1 p. in-4: — EICHHORNE. L. a. s. (en allemand). 1819. 1 p. in-4. — GOESCHEN. L. a. s. (en allemand). 1830. 2 p. in-4. — KAMPTZ. L. a. s. 1805. 1 p. in-4. — MAUPEAU (R.-Nic. de). L. a. s. 1768. Demi-p. in-fol. — MERLIN (de Douai). L. a. s. 1817. 2 p. in-8. *Portr.* — MITTERMAYER. L. a. s. (en allemand). 1826. 1 p. in-8. — PARDESSUS. Billet a. s. — SEZE (le comte de). L. s. 1823. 2 p. in-8.

630. JURISCONSULTES français et étrangers. 9 l. et p.

BEUNINGER (Conrad Van). L. sig. (en hollandais). Bruxelles, 1672. 1 p. in-fol. *Portr.* — BEVERNINGK (Jérôme). L. sig. (en hollandais). 1652. 1 p. in-fol. *Portr.* de J. Houbraken. — FRANCIOTTI, légat du St-Siége, à Bologne. L. a. s. (en allemand). Cologne, 2 nov. 1650. 2 p. in-fol. — PETREMAND. L. a. s. Salins, 1624. 1 p. in-4. — PORTALIS père. Pièce sig. an XII. 2 p. in-fol. — RALLIER, du conseil des anciens. L. a. s. an V. 1 p. 1/2 in-4. — RAMBUTEAU L. s. 1835. 1 p. in-fol. — WARNKONIG. L. a. s. Gand, 1834. 1 p. in-4. — WORINGEN. L. a. s. (en allemand). 2 p. in-8.

631. KANT (Emmanuel), philosophe allemand et savant astronome.　　　　N. 1724. M. 1804.

Billet de 3 lignes a. s. (en allemand). 6 mai 1783. in-4. *Rare. Portr.*

632. KARR (Alphonse), littérateur, auteur des *Guêpes*, etc.

Les Tulipes. Feuilleton a. s. 60 p. in-8 (en travers), écrit sur papier pelure d'oignon.

633. KELLERMANN (le maréchal), duc de *Valmy.*

L. aut. sig., à M... Hagueneau, 3 sept. 1786. 1 p. pl. in-4.

634. KEMBLE (John-Philippe), célèbre tragédien anglais et auteur dramatique.　　　　N. 1755. M. 1823.

L. aut. sig. (en anglais), à M. De Bure fils, libraire, à Paris. Bath, 23 avril 1803. 2 p. in-4. Cachet de deuil. Très-belle lettre. Scène gravée.

635. KERGARIOU-LOCMARIA (le comte de), capitaine de frégate, fait prisonnier à Quiberon et fusillé.

L. a. s., à M... Trinquemalé, du 28 nov. au 1er déc. 1768. 4 p. pl. in-4. Curieux détails sur la valeur et le change des roupies en fanons. Toutes les caisses en général sont perdues par l'humidité du magasin de Pondichéry, les soieries ont été mouillées par l'eau de la mer, la fracture en porcelaine est très considérable... Situation gênée dans laquelle il se trouve...

636. KLEBER, général en chef de l'armée d'Egypte.

L. sig., au général Chalbot, à Laval. Quartier général de Vitré, le 18 germinal an II. 2 gr. p. pl. et demie in-fol.

Depuis le malheureux événement de la diligence il ne peut que s'occuper des chouans : « Aujourd'hui encore ils ont attaqué les travailleurs avec lesquels je « faisoit éclairer la route au lieu où la diligence avait été égorgée. Le déta- « chement qui couvroit les ouvriers les a vu avec le drapeau et en bataille au « nombre de 7 à 8 cents. Il ne faut pas tarder de courir au devant d'eux, en « conséquence, tu trouveras deux ordres ci-joints, l'un pour toi à Laval, l'autre « pour Mignotte que tu enverras à Craon, afin que le 22 germinal nous ouvrions « le bal... »

637. KLEBER. *Le même.*

L. sig., au général Chalbot. Vitré, 1er floréal an II. 2 gr. p. pl. et demie in-fol. Tête imprimée. Vignette, avec la devise au milieu: *Vive la montagne.* Déchirure en tête, à la marge intérieure, par les souris. Pièce importante.

Ordre et instructions pour les chasses, fouilles et traques des Vendéens qui doivent avoir lieu le 5 floréal, et ne finir que lorsque la tâche prescrite sera remplie... « Tous les habitans, à l'exception des femmes et des enfants des 31

« commines dont le tableau est ci-joint, seront arrêtés armés ou non, et con-
« duits au chef lieu de l'arrondissement... Tout jeune homme de la 1re réqui-
« sition qui sera trouvé se cachant pour se soustraire au service militaire sera
« fusillé sur le champ, le décret le mettant hors la loi. Il en sera de même de
« tout homme armé ou pourvu de munitions... »

638. KLOPSTOCK, poëte, auteur de la *Messiade*.
L. aut. sig. (en allemand), à madame... Mai 1776. 4 p. pl. in-8.
Belle lettre.

639. KOERNER (Charles-Théodore), poëte allemand.
L. a. s. (en allemand), à ses parents. 28 mars 1809. 1 p. pl. in-4.
KINKEL (Gottfried), poëte allemand.
L. aut. sig. (en allemand). 4 mars 1846. 1 p. in-8.

640. KOSCIUSKO (Thadée), célèbre général polonais.
L. aut. sig., à M... Berville, 11 avril 1815. 1 p. in-4. Belle lettre.
Rare. *Portr.*

641. KOCK (Charles-Paul de), romancier, poëte et auteur
dramatique. N. 1794.
L. aut. sig., à son frère, M. de Kock, chef de bataillon dans le
66e régiment de ligne, à Strasbourg. Paris, 8 novembre 1816. 3 gr. p.
pl. in-4. Curieuse.
Qu'il lui dise s'il croit rester à Strasbourg... Cette ville est dit-on belle,
gaie et commerçante. Les Strasbourgeoises sont faibles, jolies et aiment assez
qu'on leur conte fleurette... « Mais je m'arrête, j'oublie que je parle à un
« homme sage... Ceci (inter nos), si ta femme voyait ces lignes quels yeux
« elle me ferait...» Quant à lui...« ces parisiennes sont si jolies, si attrayantes... »
Mais il faut qu'il lui parle de ses pièces de théâtre, « et tu sais qu'un auteur
« ne fait jamais grâce sur cet article là... mais la bombe ne tardera pas à
« éclater. Mon opéra a toujours été retardé par mille circonstances, etc., etc. »

642. KOTZBUE (Aug.-Fréd.-Ferd. de), célèbre littérateur
et auteur dramatique allemand. Né en 1761. Assassiné en 1819.
L. aut. sig. (en allemand), à son ami... Berlin, 21 juin 1803. 2 gr.
p. pl. et quart in-4.
Très-belle et très-intéressante lettre littéraire. Il y est question de Schlegel,
du journal universel, des nouvelles littéraires, ainsi que d'un de ses nouveaux
ouvrages sur lequel il demande l'avis de son ami.

643. KOTZEBUE (Aug.-Fréd.-Ferd. de). *Le même.*
L. aut. sig. (en allemand), à M. le consul général Baumgartner, à
Leipsig. Weimar, 15 mars 1818. Demi-p. in-fol. Cachet.

644. KOTZEBUE (Aug.-Fréd.-Ferd. de). *Le même.*
L. aut. sig. (en allemand), à son ami... Kœnigsberg, 13 février
1826. 2 gr. p. pl. in-4. Belle et intéressante lettre.

645. KREUTZER (Rodolphe), célèbre violoniste et auteur
dramatique. N. 1766.
L. aut. sig., à Mgr... 1 p. in-4. Jolie lettre.

646. LABAUMELLE (Laurent-Angliviel de), littérateur, éditeur des lettres de Mme de Maintenon. 1727-1773.
L. aut. sig., à M. de La Lande, astronome de S. M. T. C., à Berlin, à l'observatoire. Spandau, 27 janvier 1752. 2 p. pl. in-8. Cachet.
Jolie lettre.
Il le remercie de sa lettre : elle aurait soulagé sa douleur, si quelque chose
pouvait la soulager. Il est deshonoré, flétri, chassé comme un coquin de la
capitale d'un Roi honnête homme; il ne survivra point à cet affront; Desmarets, Ticho Brahé, Arnauld ne sont point ses exemples : aucun d'eux ne fut
deshonoré...

647. LABLACHE (L.), célèbre chanteur italien. 1794-1858.
L. a. s. (en italien), à M. Ferri. Paris, 1er avril 1830. 1 p. in-8.

648. LABORDE (Léon de), voyageur et historien.

1º L. aut. sig.: *L. Lab.*, à M. le baron de Reiffenberg, à Bruxelles. Paris, 2 avril 1849. 4 p. pl. in-8.

2º L. aut. sig., au même. Paris, 27 avril 1849. 2 p. in-8. Cachet.
Détails sur ses travaux et la publication de ses ouvrages.

649. LACASSAIGNE (Martin de), évêque de Lescar.
L. sig., à Mgr... Lescar, 16 février 1726. 2 p. in-4.
Relative aux protes'ants convertis. Il a reçu la lettre dont il lui a plu de l'honorer au sujet de l'éclaircissement que sa majesté et son altesse sérénissime exigent sur les personnes de son diocèse nouvellement converties qui ont des pensions et des gratifications, « sur quoy, monseigneur, j'auray l'honneur « de vous dire que jadis deux pensionnaires dans mon diocesse qui sont « décédées en odeur de sainteté une des demoiselles de Salies qui étoit chés « les filles Ursulines de la ville de Pau, lautre Marguerite Rapillard qui est « pareillement morte chez les dames de Lunion chrétienne dans des disposi- « tions très saintes et très édifiantes ... »

650. LACEPEDE (la comte de), célèbre naturaliste, sénateur.
L. aut. sig., à ses collègues, les préteurs du Sénat. 13 août 1805. Demi-p. in fol.
Prière de convoquer le Sénat pour l'installation de S.M. le roi de Westphalie, du vice-grand électeur, et du vice-connétable...

651. LACEPEDE (le comte de). *Le même.*
L. aut. sig., à son ami... 11 messidor... 1 gr. p. pl. in-4.
Il a lu sa dernière lettre entre sa femme, son fils et son ami; combien de douces larmes n'ont-ils pas versées! « Que nous avons partagé vivement l'en- « thousiasme des Parisiens pour notre Bonaparte, et cette admiration recon- « naissante dont nous avons vu partout des témoignages multipliés! La gloire « du premier consul, ses principes, et notre constitution, augmentent chaque « jour, dans les départements que nous avons parcourus, le nombre des amis « de la république... »

652. LACEPEDE (le comte de). *Le même.*
Discours aut. prononcé à la société Linnéenne de Paris, dans la séance publique du 28 décembre 1821. 1 gr. p. pl. et demie in-4.

653. LA CHATRE (Claude de), maréchal de France. 1536-1614.
Quitt. sig. (sur parch.) 14 nov. 1595.

654. LA CHATRE (Madelaine de), femme de Henri, comte de Bourdeille et de Montrésor.
Deux actes de foi et hommages en date de 1621. Deux grandes pièces in-fol. oblong (parchemin), avec cachet. Curieux.

655. LA CHATRE (le vicomte de).
L. aut. sig., à M. Goikay, procureur au Châtelet, à Paris. Au grand Lucé, par le Mans, le 3 sept. 1769. 3 p. in-4. Cachet.

656. LA CHATRE (le vicomte de). *Le même.*
L. aut. sig., à M. (Golkay, procureur au Châtelet). Au grand Lucé, par le Mans, 13 sept. 1769. 2 gr. p. pl. et quart in-4.

657. LA CHATRE (le baron de), éditeur de l'*Histoire des Papes*, etc.
L. aut. sig., au général Gazan. Paris, 9 déc. 1843. 1 gr. p. in-4.

658. LA CHATRE (le baron de). *Le même.*
Deux lett. aut. sig., au général Gazan. 1843. Deux demi-p. in-4.

659. LACHENER (François), un des meilleurs compositeurs moderne de l'Allemagne, auteur de *Catherine Cornaro*, etc.
L. aut. sig. (en allemand), à son ami... 26 février 1831. 2 gr. p. pl. in-4. Belle lettre relative à ses compositions.

660. LA CONDAMINE (Charles-Marie de), célèbre voyageur, membre de l'Académie française. N. 1701. M. 1774.

1° L. aut. sig., à Piron, à Paris. Plombières, 14 juillet 1754. 3 p. in-4. Cachet. Jolie et curieuse lettre.

Qu'il ne soit point en peine de l'ouvrage qu'il lui a confié. L'inquiétude l'a pris en voyant la sienne, il a couru à son armoire pour savoir si quelque lutin avait enlevé Callisthène. Il l'a trouvé à sa place... Il l'a lu à M. de Maupertuis, en chemin, pour avoir le plaisir de le relire encore, et il en a pris autant que lui... Voltaire a écrit au roi de Prusse lettre sur lettre pour tâcher d'en tirer une réponse qu'il puisse montrer. C'est à quoi il n'est pas encore parvenu...

2° Billet de trois lignes aut. sig. (à la 3me personne), à Piron, qui a écrit au bas : *C'est au sujet de ma pension sur la cassette.*

3° L. aut. sig.: *L. C.,* au même. 28 août 1760. 1 p. pl. in 4.

Il est très-édifié et non surpris que lui qui est la gaîté même, ait lu avec plaisir l'ouvrage qu'il lui a envoyé, tout sérieux qu'il est... « J'ai cru recevoir « une lettre gravée tant elle est bien peinte. N'êtes vous pas honteux d'avoir « une si belle écriture? elle ne ressemble point à ces belles écritures qui sen- « tent les commis de finance dont toutes les lettres se ressemblent si parfai- « tement, qu'il est impossible de deviner un nom propre... »

4° L. aut., au même. 4 p. pl. in-4, dont les trois dernières con- tiennent les remarques sur sa pièce annoncées dans la première.

Il vient de passer quatre heures délicieuses, il l'a lu tout d'une haleine et il est encore dans l'enthousiasme. Il se souvient très bien de l'impression que lui fit cette pièce lorsqu'elle fut jouée. Au milieu de ses beautés il sentit les défauts qu'il avait lui-même reconnus... Il y a de longs morceaux dont Cor- neille envierait la force et Racine l'élégance, et qui feraient pâlir quelque autre de rage. « A mesure que je lisois j'ai fait par écrit quelques remarques que je « vous envoye telles quelles... »

661. LACORDAIRE (Jean-Baptiste-Henri), célèbre prédica- teur, de l'ordre de Saint-Dominique. N. 1802. M. 1861.
L. aut. sig., à M... Paris, 30 août 1831. 1 p. in-8.
Au sujet de vers qui lui ont été envoyés pour être insérés dans l'*Avenir.*

662. LACORDAIRE (Jean-Baptiste-Henri). *Le même.*
L. aut. sig., à M. Egron. Paris, 19 déc. 1843. Demi-p. in-8.

663. LAFARGE (Marie Capelle, veuve), condamnée pour crime d'empoisonnement sur son mari. N. 1816. M. 1852.
L. aut., à M. Théophile Mercier, à Paris. Tulle, 2 août 1841. 3 p. pl. in-8. Enveloppe avec cachet de deuil. (Une pensée.)
Elle l'entretient de ses *Mémoires,* de ses juges, des témoins qu'on lui refuse, etc.

664. LA FAYETTE (le général, marquis de). N. 1757. M. 1834.
1° L. sig., à Messieurs les chefs des districts de la ville de Paris. Paris, 23 juillet 1789. 1 p. in-4.
Il leur envoie copie (c'est la pièce qui suit) d'une lettre que sa conscience et sa délicatesse l'ont forcé d'écrire à M. le maire de la ville. Il a pris au- jourd'hui toutes les précautions qui dépendent de lui, et les supplie de veiller avec la plus grande attention à celles qui assurent la tranquillité dans leur district.
2° L. sig. (Duplicata), à M. Bailly, maire de Paris. Paris, 23 juillet 1789. 2 p. in-4.
Appelé par la confiance des citoyens au commandement militaire de la capi- tale, il n'a cessé de déclarer que dans la circonstance actuelle, il fallait que cette confiance, pour être utile, fût entière et universelle. Il n'a cessé de dire au peuple, qu'autant il était dévoué à ses intérêts jusqu'à son dernier soupir, autant il était incapable d'acheter sa faveur par une injuste complaisance. « Vous savez, monsieur, que de deux hommes qui ont péri hier, l'un étoit « placé sous une garde, l'autre avoit été emmené par nos troupes; et tous les « deux étoient destinés par le pouvoir civil à subir un procès régulier: c'étoit « le moyen de satisfaire à la justice, de connoître les coupables, les complices, « de remplir les engagemens solennels pris par tous les citoyens envers l'Assem- « blée nationale et le Roy. — Le peuple n'a pas écouté mes avis, et le jour « où il manque à la confiance qu'il m'avoit promise, je dois, comme je l'ai dit « d'avance, quitter un poste où je ne puis plus être utile. »

665. LA FAYETTE (le général, marquis de). *Le même.*
L. aut. sig., à M. Pougens. La Grange, 5 prairial. 1 gr. p. pl. in-4. Cachet. Belle lettre.

666. **LA FAYETTE** (le général, marquis de). *Le même.*

L. aut. sig., à M... La Grange, 25 oct. 1817. 1 gr. p. pl. et demie in-4. Fatiguée et raccommodée.

Lettre très-intéressante au sujet de lady Morgan, au sujet des calomnies absurdes contre le roi actuel, sur les avantages de la liberté de la presse qui permet à la vérité de se faire jour, etc., etc.

667. **LA FAYETTE** (le général, marquis de). *Le même.*

L. aut. sig., à M. le duc de Dalberg, à Paris. La Grange, 14 juin 1827. 1 p. in-4.

668. **LA FONTAINE** (Jean de), notre célèbre fabuliste.

Sur la naissance de monseigneur le duc de Bourgogne. Pièce de vers aut. terminée, par un envoi de cette pièce à madame la Dauphine (cinq vers), aut. sig. 2 gr. p. in-fol. (Le papier est brisé à trois lignes par l'action corrosive de l'encre). Superbe pièce.

669. **LA FONTAINE** (Jean de). Sa conversion.

Lettre du R. P. Poujet, prestre de l'Oratoire, à M. l'abbé d'Olivet, de l'Académie française ; ou Relation de la conversion de M. de La Fontaine, de l'Académie française. Manuscrit du temps d'une très-bonne écriture. 12 p. pl. in-4.

670. **LA FONTAINE** (Louis-Charles de), petit fils du précédent, écuyer, avocat au Parlement de Paris.

Pièce aut. sig. tant en son nom qu'en celui de M. François-Armand d'Usson, marquis de Bonnac, dont il est le fondé de pouvoir, créanciers de messire Marc Comet de Nobles, élisant domicile au château de Bonnac, signifiée et signée par Lafargue, bailly du lieu de Bonnac... pour avertir, que les requérants sont avertis que quelques personnes se préparent à faire exploiter les bois situés sur les bois saisis... que la coupe doit se faire avec la plus grande précipitation, et qu'il y a grand nombre de voitures retenues pour voiturer de suite le bois qui proviendra de la dite coupe, et que cette opération doit commencer le jour de demain... 28 septembre 1753. 2 gr. p. in-4, sur papier timbré.

670 *bis.* **LA GRAVE** (Théophile-Stéphane Rousseau de), premier ténor de l'Opéra. Trouvé mort (accidentellement, on le croit) aux environs de Naples, en janvier 1861.

L. aut. sig., à son ami Frédéric de Bray. Nantes, 5 décembre 1851. 3 p. pl. petit in-8. Ecriture en vermillon, entourage gauffré, filets rouge et or. Jolie petite lettre. Enveloppe aut. avec cachet en cire blanche.

Il ne sait pas ce que c'est que d'être en représentations, la fatigue vous accable par les répétitions, les représentations et tout le monde que l'on reçoit..... « Certes, la révolution (du 2 décembre) par Napoléon, je l'approuve, « la désirais, mais en ce moment elle tue mes représentations, je ne compte « plus sur rien maintenant, il me tarde d'être de retour à Paris. Je joue « devant des salles à peu près vides, l'on me couvre de fleurs, c'est vrai, mais « j'ai le cœur peu satisfait..... Je suis en peine si Duprez a réussi avec cet « enthousiasme que l'on annonçait, il est vrai que débuter dans une nouvelle « pièce faite pour soi, entouré des auteurs, comment après six mois de travaux « ne pas arriver à produire un grand effet, surtout quand on a de la voix. « Enfin, mon ami, tu me diras cela, et à l'Opéra quelle fausse direction, dire « qu'on a du talent, du génie, être aimé du public, en être là, à ne pas savoir « si l'on compte pour quelque chose. — Tiens je suis dans mes tristesses, et « vois tout en noir. — Et tu as de bonnes nouvelles à me dire, j'en ai grand « besoin..... »

671. **LA HODDE** (Lucien de), chansonnier, auteur de l'*Histoire des Sociétés secrètes.*   N. 1808.

L. aut. sig., à M. le rédacteur.. 2 p. pl. et quart in-8.

Au sujet d'un travail qui vient de paraître (traduit de l'anglais) sur les historiens de la révolution de Février, et sur le départ de France de la famille d'Orléans. L'auteur montre facilement que les histoires de M. Louis Blanc et de M. de Lamartine ne sont que des épopées mythologiques où chaque auteur n'a que le petit soin de sa propre personne... Comment il prend à parti M. de Lamartine pour le prendre en beaucoup d'endroits en flagrant délit d'inexactitude....... Puisque M. de Lamartine n'avait jamais entendu parler du mandat d'arrêt lancé contre madame la duchesse d'Orléans, il le prie de daigner jeter les yeux sur ce qui suit; il y trouvera quelques détails de nature à éclairer sa religion..... Suivent ces détails sur ce qui s'est passé le 25 février à trois heures à la Préfecture de Police et à l'hôtel des Invalides.....

671 *bis.* **LALLY** (Thomas-Arthur, comte de), lieutenant général, gouverneur des possessions françaises dans l'Inde. Né en 1702.   Mis à mort bâillonné en 1766.

L. aut. sig., à M. Le Tourneur, chef d'un bureau de la guerre, à la Cour. Paris, 8 juillet 1753. 1 p. pl. in-4. Cachet.

Au sujet de la promesse du 3e cordon qui lui a été faite. 40 ans de services sans lacune et 20 ans de chevalerie lui donnent droit à cette faveur.

672. **LAMARTINE** (Louis-François de), chevalier de Saint-Louis, ancien élu de la noblesse des Etats du Maconnais, père de M. Alphonse de Lamartine.

1° L. aut. sig., à M. Sicot de Saint-Pol, avocat au conseil, à Paris. Macon, 31 août 1789. 1 p. pl. in-4. Cachet aux armes en cire rouge.

2° Au Roy. Supplique aut. sig. (à la 3me personne), au sujet des priviléges de deux usines et manufactures de fil de fer établies dans le bailliage de Saint-Claude, l'une située au lieu dit Escombes, sur le ruisseau de Ravillolles, l'autre au lieu de Morez, distante de la première d'environ quatre lieues dans ledit bailliage...

673. **LAMARTINE** (Alphonse de), membre de l'Acad. franç.

L. aut. sig. L., à M. le marquis de la Maisonfort, poste restante, à Lyon. Florence, 29 août 1827. 3 gr. p. pl. in-4.

Il va partir, sa voiture est toute chargée, ses arrangements pris, et il passe quarante-huit heures à causer avec lui de ce pays qu'il lui remet aussi paisible qu'il l'a laissé, et il s'en va vite à ses affaires.... « Vous me répétez « toujours que je suis un poëte et non un diplomate. Je vous répéterai toujours « que je veux être l'un et l'autre ce qu'ils valent. Ne croyez-vous pas qu'une « âme sentante exclue une tête pensante ; nous avons vécu, nous sommes nés « à une époque où la politique est entrée par tous nos porres. Vivons encore « quelques années et vous verrez, j'espère, qu'on peut avoir écrit des médi-« tations, hymnes, et faire un aussi bon député que si on avait écrit l'hymne à « l'ail ou le poëme Vaublanc. La médiocrité en un genre n'est point un signe « infaillible de supériorité dans un autre. Que voulez-vous qu'on fasse en ce « bas monde quand on n'y fait plus ni l'amour ni des vers? De la politique, « c'est à quoi je me trouve réduit pour amuser un peu ma vie heureuse mais « inoccuppée. Ne me blâmez donc pas tant. Nos actions ont toujours leur « motif suffisant..... »

674. **LAMARTINE** (Alphonse de). *Le même.*

1° L. aut. sig., à M... 14 juin 1835. 1 p. in-4.

Au sujet de la mort de sa fille.

2° Fragment aut. d'un mémoire sur les enfants trouvés. 1 p. pl. in-4. (Collection du baron de Trémont).

3° L. sig., à son cher confrère... (1848). 1 p. in-8. *Portr.* comme représentant du peuple.

675. **LAMARTINE** (Alphonse de). *Le même.*

L. aut. sig., à M. Blanqui, professeur d'économie politique au Conservatoire des arts et métiers. Paris, 17 avril 1836. 2 p. in-8.

Il s'occupe lui-même, depuis bien des années, de résoudre en vérités d'application les autres vérités morales et sociales qui doivent se réaliser en économie politique. Mais il n'est qu'un écolier. Son suffrage est un de ceux qui pouvaient le flatter le plus, car il est celui d'un maître.....

676. **LA MEILLERAIE** (Charles de La Porte, duc de), pa-

rent du cardinal de Richelieu, maréchal de France.
Surintendant des finances. Mort en 1664, à 62 ans.
L. aut. sig., au maréchal de Brézé. Paris, 8 janvier 1642. 1 p.
pl. in-4. Cachets et soies.
Compliments au sujet des grands et signalés avantages qu'il a remportés sur les ennemis.

677. LA MENNAIS (l'abbé de), célèbre publiciste. 1781-1854. *10.50*
Préface a. de son *Livre du Peuple*. Deux p. et tiers à mi-marge in-4.
« En passant sur cette terre, comme nous y passons tous, pauvres voyageurs
« d'un jour, j'ai entendu de grands gémissements ; j'ai ouvert les yeux, et mes
« yeux ont vu des souffrances inouïes, des douleurs sans nombre : pâle, malade
« défaillante, couverte de vêtements de deuil parsemés de taches de sang,
« l'humanité s'est levée devant moi ; et je me suis demandé : Est-ce donc là
« l'homme ? est-ce là lui tel que Dieu la fait ? et mon âme s'est émue profon-
« dément, et ce doute l'a rempli d'angoisse... » Il termine ainsi : « Le peuple
« qui languissait dans les ténèbres a vu une grande lumière, et la lumière s'est
« levée sur ceux qui étoient assis dans la région de l'ombre de la mort. »

678. LA MONNOYE (Bernard de), poëte, littérateur, membre *9*
de l'Académie française.   N. 1641. M. 1728.
L. aut. sig., à M... 13 août 1717. 1 p. pl. petit in-12 en travers.
Au sujet d'un manuscrit qu'il lui renvoie. Quoiqu'il ne l'ait trouvé guère plus
correct que l'imprimé, il n'a pas laissé d'en extraire divers petits endroits qu'il
a mis à la marge de son exemplaire... Il le prie d'accepter l'*Indice expur-
gatoire du ménagiana*.

679. LA MONNOYE (Bernard de). *le même*. *7.50*
Pièce aut. sur le temps auquel *Achille Tace* a vécu. 2 p. pl. petit
in-4. Il y a écrit en tête de la main de Huet, évêque d'Avranches (qui
est plusieurs fois cité dans cette pièce): *Lettre de M. de la Monnoye
de Dijon, au P. Thoulier, jésuite. Novembre* 1710. ACHILLES TACIUS.
Intéressante dissertation.

680. LA MONNOYE (Bernard de). *Le même*. *8.10*
L. aut. sig., à M. Barrois, libraire, rue de la Harpe, près le collége
de Montaigu, à Paris. 2 octobre 1724. 1 p. in-8., en travers.
Lorsqu'il a pris la peine de le venir voir à l'occasion de son travail sur Lacroix Dumaine et sur Duverdier, il lui témoigna que l'ouvrage n'était pas fort
avancé, il lui promit, quand il serait fini, qu'il serait le premier à qui il en
donnerait avis. Présentement il est en état de tenir sa parole...

681. LAMORICIERE (le lieutenant général), général en chef *5.50*
des troupes pontificales.
L. aut. sig., à M. l'Intendant civil de la régence d'Alger. En rade
de Toulon, 24 août 1833. 2 p. in-8. Curieuse.

682. LAMORICIERE (le lieutenant général de). *Le même*. *3.2*
L. aut. sig., à M... Nantes, 17 août 1846. 1 p. in-8.

683. LANDSEE (Edwin), célèbre peintre d'animaux. *7.71*
L. a. s. de son Monogramme (en anglais). 21 juin 1852. 1 p. in-8.
Papier de deuil.

684. LANTIER, poëte, littérateur, auteur dramatique et aut. *2.10*
du *Voyage d'Anténor en Grèce*....   N. 1736. M. 1826.
L. aut. sig., à M... sans date. 4 p. pl. in-4.
Curieux détails au sujet d'une traite impayée de cinq cents francs de son
éditeur, et à la réimpression *des voyageurs*... Toutes les difficultés qu'il éprouve
dans la carrière des lettres l'en dégoutent, à son âge on a besoin de repos.

685. LA ROCHEFOUCAULD (membres de la famille de), *1*
de 1683 à 1826.
Neuf lett. aut. sig. et une pièce sig. in-8 et in-4.

686. LA ROCHEJAQUELEIN (le marquis Henri de), célèbre *64*
général vendéen.   Né en 1773. Tué le 4 mars 1794.

Pièce sig. comme commandant l'armée catholique et royale. sig.
aussi par Langlois, et aut. sig. : *Leareil.*

« Nous commandant l'armée catholique et royaliste auons déliurés le présent
« passeport a Jean Bourdain département de L'ancienne.... a Fontenay le-
« quel a juré de ne jamais prendre les armes contre leur roy Louis dix sept
« contre la religion catholique apostolique et romaine a fontenai ce 17 mai 1793
« le 1ᵉʳ du règne du roy très crethien. »

687. LA ROCHEJAQUELEIN (Mme de Donnissan, marquise de), en premières noces, marquise de Lescure,
auteur de *Mémoires sur les guerres de la Vendée.*

L. aut. sig.: Donnissan de La Rochejaquelein, à M... Barbézieux,
ce 15.... 1 p. pl. et demie in-4.

La Rochejaquelein (Louis), tué en Vendée en 1815 (Il est le père
de M. le marquis de La Rochejaquelein, actuellement sénateur). Apostille aut. sig. (avec celle de divers autres). in-fol.

688. LA ROCHELLE.

Deux pièces sig. par Louis XIII, du camp, devant La Rochelle,
1628, in-fol. en travers (sur parchemin), relatives à des services rendus.

689. LA ROCHEPOSAY (Henri-Louis *Chasteigner* de), évêque de Poitiers. C'est sous son épiscopat qu'eut lieu, à
Loudun, le procès d'Urbain Grandier. En 1614, il dé-
fendit Poitiers contre le prince de Condé. Né à Tivoli,
près de Rome, en 1571.   Mort en 1651.

L. aut. sig., à M. d'Hosier, à Paris. A Distay, le 11 février. 3 gr.
p. in-fol. Cachet. Très-belle lettre.

Lettre toute généalogique relative aux La Chasteigneraie et différentes branches de sa famille.

690. LATOUCHE (H. de), littérateur.

L. aut. sig., à M. Victor Magen. Aulnay, par Antony, 30 janv. 1839.
1 p. pl. et demie in-8. Curieuse.

Au sujet du retard apporté à l'impression d'un de ses romans maintenant
sous presse... « J'avais toujours tenu à honneur, monsieur, que vous fussiez
« chargé de la minime édition de Clément XIV ; mais votre offre de 50 sols
« (net) l'exemplaire pour un volume de luxe annoncé 7 fr. 50, me prouve en-
« core qu'il ne vous convient pas de nous prêter l'appui de votre expérience
« et de votre habileté commerciale. »

691. LA TOUR, président au Parlement de Provence.

L. a. s., à M. le Mⁱˢ de Limaye. Aix, 23 déc. 1782. Demi-p. in-4.
Le Blanc de Castillon, président au parlement de Provence. L.
aut. sig., au même. Aix, 2 mai 1782. Demi-p. in-4. Cachet.

692. LATUDE (Henri *Masers de*), ingén. militaire, célèbre
par sa longue captivité à la Bastille, etc..   1725-1805.

Fragment de son Mémoire à M. de Sartines. 8 p. pl. in-4 (9 à 16
du Mémoire). Ecriture fine et serrée. Il commence ainsi :

« Barbare, qu'a tu répondu a ces trois lettres, qu'a tu fait. Parle misérable,
« cruel espagnol. Le Roy ne te paye pas pour assassiner son peuple, mais
« pour rendre à chacun la justice qui luy est due et sans être un traître de
« l'Etat, tu ne refuserois point les demandes jùstes qu'on te fait. Mais le titre
« de monseigneur te fait perdre la cervelle, oublier que tu es un homme, mais
« je t'en ferai ressouvenir, je te vais faire voir que tu n'es qu'un malheureux
« à peter sous la tenaille. Il est vrai qu'on a toujours reconnu les personnes qui
« sont dans certaines places qui ne méritent pas, par l'insolence avec laquelle
« ils traitent les gens qui valent plus qu'eux, car faire des politesses à mon-
« seigneur de Sartines est pire que de jeter une poignée des perles au nez
« d'un pourceau. Car cela ne le rend que plus insolent. Tu as un cœur de
« cheval de carosse qui se moque des larmes et des prières, comme un âne
« d'un démenti ; jamais je n'ai vu un impudent menteur comme toy. On ne peut
« pas faire plus de fonds sur ta parole, et sur tes promesses, que sur celles du
« dernier des crocheteurs, car on se peut fier aux paroles de ceux-cy, mais
« non pas aux tiennes, et toujours des paroles ambigues, et fait voir que tu

« as un cœur lâche, une âme basse, que si par tes sentiments, on peut juger
« de ta naissance, il est certain que tu es le fils d'un bourreau espagnol. Car
« tu ne te lasse jamais d'égorger, car si tu étois le fils d'un françois, tu aurois
« de la compassion, un cœur généreux, car parmi nous un repentir, une larme,
« suffit pour nous faire pardonner un ennemi, etc., etc.... »

693. **LATUDE** (Henri *Masers de*). *Le même.*   *20*

*Première feuille ou feuillet du mémoire que j'ay envoyé à M. de Sar-
tine, lieutenant général de police du donjon de Vincennes* (le second
suit), aut. d'une écriture fine et serrée sur deux morceaux de papier
bulle, arrondis, servant à couvrir son pot à tabac (en tout 4 p. pl.)

Ces quatre pages, comme les huit qui précèdent sont remplies d'imprécations
contre M. de Sartines. Il rappelle les différents projets économiques qu'il a
exposés, sa longue détention, les souffrances qu'il endure, l'exécution de plusieurs criminels d'état (Henri de Marle, grand chancelier de France, Enguer-
rand de Marigny, Saint-Pol, connétable de France et beau frère de Louis XI)
étaient moins criminels que Sartines... « Hé toi barbare Sartine, peux tu croire
« qu'on te pardonnera d'avoir volé mon bien, mais c'est bien m'avoir volé mon
« bien, que de m'avoir pillé l'article des provisions de blés qu'on ma dit que
« pour t'en récompenser le Roy t'avait fait conseiller d'Etat, de plus en étouf-
« fant en entier mon projet des abondances qui m'aurait fait certainement une
« fortune très considérable. Cœur de rocher, n'aurois tu pas du moins tenter
« quelque accommodement avec moy, barbare, je te l'aurois donné pour ma
« chere liberté, et un de mes yeux sur le marché, parbleu, tu as une âme bien
« basse, bien avare, de voler un pauvre malheureux prisonnier et non content
« de cela pour mieux cacher ton larcin, tu as pris l'horrible résolution de me
« faire mourir à petit feu entre quatre murailles. Hé! n'a tu pas peur misé-
« rable, que le grand diable d'enfer vienne te dévorer ton cruel cœur, au milieu
« de ta femme et de ton fils, mais si tu ne crains pas le diable tu devrais crain-
« dre au moins le bourreau de Paris. Mais voyons, n'y a-t-il que ce forfait à
« te reprocher. En voici bien d'autres. Entrons en matière. Tous tes commis,
« et les officiers de la bastille, et ceux du donjon de Vincennes n'ignorent pas
« non plus que toy, la cause de ma détention, et par conséquent il est inutile
« que je la mette ici. Mais je sais très certainement qu'à la mort de la marquise
« de Pompadour ma partie, qu'un très honnête homme, et le meilleur de tes
« amis vint te trouver, et qu'il te dit : Monsieur, voilà la loy du Royaume, par
« son autorité vous devez rendre sur le champ la liberté à tous les prisonniers
« de la marquise de Pompadour. Nota : Voici ta réponse (« Qu'est-ce que cela
« vous fait à vous, cela ne vous regarde pas). Eh! tu crois misérable, que sur
« le champ, tous tes commis, et tous les officiers des prisons Royales, ne s'ap-
« perçurent pas que tu t'étais laissé corrompre par les sens du marquis de Ma-
« rigny. Tizon d'enfer, tu t'abuses, toi seul, car il n'y avait pas un mois et demi
« que la Pompadour étoit morte, que presque tous les jours je faisois monter
« les officiers de la bastille dans ma chambre et je leur disois : hé bien mes-
« sieurs, vous m'avez dit plus de mille fois d'avoir patience, et qu'au premier
« changement de maitresse ma liberté me seroit rendue, etc. »

694. **LAUBARDEMONT** (Jacques-Martin de), fameux et aveu-   *50*
gle instrument des vengeances du cardinal de Richelieu.
Les procès où il se signala le plus sont ceux d'Urbain
Grandier, de Cinq-Mars et de De Thou. Il disait : « Don-
« nez-moi une ligne, la plus indifférente, de la main
« d'un homme, j'y trouverai de quoi le faire pendre. »
Son fils, bien digne de lui, fut tué dans une bande de
voleurs, en 1651.

L. a. s., au cardinal de Richelieu. Loudun, 13 juin 1634. 1 gr. p.
in-fol.

Il prend la liberté de lui envoyer la relation ci-jointe (cette relation de la
procédure contre Urbain Grandier, curé de Loudun manque ici), non point
pour lui faire voir les merveilles qui y sont décrites, n'estimant pas qu'elles
soient suffisantes pour répondre à son attente et au désir qu'il croit qu'il a
d'apprendre bientôt les nouvelles du succès qui leur ont été promis, « et que
« Dieu fera, s'il lui plait accomplir pour sa gloire et le commun bien des hommes,
« c'est, monseigneur, afin seulement de vous informer de l'ordre avec lequel
« nous travaillons à ceste œuure, despuis que par vostre tres grande piété et
« adorable bonté il vous a plu me faire l'honneur de me tesmoigner qu'elle

« vous est chère, je crois assurément, monseigneur, que dans le procez Dieu
« nous y manifestera de plus grandes choses, à sa gloire et à celle de son
« église, que nous n'auons peu en concepuoir par nos espérances, et ne doubte
« pas qu'elle ne tienne un jour, un des premiers rangs parmy tant d'actes hé-
« royques qui remplissent le monde d'admiration et dont nous sommes redeua-
« bles a vostre vertu... Et j'ose encore vous dire, monseigneur, que Dieu vous
« faira voir parmy tant de tenebres la verité aussy clerc et constante qu'en
« toute autre affaire qui ait jamais passé par le jugement des hommes... »

695. LAUBARDEMONT (Jacques-Martin de). *Le même.*

L. aut. sig., au cardinal de Richelieu. Tours, 1er juillet 1637. 1
gr. p. in-fol. Cachet.

Son Eminence lui a donné une joie parfaite en lui faisant la grace de lui témoigner sa satisfaction de la procédure que par son commendement il a faite
en Berry. (Est-ce du procès d'Urbain Grandier qu'il parle ?) Il sait que c'est un
avantage inestimable d'avoir fait chose qui mérite son approbation, de qui le
jugement est avec très grande justice en vénération à tous les hommes...

696. LAURAGUAIS (Louis-Léon-Félicité, duc de Brancas, comte de), lieutenant général, etc.   N. 1733. M. 1824.

1° L. a. s., à M. Perregaux. Paris, 19 oct. 1783. 1 p. pl. in-4.
Relative à un achat de chevaux de race, dont il désire traiter avec le marquis de Conflans.

2° L. aut. sig., au comte de Vergennes. Paris, 29 mai 1783. 2 gr. p. pl.
in-4. Forte mouillure au bas de la marge extérieure. (Collection Fossé
d'Arcosse).

Relative à Beaumarchais et à sa comédie du *Mariage de Figaro*... Il n'a plus
de rapports avec lui que l'éternel souvenir qu'il est le plus dangereux mortel
que des circonstances critiques aient pu approcher du ministère. « Ayant en-
« tendu dire, tout à la fois, que ces *Noces de Figaro* étaient la compilation la
« plus grotesque de toutes les turpitudes possibles, et cependant que Beau-
« marchais allait avoir le crédit de la faire donner à la Cour, sinon pour l'édi-
« fication, du moins pour l'amusement de la reine... il n'était question que du
« choix que donnerait Beaumarchais, entre Choisy et Trianon; pour y être
« comblé des faveurs qu'il consentait à recevoir... Je nommerais, s'il fallait,
« des gens qui ont entendu dire par ses protecteurs ou par ses protégés que
« les tracasseries qu'il éprouvait tenaient *à des observations de capucins que
« j'avais faites en me permettant de contrôler le désir qu'à la Reine de s'amuser,
« mais qu'il saurait bientôt si la Reine ne pouvait pas s'amuser même à mes
« dépens...* Mais il serait trop triste, et en vérité trop cruel qu'il fut le maître
« en France... »

697. LA VALLIERE (Louise-Françoise de Labaume Le Blanc, duchesse de), maîtresse de Louis XIV.

L. a. s., *sœur Louise de la Miséricorde, pour monsieur Dausier*
(d'Hosier, généalogiste des ordres du Roi), 28 janvier 1693. 3 p. pl.
petit in-4. Cachet. Les lettres *iséricorde* de la signature ont été enlevées par le cachet auquel pourtant le morceau de papier enlevé est
resté adhérent.

Jolie lettre au sujet d'une petite demoiselle qui doit être admise à Saint-Cyr,
qui s'appelle de Seillons de la Barre, et dont on lui a remis les papiers pour
examiner si elle y a des droit...

698. LAVATER (Gaspard), pasteur à Zurich, célèbre créateur de la *physiognomonie*.   N. 1741. M. 1801.

Billet de six lignes aut. sig. (en allemand). 18 décembre 1818. Petite
page in-8 en travers.

699. LAYA (Jean-Louis), auteur dramatique.

L. aut. sig., à Talma. Paris. 2 gr. p. in-4.

Lettre très intéressante au sujet du rôle de Falkland qu'il lui envoie. Il ne
lui répétera pas ce qu'il lui a dit et ce que tout le monde pense, que ce rôle
mettra le sceau à sa réputation... Comment il peut et doit interpréter ce rle...
Il est créateur, et la pantomime savante, dont il trouvera le secret dans son
âme qui est si éminemment tragique, peut produire sur le spectateur une émo-
tion et des secousses dont peut-être on n'a pas encore idée au théâtre, etc., etc.

700. LE BAS, conventionnel; il demanda et obtint d'être condamné avec Robespierre.

    L. aut. sig. (signée aussi par Lavicomterie) comme membre du comité de sureté générale.

    Au sujet de la destitution et de l'envoi au tribunal révolutionnaire du nommé Duperroir, ci-devant garde du roi...

701. LE BEAU (Charles), littérateur, historien, membre de l'Académie des Inscriptions.   N. 1701. M. 1778.

    L. aut. sig., à M. Macquet médecin, membre de l'académie des Sciences, à la Garaye, près Dinan. 2 mai 1752. 1 p. in-4. Joli cachet.

    Foncemagne (de). Billet aut. sig. (à la 3me personne), à l'abbé Mercier de Saint-Léger. Demi-p. in-12.

702. LE BRUN (Ponce-Denis *Ecouchard*), poëte lyrique, membre de l'Institut.   N. 1729. M. 1807.

    Ode, chant d'un Philantrope pendant les horreurs de l'anarchie. 14 strophes de 4 vers aut. 4 p. pl. in-4.

703. LE DUC (l'abbé Louis), fils naturel de Louis XV.

    L. aut. sig., au roi. Aux Ternes, près Paris, le 27 mai 1820. 4 gr. p. in-fol.

    Il vient de sortir de prison pour dettes par un nouvel acte de munificence de S. M., et il s'étonne d'avoir reçue l'ordre de se rendre à Vannes pour y attendre ses ordres ultérieurs. Longue justification de sa conduite. Curieux détails.

704. LEGISLATEURS, *conventionnels, sénateurs, pairs, députés.* 56 lett. et pièces sig. et aut. sig.

    Alquier; Audry de Puyraveau; Odillon Barrot; Barthélemy (le marquis de); Baudran; Baze; Béranger (comte Raymond de); Bonald (le viconte de); Chanaleilles; Charost (le duc de); Chauvelin (le marquis de); Constant de Rebecque (Benjamin); De Gérando; Delessert (Benjamin); Doudeauville; Dumont (André); Duras (duc de); Frénilly, Laffon Ladebat; Lagrange (le marquis de); Mézières (le marquis de); Noailles (le comte Alexis de); La Rochefoucauld (le comte A. de); Romme (G.); Tascher (Louis de); Thouret fils; etc., etc. Très-bon lot.

705. LE GOUVE (Gabriel), auteur du poëme du *Mérite des Femmes*, etc., membre de l'Institut. N. 1764. M. 1812.

    L. aut. sig., à M. de Guerle. Paris, ce 17. 1 p. pl. in-8. Cachet.

    Regnault de saint-jean d'Angély (le comte). L. avec 3 lignes a. s. à M. Renouard. Paris, 20 déc. 1813. 1 p. in-4.

    Au sujet des poésies de Legouvé qu'il lui a envoyées.

706. LE GOUVE (Gabriel). *Le même.*

    L. aut. sig., à M. le grand maître... 27 mai... 2 p. in-4.

707. LEIBNITZ (Guill.-Godefroy).   N. 1646. M. 1716.

    L. a. s. (en latin), au révérend... Mars, 1698. 3 p. pl. petit in-8.

708. LEKAIN (Henri-Louis), célèbre acteur tragique.

    L. aut. sig., à son cher maitre (Voltaire). Paris, 31 déc. 1774. 2 p. pl. in-8. Belle lettre. Intéressante.

    Il vient d'être gravement malade, et il croit ne pouvoir mieux employer les premiers moments de sa convalescence qu'au devoir que lui impose la reconnaissance la plus entière et la plus respectueuse. Sa faible voix ne peut rien ajouter à sa gloire, l'Europe entière a couronné ses travaux de lauriers qui ne se faneront jamais... Il le prie de ne pas abandonner le théâtre dans la détresse où il se trouve... « Vous soutiendrés encore en public le bon goût que toutes « les fadaises dramatiques font disparaître très sensiblement, rendés vous aux « vœux du public éclairé et sensible... »

709. LE LABOUREUR (Jean), historien et numismate.

    Né en 1625.   Mort en 1675.

    L. a. s., à M. Lejeune, intendant de Mgr. le duc et prince de Bour-

nonville, à Bruxelles. Montmorency, 8 oct. 1661. Deux p. pl. petit in-4.
Deux jolies cachets et soies.
Il lui enverra le livre de son oncle, le Père Ménestrier, et l'entretient de son ouvrage, le *Livre des Tombeaux*, fait à l'âge de vingt ans; c'est par conséquent le premier, ou plutôt le plus grand crime de sa jeunesse...

710. LELEWEL (Joachim), général polonais, président du Parlement national de la Pologne en 1830, numismate.
Pièce aut. sig. février 1846. 1 p. pl. petit in-8.
Liste de généraux autrichiens dont le patriote polonais rapporte des actes, et qu'il voue à l'exécration universelle.

711. LELEWEL (Joachim). *Le même.*
1° L. aut. sig., à M. Rigollot, à Amiens. Abbeville, 30 août 1833. 1 p. pl. et demie in-4.
2° L. aut. sig., au même: Bruxelles, 15 juin 1837. 1 p. in-4.
Relatives à des médailles Bisantines, mérovingiennes, carlovingiennes, etc.

712. LEMIERRE (Antoine-Marie), poëte, membre de l'Académie française.   N. 1733. M. 1793.
L. aut. sig., à M. Bosquillon de Bouchoir, à Montdidier. 3 mai 1783. 2 p. pl. et demie in-4. Cachet.

713. LE NORMAND (Mlle Marie-Anne), célèbre divineresse, auteur de plusieurs ouvrages.   N. 1772. M. 1843.
L. a..s..à M. Saucours, à Alençon. Paris, 10 oct. 1836. 2 gr. p. pl. in-4.

714. LEOPARDI (Giacomo), poëte italien.
Pièce de dix vers aut. sig. (en italien). 1 p. petit in-4.

715. LEOPOLD Ier, empereur d'Autriche. N. 1640. M. 1705.
L. avec la souscription d'une ligne aut. sig., contresignée par le comte Klinsky, chancelier de Bohême (en allemand). 18 mars 1695. 3 gr. p. in-fol. Sceau.

716. LEOPOLD II, empereur d'Autriche. N. 1747. M. 1792.
L. avec la souscription de trois lignes aut. sig. (en italien), à son frère, l'empereur d'Autriche. Florence, 9 mai 1769. 1 gr. p. in-4.
Il lui annonce la naissance de son second fils.

717. LESCOT-FLEURIOT, maire de Paris pendant la terreur.
L. sig., aux citoyens membres du comité civil de la section du Mont-Blanc. Paris, 11 messidor an II. 1 p. in-4. Tête impr. Vignette. déchirure en tête, mais il ne manque rien.
Une victoire complète a été remportée par les braves soldats de la république, sur les satellites des despotes, la convention nationale a décrété qu'il y aurait ce soir au jardin national une fête pour le peuple; qu'ils annoncent sur le champ au son de la caisse cette heureuse nouvelle.

718. LESCURE (Louis-Marie, marquis de), général vendéen.   N. 1766. M. 1796.
1° Passeport signé, comme commandant les armées catholiques royalistes pour Jean-Etienne Serph, prisonnier, renvoyé de Fontenay-le-Comte, lequel a promis et juré sur son honneur de ne jamais prendre les armes contre son roi et la religion catholique, apostolique et romaine. Fontenay-le-Comte, 27 mai 1793. 1 p. in-4 en travers. *Portr.* gravé in-fol. Notice biographique imprimée. 2 p. in-fol.
2° Mémoire signé du citoyen Joseph Girouard, marchand boucher de la commune de Partenai, aux citoyens administrateurs du directoire du district de Bressuire. Il leur expose que du 5 janvier 1793 au 20 avril suivant, il a fourni au sieur Lescure 3409 livres de viande qui, à raison de *huit sols* la livre forment 1363 livres 12 sols « comme Lescure s'est mis au nombre des brigands de la Vendée, qu'il a été un « de leurs chefs, et que ses biens sont sans doute confisqués au profit « de la république.... » Il demande en conséquence qu'il lui soit

donné acte du dépôt de sa créance. St-Jouin de Marne, 9 germinal an II. 1 gr. p. et demie in-fol.

719. LESSING (Gotthold-Ephraïm), célèbre écrivain, l'un des principaux auteurs du mouvement imprimé à la littérature, en Allemagne, depuis 1750. N. 1729. M. 1781.
Extrait (en allemand) des œuvres de Gœthe. aut. sig. de Lessing. 1841. Demi-p. in-8. en travers.

720. LESUEUR (Jean-François), célèbre compositeur.
1º L. aut. sig., à M. de La Morlière. Paris, 7 thermidor an X. 1 p. in-4. — 2º L. aut. sig., à M. Jauffret. 1er brumaire an XI. 1 p. in-4.

721. LETELLIER (le père), jésuite, dernier confesseur de Louis XIV.   Né à Vire, en 1643. Mort en 1719.
L. aut. sig., au cardinal de Noailles, archevêque de Paris. Paris, 23 janvier 1720. Tiers de page in-4.

722. LHOMOND (Charles-François), professeur émérite à l'Université de Paris. Enfermé en 1792, il fut rendu à la liberté par Tallien, son ancien élève. Né à Chaulnes, en 1727.   Mort en 1794.
L. a. s. : *Lhomond, professeur au collége du cardinal Lemoine rue St-Victor.*, à M. Mignon, procureur au Parlement, à Paris. Mercredi 16 novembre. 1 p. et demie in-4. Cachet en cire rouge. *Très-rare.*
Il a reçu une lettre de M. Le Bègue, un de ses cliens, qui lui marque qu'il lui doit; il le charge de l'aller voir et de lui faire des offres de sa part.

723. LIGNE (Charles-Joseph, prince de), feld-maréchal, renommé par son mérite et ses talents littéraires. Né à Bruxelles en 1735.   Mort en 1814.
L. aut. sig., à M.... Vienne, 21 avril 1809. 1 p. pl. in-4. Cachet. Au sujet de la publication de ses Mémoires.

724. LIMOUSIN, etc. (Documents historiques sur le).
SAUVEBŒUX (maison de). Divers actes, transactions, etc. — CRUSSOL. — CHABANNES. — Extrait des registres des déclarations des fermiers des biens nationaux pour déterminer l'assiette des revenus de la ville de Limoges. 1791. — COMBORN et DU SAILHANT. 1627. — JOUMARD. Copie de son testament. 1647. — Droit de régale appartenant au seigneur Du Sailhant, sur les droits, profits et revenus de l'évêché de Limoges. 1572: — etc. Fort paquet, dont plus de 70 feuillets en parchemin.

725. LIND (Mlle Jenny), dame Goldschmith, célèbre cantatrice, surnommée le *Rossignol suédois.*
L. a. s. (en suédois). Hambourg. 4 août 1857. 1 p. in-8. Vignette. VIARDOT (Mlle Pauline Garcia, dame), célèbre cantatrice. L. a. s., à Mlle de Gagern. 2 p. et demie in-8. Entourage à vignettes coloriées. Jolie lettre.

726. LIND (Mlle Jenny). *La même.*
L. aut. sig. : *Jenny Goldschmith.* (en anglais). 2 p. in-8.

727. LINDTPAINTNER, compositeur allemand.
L. aut. sig. (en allemand), à l'acteur Schultes, à Leipsig. Stuttgard, 19 sept. 1856. 1 gr. p. pl. in-4.
Il le remercie de sa notice sur son opéra : *Elfriede.*

728. LIPSE (Juste), secrétaire du cardinal de Granvelle, savant critique.   N. 1547. M. 1606.
L. latine aut. sig., au père Fronton-Leduc, jésuite. 1595. 1 gr. p. in-fol. Tachée dans quelques parties.

729. LITTERATEURS FRANÇAIS. 13 lett. aut. sig.

BARRIÈRE (Fr.). 1 p. in-8. — BEYLE (H.), sous le pseudonyme : STENDALL. L. aut. sig. : *Caumartin.* 1 p. in-8. — CHASLES (Philarète). 2 p. in-12. — CUSTINE (A. de). 1 p. in-8. — CUVILLIER FLEURY. 1847. 1 p. in-8. — GOZLAN (Léon). 2 p. in-4. — JANIN (Jules). 1844. 1 p. in-8. — KARR (Alphonse), au crayon. 1 p. in-18. — KÉRATRY. an XI. 3 p. pl. in-4. — MURGER (Henry). Demi-p. in-8. — PLANCHE (Gustave). 1836. 1 p. in-4. — ROGER DE BEAUVOIR. 1 p. in-8. avec son portr. Charge, au bas, à la plume. — SAINT-GEORGES (Henry de). Beau et bon lot.

730. LITTERATEURS, *historiens,* **etc. 52 lettres et pièces aut., sig., et aut. sig., in-8, in-4 et in-fol.**

Auisson Duperon (Jacques); Armellini; Barante; Bard (Joseph); Beauvoir (Roger de); Bonjour (Casimir); Bordier (Henri); Bottin); Brucker; Bury; Cabanel d'Anglure; Calvimont; Capefigue ; Caumont (A. de); Caussin de Perceval, père; Chatelain (Alexandre), manuscrit sur la dernière campagne d'Amérique, 4 p. et quart in-fol.; De Guerlet Domergue (Urbain); Duchesne aîné; Duviquet; Eglantine (d'); Fontanes ; Fortia (marquis de); Gosselin; Jubinal (Achille); La Fontenelle de Vaudoré; La Maison Fort; Lucas de Montigny ; Nisard ; Pigault de l'Epinoy; etc.. etc. Très-bon lot.

731. LITTERATEURS ANGLAIS. 16 lett. aut. sig.

AINSWORTH (W. Harrison). 4 lett. — BERKELEY (Grantley). — BLESSINGTON (Lady). — CHAMIER (le capitaine). 2 lett. — COLLINS (Wilkie). — DAVIES (Scrope). — MACLARREN. — POWER (Miss). — ROMER (Mme). 4 lett. — Toutes ces lettres sont en anglais. Joli lot littéraire.

732. LITTERATEURS, *historiens* **et** *journalistes* **français et étrangers. 12 lett. et pièces aut. sig.**

ACHARD (Claude-François). an X. 2 p. in-4. — ALTAROCHE. in-8. — CHASLES (Philarète). 1 p. in-8. — CHENEDOLLÉ. 1837. 1 p. in-8. — GAIMARD 1839. 2 p. in-8. — GOZLAN (Léon). 1 p. in-8. — LACHAMBAUDIE. Son *portr.* gravé. in-fol. avec deux lignes en tête aut. sig. — LUCE DE LANCIVAL. in-8. — PERREAU, auteur de *Clarisse.* 1813. 1 p. in-4. — PIIS. vers aut. sig. 2 p. in-4. — PONGERVILLE. 1846. 1 p. in-8. — ROEST D'ALKEMADE. *Le rendez-vous sous les lilas.* Pièce de vers aut. sig. 2 p. in-4.

733. LITTERATEURS, historiens et journalistes français et étrangers. 7 lett. aut. sig.

JANIN (Jules). Deux lett. 2 p. in-8 et in-4. — PRADEL (Eugène de). 1 p. in-4. — DE SAINT-ANGE. an IX. 1 p. pl. in-4. — SAINTE-BEUVE. 1833. 1 p. in-8. — SCHLEGEL (Frédéric de). 1803. (en allemand). 2 p. in-8. — VILLERMÉ. 1 p. in-8.

734. LITTERATEURS, historiens, journalistes. 7 lett. a. s.

CONSIDÉRANT (Victor). 2 p. in-8. — JULLIEN de Paris. 1835. 3 p. in-4. — LACROIX (Paul). 1 p. in-8. — MARMIER (Xavier). 3 p. in-18. — MÉRILHOU. 1838. 1 p. in-8. — MÉRIMÉE (Prosper). 1833. 1 p. in-4. — MOLÉ (le comte). L. s. 1816. 1 p. in-4. *Portr.* — MONGLAVE. 1836. 1 p. in-8.

735. LITTERATEURS et *savants* **allemands. 12 lettres et pièces aut. sig.**

EICHORN (Jean-Godefroy), orientaliste. — FRANKL (Louis-Auguste), poëte. — HOLTEY (Charles de), poëte. — KERNER (le docteur), poëte et grand magnétiseur. — KURLAENDER, auteur dramatique. — MALTITZ (le baron de), auteur dramatique. — PREUSS, historien. — RAMSBORN, helléniste. — ROST, helléniste. — SCHUTZE (Etienne), poëte. — WITZLEBEN (de), romancier sous le pseudonyme de *Tromlitz.* — Toutes ces pièces sont en allemand. Très-bon lot.

786. LIVRY (Th.-Bonne-Gillain Benouville, marquise de).
Déclaration aut. sig., au sujet du testament de Mme la duchesse de Praslin, qui excite l'horreur publique, intéressant à la fois la religion et la nature. 1784. 1 p. et demie in-4.

737. LOIRET (quatre lett. et pièces concernant le).
1o L. aut. sig. de M. Crignon de Beauval, ancien maire, à M. Necker. Orléans, 21 mai 178, 1 p. in-4. — 2o Lett. de la société populaire de Montargis, au Comité de salut public. Montargis, 15 frimaire, an II. 1 gr. p. et demie in-fol., aut. sig. de Martin, secrétaire, de Jacquemain, président, et Fontaine, trésorier.—3o L. sig. par les administrateurs du Loiret, à l'administrateur des domaines nationaux. Orléans, 25 ventôse, an II. 1 p. in-4.—4o L. sig. de Trélat, au citoyen Jollivet. Montargis, 12 fructidor, an III. 2 p. in-4. Cachet.

738. LONG (sir Robert), chancelier de l'Echiquier, sous le roi Jacques II d'Angleterre.
L. aut. sig. (en anglais). 20 sept. 1664. Deux tiers de p. in-4.

739. LONGFELLOW (Henri-Guillaume), poëte et romancier américain.   N. 1807.
L. aut. sig. (en anglais), à M. Badeker, à Coblenz. Marienberg, 25 août 1842. 1 p. pl. et demie in-8. Joli cachet en cire rouge.

740. LONGHI (Joseph), graveur célèbre italien.
L. a. s. (en italien), à Artaria, à Vienne. Milan, 10 déc. 1826. 1 p. in-4.

741. LONGUEVILLE (Louis II, duc de), et comte de Dunois.
Rôle (sur parchemin, très-grand in-fol.) des gages des gentilshommes, officiers et secrétaires de sa maison, du 1er janvier 1524, au 31 décembre 1525, signé de sa mère Jeanne de Herbert, souveraine de Neufchatel, et de son oncle Jean d'Orléans, archevêque de Toulouse, leur fils et neveu « estant à l'eschole à Paris... »

742. LONGUEVILLE (Marie de Lorraine-Guise, femme de Louis II, duc de Longueville et comte de Dunois.
Rôle signé (sur parchemin, feuille double très-grand in-fol.) des gages des officiers de sa maison de 1536 à 1537. Châteaudun, 30 décembre 1537.

743. LORRAINE (Princes et princesses de la maison de)
Marguerite de Gonzague, duchesse de Lorraine. L. aut. sig., à la Reine, mère du Roi. 2 p. in-4. Cachets et soies.
Anne, duchesse de Lorraine. L. aut. sig., au Roi. 2 gr. p. in-fol. Très-belle lettre.
Relative au sacre du Roi qui doit avoir lieu prochainement. La chose du monde qu'elle a le plus en affection c'est de lui obéir, et d'être si heureuse que d'en avoir le moyen.....
Catherine de Joyeuse, duchesse de Lorraine. Pièce sig. (sur parch.), comme *procuratrice*. Paris, 29 déc. 1615.
Marguerite de Lorraine, duchesse de Joyeuse. Pièce sig. (sur parch.). Chenonceaux, 15 janvier 1596.
Lorraine (Charles de), duc de Guise. Pièce sig. (sur parch.). Paris, février 1610.

744. LOUIS XII, roi de France.   N. 1462. M. 1515.
Ordre signé, et contresigné : *Bugnot*, à Maitre Jehan, premier trésorier et receveur général de ses finances, de payer sept écus et demi d'or pour dépenses pendant les obsèques de son frère, le duc de Longueville. 7 mars 1514. 1 gr. p. pl. in-fol. Cachet. La quittance de cette somme est sur le second feuillet. Belle pièce sur papier.
Louis XI, roi de France. Ordre à son frère, et cousin, le comte de Dunois. 1469. Pièce sur parch.
Charles VIII, roi de France. Ordre (en latin); 1493. Parchemin.

LORRAINE (Charles de). L. sig., à M. l'évêque de Gap. 1581. 1 p. in-fol.

745. LOUIS XII, roi de France. *Le même.*

Ordonnance de payement sig. et contresignée *Robertet*. Blois, 1513. Pièce sur parch.

Louis XIII, roi de France. Ordre sig. et contresigné *Brulart*, à M. du Maigne, de licencier les compagnies du régiment qu'il a levé pour son service et d'en faire ployer les drapeaux, tenant la main que chaque capitaine renvoie ses soldats séparément quatre à quatre ou six, à six au plus, sous peine d'être courus et châtiés... Blois, 25 avril 1626. 1 p. in-fol. Portr.

746. LOUIS XIII, roi de France.   N. 1601. M. 1643.

L. aut. sig., à... De Saint-Germain-en-Laye, ce 3 sept. 1638, à 9 heures du soir. 2 p. pl. in-4.

Il a reçu son mémoire du 2 de ce mois par lequel il voit la prise du faubourg du Catelet. « Je suis très marry de quoy la recrue des gardes est débandée, « il y avait 250 homes ausi bons quil se pouuoit voir le reste estoit un peu « jeune, je ne say qui est le comisaire qui les a conduits..... » Il n'a su savoir aucune nouvelles d'*Imbert* ni d'aucune recrue que de 500 hommes de son frère qui sont venus en deux fois à lui... « Ma fiebre ne m'enpêchera pas de « partir 4 ou cinc jours après les couches de la Reyne, je vous prie ne vous « mettre point en peine de ma maladie..... »

747. LOUIS XIV, roi de France.   N. 1638. M. 1715.

L. sig., et contresigné : *Le Tellier*,, à M. le comte de Broglio, gouverneur d'Avesnes. Du camp de Besançon, le 22 mai 1674. 1 p. in-fol. *Portr.*

Ordre de faire chanter un· *Te Deum* pour la prise de Besançon sur les Espagnols, et d'y joindre toutes les marques possibles de réjouissance publique.

Louis XV, roi de France. Ordonnance de payement sig., et contresignée Phélypeaux. Versailles, 1er février 1771. 1 p. in-fol. *Portr.*

748. LOUIS XVI, roi de France.   N. 1754. M. 1793.

L. aut. sig., *A monsieur mon frère et oncle le Roy d'Espagne et des Indes.* Versailles, 8 décembre 1786. 2 gr. p. pl. in-4. Cachets en cire rouge bien conservés, soies.

Superbe et intéressante lettre au sujet du différend qui existe entre le roi d'Espagne et son fils, le roi de Naples. Jamais il n'est entré dans ses vues de se présenter comme un médiateur sur les sujets de mésintelligence qui se sont élevés entre leurs majestés. Il pourrait encore moins agir comme juge. L'une et l'autre de ces qualités exigent une impartialité qu'il sent qu'il ne pourrait concilier avec les sentiments qui l'attachent à lui de préférence. Il n'est qu'un intercesseur, et il le prie de trouver bon qu'il se borne encore à l'être, et qu'il serve de canal aux explications que son royal fils pourra vouloir lui faire parvenir par son entremise. « Je crois remplir les devoirs d'un bon parent et « d'un ami commun, et regarder les pieuses instructions de V. Majesté en « communiquant au Roy son fils ce qu'elle me fait connoistre des motifs qui ont « provoqué sa sévérité contre un fils chéri..... »

749. LOUIS XVI. *Le même.*

Ordre sig. et contresigné : *Amelot*, avec les mots aut.: *Comptant au trésor Royal. Bon.* de payer comptant au Sr Evêque de Luçon, la somme de quatre cent livres, pour aider à la subsistance des Missionnaires du bas Poitou qui travaillent à la conversion des Protestants. Versailles, 1er janvier 1783. Demi-p. in-fol.

750. LOUIS XVI. *Le même.*

Ordonnance de payement sig., avec le mot *bon* aut. Versailles, 2 janvier 1785. Demi-p. in-fol.

751. LOUIS XVI. *Le même.*

1º Billet de quatre petites lignes et demie, aut., à M. de Malesherbes. *Portr.*

2º Note aut. pour M. de Malesherbes, qui a écrit en tête : *du 7 mars 1776.* 1 p. pl. et demie in-8. Précieux document historique.

Il a examiné avec grande attention les remontrances de son Parlement; elles ne contiennent rien qui n'ait été prévu et mûrement réfléchi, avant qu'il se soit déterminé à lui adresser ses édits et déclarations. « Mon Parlement a dû « voir que touttes ces loix, ont pour objet d'assurer l'abondance dans « ma bonne ville de Paris, de délivrer le commerce d'une gesne qui lui estoit « préjudiciable, et de pourvoir au soulagement de ceux de mes sujets qui ne « *subsiste* (sic) que par leur travail, et qui sont les plus exposés à l'indigence. « Mon intention n'est point de confondre les conditions, ni de priver la no-« blesse de mon Royaume des distinctions qu'elle a acquise par ses services, « dont elle a toujours joui sous la protection des Rois mes prédécesseurs, et « que je maintiendrai toujours. Il ne s'agit point ici d'une taxe humiliante, « mais d'une simple contribution, à laquelle chacun doit se faire honneur de « concourir, puisque j'en donne moi mesme *l'exemple* en contribuant à raison « de mes domaines. » Il veut bien croire que son Parlement n'a été conduit que par son zèle, et il ne supposera jamais qu'il veuille s'écarter de la soumission qu'il lui doit. — Mais à présent qu'il a bien voulu lui expliquer lui-même les motifs qui l'engagent à persister dans sa résolution, il entend qu'il ne différera pas de procéder à l'enregistrement pur et simple de ses édits et déclarations. — Il doit être certain que s'il trouvait dans la suite, à quelqu'une des dispositions qu'ils contiennent, des inconvénients qu'il n'a pas pu prévoir, son amour pour ses sujets l'engagera à y remédier.

752. LOUIS XVIII, roi de France. N. 1755. M. 1824.

Mandat royal de dix mille francs, payable au porteur, dans la première année où il entrera en possession de son royaume. Imprimé en rouge. Grand in-8 en travers.

753. LOUIS Ier, roi de Bavière.

L. aut. sig.: *Louis P. Royal*, à M. Cousinery, Numismate. Salzbourg, 28 juin 1812. 3 p. pl. in-4.

Au sujet d'acquisition de médailles pour compléter la déjà bien riche collection de Munich. Fouilles à faire; quelles sont les dépenses probables, etc.

754. LOUIS, député du *Bas-Rhin* à la Convention.

L. a. s., à son collègue... Paris, 18 février an II. 3 p. pl. in-4.

La brave montagne a encore aujourd'hui conservé toute sa dignité au milieu des flots qui venaient inutilement se briser contre elle; voici ce qui avait amené l'orage : « Le ministre Monge rassasié enfin de contrariétés, de dégouts « et d'humiliations de la part de la clique méprisable que vous connoissés, « menacé même d'être éconduit s'il n'abandonnoit bientôt le champ de bataille, « s'étoit déterminé à donner sa démission. Les sans culottes, montagnards et « jacobins ayant été informés que la retraite de Monge, si elle étoit sans retour, « alloit favoriser l'exécution d'un plan de campagne de mer le plus désastreux, « et qui menaçoit en même tems à cette horde impie les moyens de fuir et « d'emporter dans le Mexique tout ce qui lui appartenoit, se sont réunis pour « aviser aux moyens de parvenir à dénouer cette trame abominable. Monge « consulté sur le parti qu'il prendroit dans le cas qu'il fut réélu a répondu « d'une manière digne de lui et de la confiance que nous lui témoignons..... »

755. LOUISE ELISABETH DE FRANCE, fille de Louis XV, femme de Don Philippe, duc de Parme.

L. aut., au duc son mari. 17 sept. 1759. 1 p. pl. et tiers in-4. Intéressante.

PHILIPPE (l'Infant Don), duc de Parme, mari de la précédente. Billet aut., à son intendant général Dutillot. Demi-p. in-4.

DUTILLOT, intendant général du précédent. L. aut. sig., au duc de Parme. Parme, 5 avril 1761. 2 p. in-4. En tête il y a la réponse aut. du duc (six lignes). — Deux autres pièces sig.

756. LOUVOIS (François-Michel *Le Tellier*, marquis de), ministre de Louis XIV. N. 1641. M. 1691.

1° 135 lettres sig. adressées à M. Delauzier, gouverneur de Nîmes, inspecteur général des troupes, et adjudant des armées du Roi, Datées de Versailles, Saint-Germain, Meudon et Chambord, de 1676 à 1689. — 2° 41 lett. sig., dont 5 autographes, adressées au même, par MM. de St-Pouengo et de Chasteauneuf, secrétaires de Louvois, le duc d'Aumont, Alexandre, Lamotte d'Arquès et Barbésieux. — 3° Une lettre aut. de Dalauzier. — 4° enfin, 160 pages in-fol. de minutes de lettres adressées à Louvois par Dalauzier, concernant son gouvernement de Nîmes; plus, la relation d'un voyage qu'il fit à Gênes, etc.

Importante collection réunie dans un recueil du temps, cartonné, recouvert d'une basanne jaune. Les 177 lettres comprennent 235 pages et les minutes de lettres 100 pages, total : 395 p. dont 344 in-fol. et 51 in-4°.

La plupart de ces lettres renferment des détails curieux sur les affaires politiques et les événements de guerre du temps. Le caractère de Louvois s'y révèle sous un jour qui contraste avec la *dureté* que les historiens attribuent généralement à ce Ministre. Il s'y montre, en effet, plein d'une sollicitude paternelle pour le soldat, dont il cherche à assurer le bien-être et qu'il défend contre les exactions et les *voleries* des chefs. Inspections, revues, duels entre les officiers, dettes qu'ils contractent; prévarications des colonels qui vendaient les emplois; révocations, relâchement de la discipline, mise aux arrêts des officiers, etc. Puis, ce sont des détails relatifs à des projets du Roi; exploration des côtes pour y faire des descentes; Cazal et Pignerol confiés à Catinat; fortifications élevées autour du château de Cazal; travaux auxquels les soldats prennent part en murmurant; menaces du Roi, etc. Enfin dans quelques lettres on voit percer l'intolérance de Louis XIV pour la religion *prétendue réformée*, comme il l'appelle, il fait dire par Louvois que les officiers qui font profession de cette religion ne peuvent être l'objet de certaines grâces que le Roi réserve aux catholiques seulement, (il s'agit d'une rente instituée sur l'ordre de Saint-Lazare). Dans une autre lettre, (22 octobre 1688), Louvois s'exprime ainsi qu'il suit: « S. M. a veu avec plaisir les exhortations que vous avez « faites aux nouveaux convertis des diocèzes de Nîmes, Uzez, Alais et de Lunel, « pour les porter à faire leurs devoirs de catholiques, et Elle approuve fort « que vous les continuyez... »

757. LOUVOIS (Fr.-Michel *Le Tellier*, marquis de). *Le même.*
Dix lett. sig. adressées à M. Grésillement. Versailles, 1687 et 1688. 13 p. in-fol.

Relatives à des désertions de soldats, à des duels, au pain des soldats, etc. Il dit dans celle du 27 juillet 1687, « Le pain que l'on fournit à Mont-Royal « continue à être si mauvais que cela ne se peut pas soutenir davantage, « n'estant jamais cuit et y ayant de la terre meslée dans la farine. Les plaintes « continuelles que j'en ay recüens m'ont porté à en faire venir que j'ay trouué « de la meschante qualité que l'on m'auoit mandé... » Mesures à prendre « pour faire cesser cet abus... »

758. LUBERSAC (l'abbé de), auteur d'un ouvrage *sur les monuments publics de tous les âges*, etc.
Deux lett. aut. sig., à M... Paris, 1775. 6 p. pl. et demie in-4.
Relatives à la composition de ses ouvrages. Comparaison de l'un des siens avec le Télémaque de Fénelon.

759. LULLY (Jean-Baptiste), célèbre compositeur, créateur de l'Opéra en France.   N. 1633. M. 1687.
Fragment aut. d'un opéra, paroles et musique. 2 p. in-8 en travers. *Rare.*

760. LUYNES (Charles d'Albert, duc de), connétable de France. Il avait gagné la faveur de Louis XIII en *dressant des pies-grièches*.   N. 1578. M. 1621.
L. aut. sig., à M. de Villete. Paris, 5 août. 1 gr. p. pl. in-fol. Très-belle lettre. Intéressante.

761. MABILLON (Dom Jean), bénédictin de la congrégation de Saint-Maur, savant historien.   N. 1632. M. 1707.
L. aut. sig., à l'abbé Claude Fleury, auteur de l'*Histoire ecclésiastique*. Sans date, 2 p. in-4. Belle lettre.
Il a achevé il y a quelques jours la lecture du 4e tome de son histoire ecclésiastique... « On ne peut être plus content que je le suis de cette lec- « ture ; je vous parle sans déguisement, et je vous prie de le croire. Je vous « avoue que je n'avais pas été si satisfait du 1er tome. Le style m'en parois- « soit un peu négligé pour M. l'abbé Fleury, les matières, peut-être pour être « plus connues, ne me sembloient pas si bien choisies. Mais il est vray que

« tout m'a extrêmement plu dans celui-ci, le stile, la beauté des matières et
« enfin, tout ce qui peut rendre une histoire agréable. Je prie Dieu que vous
« ayez le tems d'assez de loisir pour achever cette noble entreprise. Je ne vous
« en diray pas davantage, monsieur, parce que j'en pense beaucoup plus... »

762. MAÇONNERIE.

Diplôme de la métropole, loge du grand et sublime ordre royal de
H.-R.-D.-M. (ROSE-CROIX), de Killwinning, sis à Edimbourg, en Écosse,
en français, anglais, italien et allemand, délivré à Esprit Joseph-Amé-
dée Tessier (baron), de Marguerittes, chef de division au ministère de
la marine, professant la religion catholique, apostolique et romaine,
âgé de 38 ans, demeurant à Paris, parvenu au dernier suprême et parfait point de la maçonnerie.... Signé quatre fois par les grand-maître,
gardiens, garde des sceaux et secrétaire, comte de Grasse; de Mor-
dant, marquis de Massias; Millot; Harcourt Antony; Millot; Ragiot;
Hoffmann, et par l'impétrant, baron de Marguerittes. 2 pages très-
grand in-fol. En tête des deux pages il y a des légendes dessinées et
coloriées. Très-belle pièce sur parchemin.

763. MAÇONNERIE.

Lett. sig. de *C. De la Motta*, souverain grand inspecteur général du
33e.... trésorier du St-Empire dans les Etats-Unis d'Amérique et leur
député, et par commandement, par Jacob De La Motta, loge du grand
Orient de New-York, au comte de Grasse Tilly, souverain grand com-
mandeur du 33e ad vitam, pour les Iles françaises du vent et sous le
vent, etc., etc. New-York, 18 juin 1814. 10 gr. p. pl. in-4.

Lettre maçonnique d'un grand intérêt au sujet de plaintes les plus amères
sur la conduite monstrueusement antimaçonnique d'un cartain individu
obscur de naissance, et du nom de Joseph Cerneau, chassé de la Havane pour
malversations maçonniques, « dès son arrivée ici, sur la fin de 5805, il n'a
« cessé de répandre le schisme, la désunion et la confusion parmi les maçons
« sublimes des Etats-Unis d'Amérique; il commença ses opérations spécula-
« tives en se couvrant du voile épais des ténèbres, etc., etc.

764. MAÇONNERIE. Vingt et une lettres et pièces maçonniques, la plus part aut. sig., adressées au baron de
Marguerittes

ABRAHAM premier fondateur et vénérable d'honneur de la respec-
table loge écossaise et anglaise des *élus de Minerve*. Paris, 25 juillet
1818. 2 p. in-4. — AXAMITOWSKI, général polonais. L. sig. 23 septembre 1809. 2 p. in-4.— DELAHOGUE. Paris, 25 avril 1813. 1 p. in-4.
— ESTOURMEL (Alex. d'). Acte de réception de Delahogue. 4 janvier
1805. 1 p. in-fol. — ALLEMAND (le vice-amiral). Deux lett. 1820 et
1821. 2 p. in-8. — HANNECART (Antoine). Deux lett. 1816 et 1818.
5 p. in-8 et in-4. — LAHAUSSE. Paris, an XIII. 1 p. et demie in-8.
— LAROCHETTE (de). 22 sept. 1818. 1 p. in-fol. Curieuse vignette gravée en tête. — LOCHERON 4 oct. 1823. 1 p. in-4. — MAGHELLAN (de),
maçon écossais. Deux lett. 1818 et 1819. 3 p. in-4. — MARGUERITTES
(le baron de). Minute aut. d'une lettre à un maçon. 8 sept. 1820. 2 p.
in-8. — NAZON. 1813. 3 p. in-8. — OBERNAY (d'), au vice amiral,
comte allemand. Londres, 16 sept. 1819. 4 gr. p. pl. in-4. Relation
de sa mission en Angleterre, et du plein succès qu'elle a obtenu. —
ORVILLE (d'), maçon célèbre, ordre du christ. L. sig. Paris, 29 déc.
1818. 1 p. in-4. — PALIS. 3 oct. 1820. 2 p. in-8. — PYRON, maçon
célèbre. 2 février 1813. Demi-p. in-4.— WURTZBOURG (loge maçonnique
établie par les prisonniers français dans la citadelle de). Deux pièces
sig. par le commandant Merel et par plusieurs prisonniers français (le
baron de Marguerittes, Cauzeral, etc.), au sujet de la suppression de
la salle maçonnique qu'ils avaient ouverte dans la citadelle. 28 sept.
1809. 2 p. et demie in-fol. Curieux dossier.

765. MACREADY (W.-C.), célèbre tragédien anglais.

L. aut. (en anglais), al signor gugli Boichi, à Rome. 17 janv. 1834.

3 gr. p. pl. et demie in-4. Ecriture fine et serrée. Belle et intéressante lettre.

766. MADISON (James), célèbre président des Etats-Unis d'Amérique. Il protégea les sciences. Son nom est si honoré, que plus de vingt ville l'ont pris. N 1758. M. 1836.

L. aut. sig. (en anglais), au général La Fayette. Washington, 4 déc. 1809. 3 gr. p. pl. in-4.

Lettre importante relative au blocus continental prononcé par le décret de Napoléon 1er, daté de Berlin, et aux effets de cette mesure, sous le double rapport politique et commercial.

767. MAGISTRATS, jurisconsultes célèbres. 16 pièces.

BROUGHAM (lord). Note aut. sur la séance de l'Institut, classe des sciences physiques, où le célèbre philosophe anglais, sir D. Brewster a été reçu avec tous les égards et tout le respect possible par ses confrères de l'Institut. 1 gr. p. pl. in-fol. — BEAUMONT (Elie de). L. aut. sig. 1 p. in-8. — BOUCHER D'ARGIS. 4 lett. aut. et aut. sig. — DE SÈZE. L. sig. 1809. 1 p. 1/2 in-fol. *Portr.* — HENNEQUIN. L. aut. sig. 1834. 3 p. in-4. — JOUSSE. Trois fragments et notes aut. — MEUNIEZ, avocat au Parlement. L. aut. sig. 1778. 4 p. in-4. — PERROT DE CHEZELLES. Deux lett. aut. et aut. sig. 3 p. in-8 et in-4. — ROLLAND (le président). L. aut. sig. 1788. 1 p. in-4. — ROUX LABORIE. L. aut. sig. 3 p. in-4. Très-beau lot.

768. MAILLARD (Mlle Marie-Thérèse Davoux), célèbre actrice de l'Opéra, où elle débuta à 16 ans (1782). Ce fut elle qui, à cause de sa beauté, représenta, à *Notre-Dame* de Paris, en 1793, la déesse *Raison*. N. 1766. M. 1818.

L. aut. sig., à M. le comte de Pradel, directeur général du ministère de la maison du Roi. Paris, 31 juillet 1815. 3 gr. p. in-4.

Curieux détails au sujet de sa réclamation du produit net de la représentation à son bénéfice.

769. MAINTENON (Françoise d'*Aubigné*, marquise de), veuve du poëte *Scarron*, puis de *Louis XIV*. N. 1635. M. 1719.

L. aut. sig., *Pour monsieur Jassault.* 1 p. iu-4.

Au sujet des missionnaires qui doivent être approuvés pour confesser à Saint-Cyr.

770. MAIRAN (Jean-J. *Dortous de*), savant physicien, membre de l'Académie des sciences.   N. 1678. M. 1771.

Plusieurs reçus aut. sig. sur une note de livraison pendant l'impression de plusieurs exemplaires (300) d'un de ses livres. 1776. 1 gr. p. in-fol.

771. MAISONS SOUVERAINES. 13 pièces.

AUGUSTE, prince de Prusse, L. sig. (en allemand). 1839. 1 p. in-4. — CHARLES-EMMANUEL, duc de Savoie, et prince de Piémont. Pièce sig. (sur parch.). 1572. — FERDINAND III, archiduc d'Autriche, grand duc de Toscane. L. sig. 1781. 1 p. in-fol. — FERDINAND-MARIE, électeur, duc de Bavière. Pièce sig. (en allemand). 27 juillet 1655. 1 gr. p. in-fol. Cachet. — FRANÇOIS III, duc de Modène, gouverneur du Milanais. L. sig. 1754. 1 p. in-fol. Cachet. — FRANÇOIS, prince de Cobourg. L. a. s. (en allemand). 1797. 1 p. in-4. Cachet. — GUILLAUME VIII, landgrave de Hesse-Cassel. L. sig. 1737. 1 p. in-fol. Cachet. — LOUIS-GEORGE, margrave de Bade. L. sig. 1747. 2 p. in-fol. — LORRAINE (Claude de), duc de Chevreuse. Pièce sig. (sur parch.). 1620. — LORRAINE (Charles-Henri, prince de). Pièce sig. (en espagnol) 1703. 1 p. in-fol. — LORRAINE (Charles III, duc de). Pièce sig. (sur parch.). 1645. Cachet. — MAXIMILIEN-JOSEPH, électeur de Bavière. Pièce sig. 1803. 1 p. in-fol. Cachet. — PENTHIÈVRE (L.-J.-M. de Bourbon, duc de). L. sig. 1775. 1 p. et demie in-4. Très-bon lot.

772. MAISTRE (le comte Xavier de), littérateur, auteur du *Voyage autour de ma chambre.* N. 1764.

Billet de 3 lignes a. s., au comte Esterhasy. Demi-p. petit in-18.

773. MALEBRANCHE (Nicolas), prêtre de l'oratoire, philosophe spiritualiste. N. 1638. M. 1715.

L. a. s., à madame .. 2 oct. 2 gr. p. pl. in-4. Belle et très-rare lettre.
Il a reçu le paquet et l'écrit de monsieur de C. (Fénelon, archevêque de Cambrai), on reconnaît aisément l'auteur par les principes, la manière de raisonner et le stile. « Puisque vous m'ordonnez de vous en dire mon sentiment,
« il me paroît appuyé sur de faux principes. Celui dont presque tout l'écrit
« dépend est que l'habitude de l'âme est un pur néant. Principes faux et dont
« il ne donne aussi que de fort méchantes preuves. Une boule a plus de dis-
« position à se mouvoir qu'un cube. Est-ce que sa rondeur n'est rien ?.....
« Il y a madame un si grand nombre de fausses conséquences qui suivent de
« ce principe que je suis surpris que l'auteur qui en marque quelques unes
« n'en ait pas été épouvanté... Enfin, madame, puisque vous voulez que je
« vous dise ce que je pense de cet écrit, je le trouve pitoyable, surtout dans
« les commencements où il veut établir son principe..... Vous voyez, ma-
« dame, que pour vous obéir je parle bien franchement, mais je vous prie
« aussi par grâce de brusler cette méchante lettre dès que vous l'aurez lue.
« Car j'honore l'auteur de l'écrit quoique je n'approuve pas ses sentiments, —
« M. de Meaux (Bossuet) à qui vous avez envoyé mon écrit. m'a dit et à
« plusieurs personnes qu'il en étoit fort content... »

774. MALESHERBES (Chrétien-Guill. de *Lamoignon* de), défenseur de Louis XVI. N. 1721. Mis à mort en 1794.

Pièce aut. 2 p. à mi-marge in-4.
Arrêté qu'il se propose de rendre en sa qualité de directeur de la librairie contre un livre intitulé : *Avantages du mariage, et combien il est nécessaire aux pasteurs et aux évêques de ce temps cy d'épouser une fille chrestienne...* « S. M.
« auroit reconnu que ce seul titre annonce que cet ouvrage n'est que la pro-
« duction d'un esprit d'irréligion et d'impiété. On en est encore plus convaincu
« à la lecture des maximes pernicieuses qu'il contient... »

775. MALIBRAN (Marie-Félicité *Garcia*), puis femme de M. de Bériot, le célèbre violoniste. N. 1808. M. 1836.

L. aut. sig., à M. Labois. Sans date. 2 p. pl. in-8.
GARCIA (Mlle Eugénie), célèbre cantatrice. L. aut. sig., à M. Mocker. 2 p. in-8. Cachet.
TACCANI TASCA (Mme Elisa), célèbre cantatrice. L. aut. sig. (en italien), à Benelli. 3 p. pl. in-8. Intéressante.

776. MALOUET (Pierre-Victor), député aux Etats-Généraux, ministre de la marine. N. 1740. M. 1814.

L. aut. sig., à M... 17 mars 1789. 3 gr. p. in-4.
Il espère de faire rejoindre à Moulins le courier ordinaire par un exprès pour lui apprendre la réunion des trois ordres, pour une constitution égale et proportionnelle aux fortunes, la chambre de la noblesse l'a voté unanimement et est venu en corps l'annoncer au tiers état au milieu des acclamations publiques : telle a été la réponse à l'arrêté des communes..... ce que sont venus faire chez lui les commissaires du clergé.... Comment dans la même séance du tiers ordre il a été de nouveau, et par tous les députés, elu par acclamation, premier représentant.... Il dit en terminant : « L'ordre de la noblesse en
« abandonnant tous les priviléges pécuniaires a refusé le *manoir du pauvre*
« *géntilhomme* et cela me paraît juste. »

777. MANDELOT, gouverneur du Lyonnais.

1o Quatre pièces officielles concernant l'administration du sieur Mandelot gouverneur du Lyonnais, 1580, 1581 et 1582. Ensemble, 8 p. in-fol.
2o MANDELOT (Théodore de). Pièce aut. sig. Lyon, 19 juin 1586. Tiers de page in-fol.

778. MANSART (Jules *Hardouin*, dit), premier architecte de Louis XIV. Né à Paris en 1645. Mort en 1708.

L. sig., à M... 8 mai 1699. 1 p. in-fol.

779. MANSFELDT (Charles, comte de), général de Philippe II, aux Pays-Bas, chef de l'intervention espagnole en faveur de la Ligue, en 1593, et d'une expédition contre les Turcs.　　　N. 1543. M. 1595.

L. aut. sig. (en français), *à Messieurs du Magistrat de la ville de Bois-le-Duc*. De Blarthem, 9 de mars 1583. 1 gr. p. in-fol. Cachet. Belle et rare lettre.

Au sujet de l'administration de leur ville, et de la distribution des quartiers pour soulager la *Mayerie*....

780. MANUEL (Louis-Pierre), procureur de la commune de Paris en 1792, convent. N. 1751. Mis à mort en 1773.

L. aut. sig., comme administrateur de la police, à MM... Sans date. 2 p. in 4. Tête impr. Vignette.

Curieuse lettre au sujet de la saisie qui a été faite de la presse du sieur Painju au Palais-Royal. Il leur fait observer avec courage que cette saisie n'est point dans les principes. On ne peut entrer dans la maison d'un citoyen sans un ordres et un ordre de la loi. Tout est perdu si chaque *patrouille* administre : « L'arbitraire nous fait plus de mal presque que le despotisme, et rien ne « m'afflige comme ces *contrefaçons* de l'autorité... Puis-je vous prier, messieurs, « de lever vous-mêmes ces scellés? Ce sera une grâce dont vous aurez le mé- « rite. Entre nous, que feriez-vous au libraire qui le briserait? Il n'y a que les « scellés de la loi qui sont sacrés. Vous pensez que je suis trop prudent pour « développer ces maximes a ceux dont l'ignorence nous est utile. »

781. MANZONI (Alexandre), poëte italien.

Pièce de six vers aut. (en italien). Tiers de page in-4.

BALOCHI (Louis), poëte italien. L. aut. sig., à M. Renouard. Paris, 2 ventôse an X. 1 p. in-4.

Au sujet d'une traduction en italien qu'il se propose de faire du *Mérite des femmes* de Legouvé, etc.

782. MARAT (Jean-Paul), médecin, publiciste, dit : *l'Ami du peuple*. Assassiné par Charlotte Corday, le 14 juillet 1793.

Motion aut. sig. 31 mars.... 1 p. in-4.

Il demande que le Comité de sûreté générale fasse irrévocablement, mardi prochain, son rapport sur l'affaire des sieurs Kolly, Bréan, Bonvalet des Brosse, et le ci-devant comte de Massac, se disant chevalier de Beauvois, détenus à l'abbaye comme agents des ci-devant Monsieur et comte d'Artois, et spécialement chargés de la fabrication de faux assignats, à l'effigie et au nom des ci-devant princes.

783. MARCEAU (François-Séverin *Desgraviers*), général de la République.　　　Né en 1769. Tué en 1794.

L. aut. sig., comme général de division, commandant l'armée de l'Ouest par intérim, à Jourdeuil, adjoint au ministre de la guerre. Du quartier général, a Baugé, le 20 frimaire an II. 1 gr. p. in-fol. Tachée en tête.

Il résulte des renseignements qu'il a tiré des généraux Rossignol et Chalbot, que l'embarquement des huit cents hommes prescrit par le Comité de salut public a été effectué.

784. MARÉCHAUX DE FRANCE. 5 lett. aut. sig.

BEURNONVILLE. 1821. Demi-p. in-4. — BESSIÈRES. 1786. 2 p. in-4. — BRUNE. Dijon, an VIII. 1 p. in-fol. — COIGNY. 2 p. in-4. — GROUCHY. 1835. 1 p. in-4.

785. MARÉCHAUX DE FRANCE. 6 lett. aut. sig.

CHAMILLY. Certificat militaire. 1672. 1 p. in-4 en travers. Cachet.— MACDONALD. 1817. 1 gr. p. pl. et demi-in-fol. *Portr.* — MARMONT, duc de *Raguse*. Billet de 4 lignes aut. an XI. Demi-p. in-8. — MOLITOR. L. aut. sig. Kempftent, an VIII. 2 p. in-fol. *Portr.*—PÉRIGNON. L. aut. sig. 1806. 1 p. in-fol. *Portr.*—SEBASTIANI. L. aut. sig. 1 p. in-4. *Portr.*

786. MARÉCHAUX, *amiraux de France*. 6 lett. a. s. et 1 p. s.

BROGLIE (le maréchal, duc de). Apostille de 3 lig. aut. sig. 1 p. in-fol. — CASTRIES. Au camp, sous Sarrelouis, 13 sept. 1753. Demi-p. in-4. — DAVOUT, prince d'Eckmulh. Paris, 11 mars 1817. 1 p. in-4. — DUROC, duc de Fricul. Paris, 25 nivôse an IV. 1 p. in-4. — REGNAULT DE SAINT-JEAN-D'ANGÉLY. Paris, 24 janvier 1834. 1 p. in-4. — TRUGUET. 2 messidor an VIII. 2 p. in-4. — VILLENEUVE. Paris, 11 vendémiaire an XIII. 1 p. in-4.

787. MARECHAUX DE FRANCE. 10 lett. et pièces sig. *3*
BERNADOTTE. 1 p. in-4. *portr.* — BERTHIER. An XII. 1 p. et demie in-fol. — BOUFFLERS. Lille, 1709. 1 p. et quart in-4. — CLARKE, duc de Feltre. 1810. 1 p. in-fol. — DAVOUT. 1815. 1 p. in-fol. — GRANCEY. 1662 (parch.) — LAVARDIN. Pièce notariée. In-fol. — MAILLÉ DE BRÉZÉ. Certificat militaire. 1635. — MORTIER. An VIII. 1 p. in-fol. Jolie vignette. *Portr.* — PICHEGRU. An III. 1 p. in-4. *Portr.*

788. MARECHAUX DE FRANCE. 14 lett. et pièces sig. *3*
BERTHIER. 3 lett. — BRUIX (l'amiral). — CASTRIES. — DAVOUT. — DU MUY. — FELTRE. — NEY. — SOULT. 5 pièces.

789. MARECHAUX DE FRANCE (femmes de). 4 pièces. *5.2*
GÉRARD. L. aut. sig. 1832. 3 p. in-8. — RAGUSE. L. aut. sig. 1821. 2 p. in-8. — Reggio (Oudinot, duchesse de). L. sig. 1823. 2 p. in-8. — LAMOTTE. Pièce sig. 1685. 1 p. in-4. Cachet.

790. MARET, duc de *Bassano*, ministre d'Etat. *1*
L. sig., avec un postscriptum de 20 grandes lignes aut. sig., à Fouché, duc d'Otrante. Dresde, 19 septembre 1813. 2 gr. p. pl. et tiers in-fol. Important document historique.
L'empereur est revenu hier soir coucher à Pirna. Les opérations qui ont eu lieu pour rejetter de nouveau l'eunemi en Bohême, sont terminées. En voici le précis jusqu'à la date de ce jour... Suit ce précis. Il dit dans le postscriptum : « Nous avons un tems affreux. Nous aspirons après des événemens qui parais- « sent se préparer... »

791. MARGUERITE D'AUTRICHE, fille de l'empereur *5*
Maximilien Ier. N. 1480. M. 1530.
Pièce sig. (en français, sur parchemin). Gand. 8 mai 1522. Feuille double, très-grand in-fol. Belle pièce. *Portrait du temps.*
Nomination de Charles Carondelet, sieur de Potelles, aux fonctions de bailly et garde de justice de la châtellenie de Lille.

792. MARIE DE MEDICIS, reine de France. 1573-1642. *8.50*
L. avec un postscriptum de cinq lignes aut. sig,. *à mon Fils, le duc d'Orléans.* Paris, 7 sept. 1627. 1 p. pl. in-4. Cachets et soies. Le bas est un peu jauni par le temps. *Portr.*
Le jeune gentilhomme porteur de cette lettre, petit fils du défunt sieur de Gondi qui était son chevalier d'honneur quand elle vint en France, et qui l'a fidèlement servie en cette charge jusqu'à sa mort, désire de lui dédier ses pre- mières armes et commencer à servir le roi dans l'armée qu'il commande...

793. MARIE-THERESE, impératrice d'Allemagne. *4.50*
L. sig. (en allemand), au prince Nadasti. Vienne, avril 1747. 4 p. in-fol. enveloppe avec cachet.

794. MARIE-JOSEPHE D'AUTRICHE, grand'mère de *3*
Louis XVI, femme de Frédéric-Auguste, roi de Pologne.
L. aut. sig., à son fils. Varsovie, 10 juin 1744. 1 gr. p. in-4.
Elle est heureuse d'apprendre qu'il se divertit bien, mais que l'étude n'est pas négligée pour cela, et elle le remercie d'avoir fait sa communion à son inten- t'on le jour où ils la firent à Ozestochwna...

795. MARIE-AMELIE, reine des Français. *14*
L. aut. sig., à M. le maréchal .... Neuilly, 24 août 1824. 1 gr. p. pl. in-4. Très-belle lettre. *Rare* entièrement aut. signée.

796. MARIE-AMELIE. *La même.* *1.50*

1º Sa signature : *Marie-Amélie*, précédée du mot *approuvé*, au bas d'un fragment d'arrêté de compte.

2º Billet aut. pour M. Borel. 1 p. pl. in-18.

Elle le prie d'envoyer *tout de suite* 40 fr., et le bon de bois ci-inclus, à une Mme Lefaivre qui a un fils mourant...

797. MARIGNY (Abel-François *Bisson*, marquis de), frère de la marquise de Pompadour, surintendant des bâtiments du roi.   N. 1727. M. 1781.

1º L. sig., à l'Architecte Gabriel. Versailles, 1762. 1 p. in-fol.

2º Note aut. sur les affaires de la Cour. 3 p. pl. in-4. Très-curieuse.

798. MARILLAC (Michel de), surintendant des finances, et garde des sceaux, en 1626, traducteur de l'*Imitation de Jésus-Christ*. Né en 1553. Mort en prison à Château-dun, en 1632.

L. aut. sig., à M. de Valençay. Paris, 1er décembre 1625. 1 p. in-4. Cachets et soies.

799. MARMONT (le maréch.), duc de Raguse.   1774-1832.

1º Pièce sig. Paris, 26 novembre 1816. Quart de p. in-4.

2º Fragment aut. de ses mémoires. Demi-p. in-4.

800. MARMONTEL (Jean-François), littérateur, membre de l'Académie française.   N. 1723. M. 1799.

L. aut. sig., à Voltaire. Paris. 9 avril 1763. 3 p. pl. in-4.

Le voilà ce fruit de ses leçons. C'est ainsi que les fleuves rapportent à la mer l'eau qui s'en est élevée en vapeurs. Si chacun des hommes qui pensent lui rendait ce qu'il lui doit il serait accablé de dédicaces. « Je n'ai pas dit tout ce que « je voulais, surtout au sujet de la philosophie que vous avez répandue dans « la poësie et dont les anciens n'avoient pas les premiers élémens. Mais à une « seconde édition... Je ferai voir que notre siècle a eu l'honneur exclusif de « produire un poëte ami des hommes... »

801. MARMONTEL (Jean-François). *Le même.*

L. aut. sig., à Voltaire, au château de Ferney. 7 décembre. 3 gr. p. pl. in-4. Cachet. Belle lettre.

Il regrette que dans sa lettre à Mme Geoffrin il ne lui ait pas écrit quelque chose au sujet du Roi de Pologne, sans doute afin d'envoyer cette lettre à S. M... « Votre lettre à Rousseau est un modele de bonne plaisanterie. La rai- « son avec ce ton là, sera toujours désolante pour lui. Il est impossible qu'un « grave charlatan comme lui n'en soit pas déconcerté. On croit ici qu'il va re- « tourner triomphant à Geneve, et que le peuple le nommera dictateur perpé- « tuel. Je m'en réjouis d'avance pour les bonnes scenes que cette révolution va « donner. Nous attendons de vous le pendant de la procession de Montauban... » Bélisaire s'imprime... c'est bien peu de chose en comparaison de ce que le sujet annonce...

802. MARMONTEL (Jean-François). *Le même.*

L. a. s., au citoyen Hulin, officier de santé, à Strasbourg. 16 prai-rial... 1 p. in-4. Déchirure par le cachet, enlevant la fin de quatre lig.

803. MARMONTEL (Jean-François). *Le même.*

L. sig., à Ginguené, à Rennes. Paris, 23 mars 1786. 3 gr. p. in-4. Cachet.

Au sujet de tout ce qui a été fait pour étouffer le succès de *Pénélope.* Mme Saint-Huberty y avait eu cependant un plein succès. Il a fallu pour dé-grader le théâtre faire ce qu'on n'avait jamais vu, nous ôter tous nos « premiers « acteurs et environner notre sublime actrice de tout ce qu'il y avoit de plus « mauvais à l'Opéra... » etc., etc.

804. MARS (Mlle), célèbre comédienne.   N. 1778. M. 1847.

L. aut. sig., au marquis de Custine. Sans date. 2 p. pl. in-8.

On est bien heureux d'avoir des spectateurs comme lui, et il y a plaisir à bien faire devant ceux qui devinent et comprennent tout. Son suffrage lui est d'autant plus précieux qu'elle connait toute la finesse de son goût et que ce qu'il trouve bien, doit être bien. Elle a été si malade, de la voix et de la poitrine depuis deux mois, qu'elle n'arrivait qu'en tremblant dans un rôle qui demande de la force et de la souplesse dans l'organe ; elle s'en est tirée heureusement, et elle lui avoue qu'elle en est bien contente...

805. MARS (Mlle). *La même.*

L. a. s., à son camarade Féréol. Sans date. 3 gr. p. pl. et demie in-8.

Lettre très intéressante au sujet de la représentation de retraite de Démousseaux... « Si nous faisons de la bouillie pour les chats ce ne sera pas votre « faute, mais bien celle de notre ineptie... Si mon parti de ne plus reparaître « n'avait pas été pris irrévocablement, Démousseaux est le seul de tous les « comédiens auquel j'aurais cédé dans cette occasion. Je ne vous dirai pas que « j'ai refusé beaucoup d'engagemens très fructueux et très tentans, ce qui ne « signifie rien, car j'aurais fait pour lui ce que je n'aurais pas fait pour mon « intérêt de fortune. . » Sa carrière théâtrale a commencé et s'est continuée d'une manière si peu ordinaire, qu'elle ne peut pas finir comme tout le monde, et puis, pourquoi irait-elle mettre sa tête dans un gueppier? Ce serait une action toute de cœur qu'elle ferait, et on lui prêterait un tout autre motif. « Non, je suis, grace au ciel, hors de ce gouffre, et n'y mettrai plus, même le « bout de mon nez, parce que, tout gros qu'il est j'y tiens, et je ne veux pas « qu'on l'égratigne... »

806. MARS (Mlle). *La même.*

L. aut., à sa couturière. 1 p. in-8.

807. MARTIN (L.-Aimé), littérateur, éditeur de *Bernardin de Saint-Pierre.*

1º Huit lettr. aut. sig., à M. Renouard. Paris, 1825 et 1826. Ensemble, 14 p. in-8 et in-4. — Plus, copie d'une lettre littéraire. 1839. 12 p. in-4.

2º Traité aut. sig. pour la vente de sa bibliothèque à M. Renouard, au prix de *cinquante mille francs.* Paris, 20 juin 1825. 4 p. in-4.

3º *Le dieu Sérapis, anecdote de l'histoire Romaine.* Conte en vers. 6 p. pl. aut. in-8.

808. MASSENA (André), duc de Rivoli, maréchal de France.

Certificat militaire aut. sig. Huit lignes. 1 p. in-18. *Rare. Portr.*

809. MAUBERT DE GOUVEST, littérateur et journaliste français.   N. 1721. M. 1767.

L. aut. sig., à M... Amsterdam (chez le libraire François Changuyon, dans le Calvestraal), 19 mai 1766. 4 p. in-4. Belle lettre.

Détails intéressants sur sa triste situation, sur les poursuites dont il est l'objet, les jugements qui ont été rendus contre lui après beaucoup de temps passé en prison. Il rappelle ses travaux littéraires (sa *Gazette,* ses *Mémoires militaires de M. Guiseharde,* auxquels il se proposait de joindre des *Mémoires sur les Modernes*) qui lui auraient permis de recevoir plus qu'il ne doit, etc., etc.

810. MAUPERTUIS (P.-L. Moreau de), célèbre géomètre et astron., membre de l'Acad. des sciences.   1698-1759.

L. a. s., au duc de Nivernois. Berlin, 18 avril 1756. 2 p. et d. in-4.

Il fut élu par acclamation dans leur dernière assemblée (de l'Académie de de Berlin), et son nom fut écrit dans leurs fastes: c'est un honneur et une satisfaction pour eux, mais qui ne les dédommage point de la perte de sa présence. Le roi à son ordinaire lui a écrit sur cela des choses charmantes. « Si vous « nous envoyez quelques uns de vos amusements, ils seront l'ornement de nos « mémoires, et c'est une reconnaissance et une consolation que vous nous « devés : Lorsque nous vous lisons nous vous croyons voir, vous êtes un de « ces hommes rares qui ressemblent à tout ce qu'ils font... »

811. MAUPERTUIS (P.-L. Moreau de). *Le même.*

L sig., à M. de Moncrif. Berlin, 30 décembre 1752. 1 p. pl. et d. in-4. Jaunie par le temps au bas de feuillet.

Sa lettre à Voltaire l'ayant mis au désespoir, il a poussé ses horreurs contre lui « au point de donner à ce païs-cy un spectacle qui heureusement y étoit « inconnu, ou qui du moins n'y avoit point été vu depuis le règne de Frédé-« ric Ier. Dimanche passé son libelle fut brulé par la main du bourreau sous la « potence et dans toutes les places publiques. Cette exécution beaucoup plus « infamante encore qu'elle n'est en France, a été faite par ordre exprès du Roy, « au grand applaudissement de tous les honnêtes gens, et même de la place

« on vit arriver de toutes parts des gens en fiacre pour se chauffer à ce feu...
« Le Roy m'écrivit le soir une lettre charmante et m'envoyoit pour poudre
« rafraichissante les cendres de la Diatribe... »

812. MAURICE DE SAXE, maréchal de France.
1° Quitt. sig. (en allemand), d'un quartier de la pension qu'il tirait de Pologne. 30 août 1727. 1 p. in-4. Cachet.
2° Sauvegarde signée en blanc et contresignée: *Bonneville*. 1748. Grande feuille imprimée, in-fol. *Portr.*

813. MAUROCORDATO (le hatman Constantin, de).
L. aut. sig., au général..... Jassy, 23 sept. 1834. 4 p. pl. gr. in-4. Intéressante.
Éloge du prince Michel Stourdza et de son gouvernement..... La moldavie commence à fleurir. Les moldaves adorent leur prince qui, sous son règne paternel, se réjouissent infiniment et à fort juste titre, d'après les vertus éminentes qui caractérisent sa personne pleine de sagesse et d'érudition.....

814. MAURY (Jacques-Siffrein), cardinal, archevêque de Paris, membre de l'Académie française. N. 1764. M. 1817.
L. aut. sig., à M. de La Fond. 25 mars 1782. 1 p. in-4.

815. MAUVILLON (Eléazar), historien.   N. 1712. M. 1779.
L. aut. sig., à M... Brunswig, 12 janvier 1765. 4 p. in-4.
Au sujet de la publication de son livre qui aura pour titre: Dictionnaire raisonné françois et allemand, contenant toutes les expressions du bel usage, purgé de tous les termes vicieux, inusités, avec des observations sur les synonimes et des règles pour éviter toutes sortes de germanismes et de barbarismes. Cet ouvrage contiendra quatre ou cinq alphabets..... Un libraire ne veut lui donner qu'un ducat de la feuille française et allemande, et un écu de la feuille allemande et française, ce qu'il a rejeté avec mépris, ayant eu dix florins de Hollande de la feuille de son histoire de Gustave Adolphe..... Son fils va publier incessamment un essai de traduction des lettres de Mme de Sévigné, accompagné de notes historiques et critiques aussi utiles à ceux qui lisent l'original qu'à ceux qui liront la traduction.....

816. MAYENNE (Charles de *Lorraine*, duc de), lieutenant général d'Etat, chef de la *Ligue*.   N. 1554. M. 1611.
L. aut. sig.: *Charles de Lorraine, à son altesse de Sauoye*. 1593. 1 gr. p. in-fol. Cachets. (Collection de Châteaugiron).

817. MAYENNE (le duc de), fils du précédent.
Lett. avec la souscription d'une ligne aut. sig., à M. de Trans, commandant au château de Burniquel. Du camp, devant Montauban, le 29 août 1611. 1 p. in-4. Un peu fatiguée.
Par ordre du roi et de M. le connétable, il mettra en liberté le sr de Moulignié, et le renverra au maréchal de Lesdiguières, aussitôt qu'il aura reçu la présente.

818. MAYNARD (François), poëte, membre de l'Académie française. Il fut secrétaire de la reine Marguerite. Né en 1582.   Mort en 1646.
Quatrain aut. découpé d'un manuscrit. Derrière se trouvent plusieurs lignes incomplètes par suite de la section de ce fragment. In-8 oblong.

819. MAZARIN (le cardinal), premier ministre d'Anne d'Autriche.   N. 1602. M. 1661.
L. avec la souscription de deux lignes aut. sig., à M. le commandant de Monsigny. Paris, 19 février 1643. 1 gr. p. in-fol. Cachets et soies.

820. MÉDECINS français et étrangers. 8 pièces.
ALIBERT. Consultation a. s. — AMMON. L. a. s. (en allemand). 2 p. in-4. — CLARK (James). Bulletin original de la santé de S. M. la reine d'Angleterre après ses couches. Aut. de Clark et sig. de lui et des autres médecins. 1846. 1 p. in-fol. — CIVIALE. aut. 1843. in-8. — DOELLINGER. Signature découpée. 1818. — FUCHS. L. a. s.

(en allem.). 1843. Demi-p. in-4. — HIMLEY. L. a. s. (en allem.).
1818. 1 p. in-4. — SCARPA (Ant.). quitt. sig. 1806. 1 p. in-fol.

821. MEDECINS, *chirurgiens*. 24 lett. et pièces sig. et a. s.

ALIBERT. — ALLETZ. 2 lett. — CORVISART. — DARCET. — DESAULT.
1793. — FAYE. — FOURCROY. 1789. — GALL. Consultion sig. 1813.
1 p. et demie in-fol. — GILBERT. 1787. — HUSSON. — LAMAYRAN.
1808. — LENDORMY. 3 lett. — MARJOLIN. — PARISET. 2 lett. —
PORTAL. 2 lett. — THIEBAULT. 1792. — Très-bon lot.

822. MEDECINS ALLEMANDS. 8 lett. et pièces.

BALDINGER (Ernest). L. a. s. 1800. 2 p. in-4. — BRUGMANS (Se-
bald), recteur de l'Université de Leyde. Pièce sig. (en français). 1813.
2 p. in-fol. — ISFORDENK. L. sig. (en allem.). 1830. 1 p. et demie
in-fol. — OSIANDER. L. a. s. (en allem.). 1821. 1 p. in-4. Cachet.
— SCHOENLEIN. Pièce a. s. quart de p. in-fol. — NOKILANSKY. Pièce
a. s. Demi-p. in-4. — TENNECKER. L. a. s. (en allem.). 1818. 2 p.
in-4. Cachet. — SKODA (Joseph). L. a. s. 1 p. in-8. Cachet.

823. MEDONIUS (Bernard), savant biographe.

L. latine aut. sig., à Nicolas Heinsius. Janvier 1656. 2 gr. p. pl.
et demie in-fol. Cachet. Belle et intéressante pièce.

824. MÉHÉE DE LA TOUCHE, espion avant 1789, un des
organisateurs des massacres de septembre 1792.

Extrait aut. sig., comme secrétaire greffier de la Commune de Paris,
d'un arrêté, le procureur de la Commune entendu, relativement aux
secours à accorder aux parents des volontaires qui ont volé à la défense de la patrie. Paris. 26 décembre 1792. 1 p. et demie in-fol.
Tête impr. Vignette.

825. MEHUL (Etienne-Henri), compositeur.   1763-1817.

Pièce aut. sig., signée aussi par Chérubini et Gossec. 1 p. in-4.
Ayant entendu avec satisfaction le citoyen de Morlanne, sur la lyre française à sept cordes, inventée par lui, et qui a remporté la médaille à l'Athénée
des sciences et des arts le 22 floréal an XII, ils l'invitent à faire construire et
à offrir aux amateurs cet instrument qui, plus complet et plus commode que
les lyres actuelles des luthiers, réunit la facilité, la grace et l'étendue.

826. MELANCHTON (Philippe *Schwarz-Erde*, dit), célèbre
réformateur, ami de Luther. Ce fut lui qui rédigea, en
1530, la fameuse *Confess. d'Augsbourg.* 1497-1560.

L. aut. sig. (en latin), a Laurent Moller. 28 mars 1560, trois semaines environ avant sa mort. 1 gr. p. pl. in-fol. Très-belle lettre.

827. MELANCHTON (Phil. *Schwarz-Erde*, dit). *Le même.*

Réception (imprimée en latin), de Jean Eisfeld, comme ministre
de l'Evangile, à Barbi. Wittemberg, 11 mai 1553. 2 gr. p. in-fol. —
Cette pièce remplie par Mélanchton et signée de lui : *Philippus Me-
lanthon*, porte aussi les signatures de cinq autres ministres : Joh.
Forsterus, Georgius Maior, Sebastianus Frostelius, Lucas Hetzerus,
et Otto Meidherus. Deux jolis cachets, à la harpe et à l'ange au génie
ailé ont été apposés au-dessus des signatures. Pièce intéressante.

828. MELLINET, conventionnel (*Loire-Inférieure*).

Sa signature suivie de sept lignes aut.. au bas de la copie d'une
lettre du conventionnel Bo, adressée de Paris le 25 thermidor an II,
à la société populaire de Nantes. 1 p. pl. in-4.
« C'est à cet homme estimable (Bo, dit Mellinet, dans ce postcriptum), que
« nous devons la destruction de ce comité féroce, qui ne s'abreuvait que de
« sang. et qui voulait faire de Nantes une nouvelle Lyon, pour s'y engraisser
« plus facilement, nous lui devons peut être par là, la destruction d'une faction
« sanguinaire, désorganisatrice, affreuse, qui aurait tout détruit, nous lui de-
« vons le bonheur de la république. »

829. MELLO (Don Francisco de), comte d'Azumar, général espagnol, et gouverneur général des Pays-Bas.

Pièce sig. (en allemand), pour la nomination du colonel Tavigny, comme gouverneur du Luxembourg. Novembre 1641. Très-grande feuille double in-fol. Cachet. Beau *portr.* du temps.

830. MERCIER DE SAINT-LEGER (l'abbé), litttérateur, bibliothécaire de Sainte-Geneviève. N. 1734. M. 1799.

Notes aut. bibliographiques sur les Psaumes. — Sur Sainte-Catherine de Sienne. — Sur les Morlini Novellæ. — Sur un ancien traité de musique, etc., etc. Ensemble, 15 p. petit in-18, in-8 et in-4.

831. MERCIER DE SAINT-LEGER (l'abbé). *Le même.*

Neuf lettres à lui adressées par : Bartz (P. Paulin de S.). L. a. s. Rome, 6 juin 1790. 1 p. in-4. — Boehmius. L. latine a. s. 1764. 2 p. in-4. — Borgia (Etienne). L. sig. Rome, 4 sep. 1771. 2 p. in-4. — Bréquigny. 3 lett. aut. (dont 2 a. s. à la 3me personne). 1778-1792. 3 p. petit in-8. — Nordeck. L. latine a. s. Campidonœ, 3 avril 1762. 2 p. pl. et demie in-4. Cachet. — Pavesio. L. a. s. (en italien). Turin, 15 juin 1787. 3 p. in-4. — Reuther (J. George). L. a. s. Mayence, 20 juin 1767. 3 gr. p. in-4. — Scheuber (J.). L. a. s. Nuremberg, 31 août 1765. 3 gr. p. in-4. — Wackerstein (Joseph). L. a. s. Elfall (Bavière). 12 déc. 1765. 2 p. pl. in-4. Cachet. Très-intéressant lot bibliographique et littéraire.

832. MERCOEUR (Elisa), poëte et romancière. Née à Nantes.

Les 5 et 6 juin 1832. A Sa Majesté Louis-Philippe 1er, roi des Français. Pièce de vers. Copie aut. deux fois signée offerte à M. Casimir Broussais. 7 gr. p. in-fol. Superbe et intéressante pièce.

Danguy, poëte Nantais. *A Mlle Elisa Mercœur.* Pièce de vers aut. sig. Nantes, 1er janvier 1827. 1 p. in-4.

833. MESNARD (le marquis de). — Guerres de la Vendée.

L. aut. sig., au général de division Chabot, à Laval. De Change, le 14 déc. 1779. 2 p. in-4. Très-joli cachet aux armes, en cire noire.

Au sujet des plaintes qui ont été portées contre lui, d'avoir fait enlever des jeunes gens par force pour ses troupes, et d'en avoir maltraité à cause de la fuite de leurs parents... Il a le droit de demander des preuves de ces calomnies et il les exige... Quand on accuse un homme de ce caractère il faut qu'on le prouve.... « Quand à moi, monsieur, je suis sans inquiétude pour moi per-« sonnellement, quelque soit les circonstances de ma vie, seul j'en disposerais, « j'affronte la mort sur un champ de bataille, et la brave sous le fer d'un « assassin. »

834. METASTASE (l'abbé Pierre-Antoine-Dominique-Bonaventure *Trapassi*, dit), auteur dramat. 1698-1782.

L. aut. sig. (en italien), à son ami Pizzi, à Rome. Vienne, 8 nov. 1731. 1 gr. p. in-4. Très-belle lettre littéraire.

835. METTERNICH WINNEBURG (le prince de).

L. a. s., au prince de Neufchatel. Paris, 30 mars 1818. 1 p. in-fol.

836. MEYERBEER (Giacomo), compositeur.

L. aut. sig. (en allemand), à Théodore Hell. Berlin, 19 juin 1846. Trois gr. p. pl. in-8.

Très belle lettre musicale. Il y parle de son opéra du *Prophète*, de la veuve de Weber, etc., etc.

837. MIGNARD (Pierre), dit *le Romain*), premier peintre de Louis XIV. N. 1610. M. 1695.

L. a. s., *a Monsieur Fornari, a l'hautel de la feuillade.* Sans date. Demi-p. petit in-4.

Demain lundi il se trouvera chez M. Renaud... « Vous aurez soing s'il uous « plaît que Jaye le carosse que ma promis Mgr le maréchal..., car il faut que « je sois a Versaille sans manquer entre sinq et six... »

838. **MILANOLLO** (Thérèse), célèbre violoniste. N. 1829. *1*
L. aut. sig., à M. Culmbacher, à Meiningen. Gotha, 21 janvier 1846.
1 p. pl. in-8. Cachet. Déchirure de la fin d'une ligne au tiers de la
lettre.

839. **MILLEVOYE** (Ch.-Hubert), poëte. N. 1782. M. 1816. *ſ*
L. aut. sig., à M. Bertrand. Paris, 10 déc. 1811. 2 p. petit in-8.
Taches de rousseur.

840. **MILLEVOYE** (Charles-Hubert). *Le même.* *4*
Rapport (minute aut. avec des ratures et des corrections, en partie
en vers) fait à la Société académique de Paris, le 27 février 1807, au
sujet de M. Victorin Fabre (son rival dans plusieurs concours aca-
démiques). 4 p. in-4.

841. **MILLEVOYE** (Charles-Hubert). *Le même.* *2 ſo*
Quatrain aut. sig.: *M.* Quart de page in-8.

842. **MINISTRES** et *diplomates* français et étrangers. 14 lett. *4*
CHAMPAGNY. L. s. 1806. 1 p. in-4. — DEVONSHIRE, ci-devant lord Cham-
berlaine. L. a. s. (en anglais). 1833. 1 p. in-8. — HATZFELD (le prince
de). Cinq lett. aut. sig. (en allemand). 1817-1818. Ensemble 7 p. in-4.
— MÉRODE (Jean de). L. s. (en hollandais). 1663. 1 gr. p. in-fol.
— PASQUIER (le duc). L. avec 5 lignes a. s., comme préfet de police.
1810. 1 p. in-fol. — RADOWITZ (le comte de). L. a. s. 1 p. in-8. Cachet.
Portr. — KEEDE (Jean, baron de), président des Etats-généraux de Hollande. L. a. s. La Haye, 1664. 1 p. in-fol. en mauvais état. — RÉ-
MUSAT (Ch. de). L. s. 1840. 1 p. in-fol. — RIGNY (l'amiral de). L. s.
1831. 1 p. in-fol. — STIERNELDT. (le baron de). L. a. s. 1815. 1
p. in-4.

843. **MINISTRES,** *idem.* 8 lett. et pièces sig. et aut. sig. *1 ſo*
FRAYSSINOUS, év. d'Hermopolis. L. s. — GISQUET, préfet de police.
L. s. — GOBBELSCHROY, ministre hollandais. L. a. s., (en français).
Bruxelles, 1809. 4 gr. p. in-fol. — GOUDCHAUX. L. s. 1848. 1 p. in-4.
— GUERNON-RANVILLE. L. s. 1830. 1 p. in-4. — GUIZOT. L. s. 1835. 1 p.
in-4. — MELBOURNE. Enveloppe de lett. a. s. — MOLINA (le Cte). L.
a. s. (en espagnol). 1674. 2 p. in-fol.

844. **MINISTRES FRANÇAIS** avant 1789. 4 lett. aut. sig., *1 ſo*
et une pièce sig. *2 portr.*
BRETEUIL (le marquis de). 1738. Demi-p. in-8. *Portr.* gravé in-4.
— CHAUVELIN. 1730. 1 p. in-4 — LOUVOIS. Pièce sig. 1673. in-4.
— RRY, comte de Vignory. 1 p. in-4. *Portr.* gravé in-4. — PUYSIEULX.
1751. 1 p. in-fol.

845. **MINISTRES ET HOMMES D'ETAT** depuis 1789. Huit *3*
lett. aut. sig., et cinq lett. sig.
ABRIAL. An IX. 1 p. in-4. — BARBÉ MARBOIS. 1813. 1 p. in-4. —
BOUCHOTTE. An II. Quart de p. in-4. — CUNIN GRIDAINE. 1824. 2 p.
in-4. — FAUCHER (Léon). 1850. 1 p. in-8. — MONTESQUIOU (l'abbé,
duc de). 1 p. in-4. — PORTALIS, fils. 1 p. in-8. — ROY. 1819. 2 p.
in-4. Lettre financière. — Cinq lett. sig.: — ABRIAL. An IX. 2 p. in-4.
— BARBÉ MARBOIS. 2 lett. an XI, et an XIV. 2 p. in-4. — CHAUVELIN.
1731. 1 p. in-fol. — MONTALIVET. 1812. 3 p. in-fol.

846. **MINISTRES,** *hommes d'Etat,* 47 lett. et pièces sig. et *1 7/*
aut. sig.
Amelot; Anglès; Bertier de Sauvigny; Barbézieux, deux lett.; Breteuil; Cacault; Cahier de Gerville; Calonne; Cambon, 2 lett.; Dejean;
de Lessart; Dupont (de l'Eure); Duroc; La Luzerne; Lenoir; Maupeou;
Saint-Cricq; Saint-Florentin; Sartine; Trudaine; Vergennes, etc., etc.

847. **MINISTRES PROTESTANTS.** 7 lett. a. s. et une p. a. *2*

Cuvier. 1845. 1 p. in-8. — Gallus (Samuel). Deux lett. (en allemand). 1579 et 1580. 2 gr. p. in-fol. Cachet.— Goeppe. 1819. Demi-p. in-4. — Marron (Paul-Henri). Reçu aut. sig. de la somme de 500 fr. reçue de S. A. R. Mgr. le duc d'Angoulême pour les pauvres de son Eglise, à l'occasion de la fête prochaine du Roi. Paris, 23 août 1819. 1 p. in-4. — Putsche, contribua contre son gré à la bataille d'Iéna (en allemand). 1834. 2 p. pl. in-4. — Soulier. Pièce aut. *Détails de mon voyage dans le midi, rendu au comité biblique de Paris.* 12 p. in-4. — *Vincent.* Nîmes, 1834. 1 p. in-4.

848. MIRABEAU (Victor *Ricquetti*, Marquis de), économiste, philosophe, dit l'*Ami des hommes*, persécuteur de son célèbre fils, comme de sa famille.   N. 1715. M. 1789.

L. a. s., à M. Ricard, curé de Glanges (en limousin). Paris, 9 juillet 1785, 1 p. pl. in-4. Cachet aux armes.

849. MIRABEAU (Victor Ricquetti, marquis de). *Le même.*

1º Minute de sa réponse (de 31 lignes aut.), au bas d'une lettre à lui adressée par l'abbé de Gauzargues, prieur de Saint-Léonard, au sujet du droit d'afforestage prétendu par les habitants de Combret. 5 p. in-4.—2º Mémoire sig. par le sr Charles Gauzargues sur une pension à laquelle il croit avoir droit comme l'un des maitres de musique de la chapelle de Versailles.

850. MIRABEAU (Honoré-Gabriel *Ricquetti*, comte de), le célèbre orateur de l'Assemblée constit. N. 1749. M. 1791.

Lett. maçonnique signée, à la très-révérende loge de Saint-Jean d'Aix, à Aix. A l'orient d'Avignon, 5 juillet 1781. 1 p. in-4.

Annonce de nominations, dont le frère, comte de Forbin, pour vénérable, etc.

851. MIRABEAU. *Le même.*

L. a. s., à M. Mottet, à Beaumont. Mirabeau, 22 septembre 1772. 1 p. in-4. Cachet de deuil, aux armes.

852. MIRABEAU. *Le même.*

L. aut. sig., à M.... 21 mars 1778. 1 p. in-8. Curieuse.

853. MIRABEAU. *Le même.*

L. a. s., à M. Boucher (qu'il appelait son bon ange). (Du donjon de Vincennes), 25 mai 1779. 1 p. pl. in-8. Très-affectueuse. Intéressante.

854. MIRABEAU. *Le même.*

L. aut. sig., à M...., à Chamfort. 1 p. pl. et tiers in-8. Cachet.
Il donne à son ami rendez-vous sur la terrasse des Feuillans, d'où il le conduira chez la duchesse de Brancas. Puis il parle de son procès avec sa famille... « Mais la réponse péremptoire à toutes les calomnies de Mme de Mirabeau et « de mon père existe déjà dans un autre mémoire... »

855. MIRABEAU. *Le même.*

L. s. : *Mirabeau l'ainé, président,* comme président de l'assemblée nationale, à MM. les administrateurs composant le Directoire du département des Deux-Sèvres, à Niort. Paris, le 3 fév. 1791. Demi-p. in-fol.
Les comités ecclésiastique des recherches et des rapports réunis, auxquels il a envoyé la lettre qu'ils lui ont écrite, et leur arrêté contre le mandement incendiaire de l'évêque de Poitiers, examinera ces deux pièces avec l'attention qu'elles méritent, et en rendra compte à l'assemblée nationale.

856. MIRABEAU (Mme la marquise Du Saillant, née de), sœur du précédent.

1º L. a. s., au vicomte de Montmorency. Paris, 5 mai 1818. 2 p. in-4. Cachet.—2º L. a., à M. de Montort. Paris, 20 avril. 1 p. petit in-8.

857. MITOUN (Louis), évêque de Condom.

L. aut. sig., à M... Saintes, 10 mars 1704. 2 p. in-4.
En passant à Saintes il a trouvé une famille qui s'est convertie entre ses mains dans le temps de ses missions. « Elle a besoin de votre protection. Je « me joints à M. l'Evesque pour vous la demander pr le sr Pierre Richer, le-

« quel estoit controleur des fermes du Roi au bureau de St Sauiniau en Sain-
« tonge depuis plus de saise ans portegé par M. Leullier. Il seroit de uotre
« charité de soutenir cette famille. Cela fait un grand bien pour la religion de
« soutenir les nouueaux conuertis... »

858. MONCEY (le maréchal), duc de Conégliano.

L. aut. sig., au colonel Buquet. Boulogne, 6 fuctidor an XII. 1 p.
pl. in-4. Cachet. Tête impr.

L'empereur va monter à cheval vers les trois heures, et parcourir, ou les
camps ou le peris de Boulogne. « Vous serés à même de voir où seront les
« chevaux et où Sa Majesté se dirigera, quelques gendarmes en surveillance,
« comme vous scavés qu'il pourra convenir sans affectation, ne feroient pas de
« mal... »

859. MONCLAR (Jean-Pierre-François de *Ripert*, seigneur
de), procureur général au parlement de Provence, ami
de Vauvenargues, célèbre par ses réquisitoires contre
les jésuites. M. 1773.

L. aut. sig., à M... 4 juin 1749. 2 p. in-4.

Il le supplie d'être tranquille sur les nouveaux édits, « il faudra tâcher de
« maintenir la dignité du parlement, d'être utile à la chose autant qu'il est en
« nous de servir le roy, et de nous faire un mérite, auprès de luy de la sagesse
« de nos démarches... »

860. MONCRIF (le marquis *Paradis* de), poëte, aut. dramatique, membre de l'Acad. française. 1687-1770.

Ulysses et cirée. Fable. Aut. sig. 3 p. pl. petit in-8.

861. MONGE (Gaspard), Cte de Péluse, géomètre, sénateur.

L. aut. sig., à Mgr.... Paris, 26 avril 1815. 1 p. in-4.

862. MONTALEMBERT (Marc-René, marquis de), savant
général du génie, célèbre par ses ouvrages sur la défense des places. N. 1714. M. 1802.

L. aut. sig., au général Ligier Belair. Paris, 1er germinal an III.
1 p. in-4.

863. MONTESQUIOU (l'abbé, duc de), premier ministre de
Louis XVIII.

L. aut. sig., à M... Paris, 23 mars 1816. 1 gr. p. in-4.

864. MONTFAUCON (Bernard de), savant bénédictin de la
congrégation de Saint-Maur. N. 1655. M. 1741.

L. a. s., à Mgr Fontanini. Paris, 26 mars 1714. 2 p. pl. petit in-4.

Curieux détails au sujet de ses ouvrages qu'il lui a envoyés, et il y a longtemps qu'il les avait vus, et lus avec plaisir, et admiration de la grande érudition qu'il y a renfermée... « On m'écrit qu'on fait du bruit à Rome pour la con-
« damnation de l'écrit du marquis Maffai de Tabula, apparemment ou réussira
« à le faire condamner, après qnoi tout ce bruit se dissipera... »

865. MONTI (Vincent), poëte célèbre. N. 1753. M. 1828

L. aut. sig. (en italien), a son excellence... Rome, 28 sept. 1793.
1 p. in-fol.

866. MONTLOSIER (Franç.-Dominique-Raymond, comte de),
célèbre publiciste contre les jésuites. 1755-1838.

L. aut. sig., à M... Clermont Ferrand, 6 février 1819. 3 gr. p.
in-4. Curieuse.

867. MONTMORENCY (le connétab. Anne de), grand-maître
et maréchal de France, gouverneur du Languedoc. Né
en 1493. Tué à la bataille de St-Denis. le 10 nov. 1567.

L. avec la souscription d'une ligne aut. sig., à M. le comte de Rein-
grave. Blois, 19 juillet 1562. 1 p. in-fol. Cachet. Mouillure en tête
de la marge extérieure.

Il a appris par le porteur de cette lettre la belle et bonne compagnie qu'il

amène avec lui, dont le roi de Navarre a le plus grand contentement possible...
Il le prie de faire la plus grande diligence qu'il pourra.

868. MONTMORENCY-BOUTTEVILLE (François de), fils de Louis de Montmorency, gouverneur de Senlis. Condamné à mort comme duelliste, en 1627.

L. aut. sig., au cardinal de La Vallette. Sans date. 2 p. pl. in-4. Cachets et soies. Belle lettre.

« Je faicts consciance dinterompre vos plaisirs par les lettres dun malheu-
« reus, mais trouues bon que ie cherche les seuls quy me restent, ie demeu-
« reray icy encore un peu de temps, et ne resouldroy quel chemin prendre que
« lorsque ie voudroy partir, et que iauray eu l'honneur de vous entretenir, quand
« ie pence qu'il faut qu'une guerre ou quelque grand changement me remettent
« à Paris ien de ses pere, sy l'on pouuoit faire consantir et trouuer bon à mon-
« sieur le cardinal de Richelieu que ialasse ou est monsieur le conte, se seroit
« le préparer à nestre pas contre lorsque monsieur le conte parleroit pour moy
« et la ie tacherois de luy disposer, sant fois le iour ie trouue encore de plus
« mauvais expedians que celuy la pour une chose qu'il fault et que ie ne veuls
« pas, mais le retour de ses pensees inutiles me donne des desplaisirs extre-
« mement sansibles. »

869. MONTMORENCY-MORBECQ (le marquis), colonel du régiment de l'Ile-de-France.

L. aut. sig., à M. Chemillart, officier au régiment de l'Ile de France, à Ostende. Paris, 2 février 1759, 1 p. in-4. Cachet brisé.

Document curieux qui peint bien les mœurs de l'époque. M. Chemillart doit quitter le régiment et faire abandon de sa charge, parce qu'autrefois son père et lui ont été reçus maîtres charcuitiers à Paris.

870. MONTOLIEU (Isabelle de Pollier, baronne de), célèbre romancière. N. 1751. M. 1832.

L. aut. sig., a Arthus Bertrand, libraire. Lauzanne, 13 déc. 1813. 3 gr. p. pl. et demie in-4.

Très-intéressante lettre relative à ses ouvrages, et où il est question du ro-man de *Marie*, composé par Louis Bonaparte, ex-roi de Hollande... « Avez-
« vous quelque espoir de réimprimer le livre du comte de Saint-Leu? Comme
« il ne vous demanderait, je crois, que quelques exemplaires, tout serait profit
« pour vous, et je m'estimerais heureuse d'avoir pu vous le procurer. J'en ai
« encore reçu une lettre aujourd'hui par laquelle il me confirme son consente-
« ment, sous la condition expresse qu'il ne sera nommé ni au titre même ni
« dans les annonces. Il en exige une promesse positive, et fera tous les chan-
« gemens et corrections nécessaires, pour la faire réussir. »

871. MONTOLIEU. *La même.*

L. aut. sig., à M. Arthus Bertrand, libraire. Bussigny, 11 sept. 1814. 3 gr. p. pl. et demie in-4.

Curieuse lettre toute littéraire dans laquelle elle parle encore du roman com-posé par le comte de Saint-Leu... « Je n'ai point eu les exemplaires de *Marie*
« que vous m'avez envoyés dans le ballot du Prince. Il avait quitté Lauzanne
« quand le ballot est arrivé, et ne me doutant pas qu'il y eut rien pour moi,
« je le lui ai expédie à Rome sans l'ouvrir. Je doute que je les aie jamais. Je
« ne sais où il en est de son second ouvrage. Je pense qu'il correspondra
« directement avec vous. Je crois que je ne le reverrai pas de bien longtemps,
« et je le regrette. Il est bon et aimable, et ressemble bien peu au reste de sa
« famille... »

872. MONTPENSIER (Anne-Marie-Louise d'*Orléans*, dite *Mademoiselle* de), fille de Gaston, frère de Louis XIII. Elle a laissé de curieux Mémoires. N. 1627. M. 1693.

L. a. s.: Anne-Marie-Louise d'*Orléans*, au cardinal Mazarin. Paris, 6 octobre 1657. 5 gr. p. pl. in-4. Cachets de deuil. *Portr.*

Au sujet d'une affaire importante qui est pendante devant le procureur géné-ral. Curieux détails.

873. MOORE (Thomas), célèbre poëte irlandais.

Ode a. s. lue à la société philotechnique (en anglais). 3 nov. 1823. Demi-p. in-8, avec des corrections aut.

874. **MONVEL**, père de Mlle Mars, acteur célèbre, auteur dramatique : *Les Victimes cloîtrées.* N. 1745. M. 1814.

L. aut. sig., à son confrère de l'Institut, le citoyen Pougens, membre de l'Institut national. Paris, 2 messidor an IX, 1 p. pl. et d. in-8.

L'extrait qu'il lui a demandé serait déjà fait s'il n'avait pas été malade, et au point d'être dans l'impossibilité de jouer la tragédie... Son camarade Molé peut le suppléer, et de la manière la plus satisfaisante. C'est un plaisir qu'il lui disputerait, si sa santé ne le forçait à s'en priver. « Louer Le Kain dont « j'adorais le talent, et dont j'estimais la personne est un devoir que je serais « trop jaloux de remplir pour laisser le soin même à mon plus cher ami... »

875. **MORALES** (Juan de), Mexicain.

L. aut. sig. (en espagnol), à Alexandre Bonplan, son ami. Quito, 21 mai 1804. 4 p. in-4.

Murphy (F), de Mexico. L. aut. sig. (en espagnol), à son ami Bonplan. Mexico, 26 avril 1804. 4 p. pl. in-4.

876. **MOREAU** (Jean-Victor), général en chef des armées de la République N. 1763. Tué à la bataille de Dresde dans les rangs des armées coalisées contre la France, en 1813.

L. a. s., au général Dejean. an III. Demi-p. in-4. Vignette : *Portr.*

La Fayette (le général, marquis de). L. a. s. Lagrange, 4 thermidor an X. Tiers de page in-4. *Portr.*

877. **MOREAU** (Jean-Victor). *Le même.*

L. aut. sig. comme général en chef de l'armée du Rhin, au ministre des finances. Salzbourg, 2 pluviôse au IX. 2 p. et demie in-4.

878. **MOREAU** (Jean-Victor). *Le même.*

Note de onze lignes aut. sig. au bas d'une lettre signée du général Dessolles au général Lecourbe. Hag, 14 frimaire an IX. 3 p. in-4.

Kellermann (le général), duc de *Valmy*, fils du maréchal. Trois lett. aut. sig., à divers, an X, 1814. Ensemble, 2 p. in-4. et 2 p. in-fol.

Desfourneaux (le général), défenseur des antilles contre les anglais. L. aut. sig., au directeur d'artillerie, au Port liberté (Port au Prince). L'Orient, 23 frimaire an X. 1 p. in-4.

879. **MOREAU** (Jean-Michel), dessinateur et graveur.

L. a. s. à M. le Préfet de la Seine. 10 prairial an IV. 1 p. in-4.

880. **MOREL DE VINDE** (Charles-Gilbert, vicomte), conseiller au Parlement de Paris, pair de France, etc.

État aut. sig. de ses services depuis 1778. Paris, 12 nov. 1816. 1 gr. p. in-fol. Cachet. — Plus une lettre sig. de M. Guizot à lui adressée. Paris, 10 déc. 1814. 1 p. in-4.

881. **MORELLET** (l'abbé André), littérateur et publiciste, membre de l'Académie française. N. 1727. M. 1819.

L. aut. sig., à M. Perregaux. 12 août 1780 1 p. et demie in-4.

Richelieu (le maréchal, duc de), de l'Académie française. L. aut., à M... Versailles, 29 mai 1749. 2 p. in-4.

882. **MOSCHELES** (Ignace), célèbre compositeur.

L. aut. sig (en allemand). 18 nov. 1829. 1 p. in-4.

883. **MULLER** (Jean de), historien suisse. N. 1752. M. 1809.

L. a. s., à madame de Staël. Sans date. 2 p. in-8. Intéressante.

884. **MULLER** (Jean de). *Le même.*

L. a. s., à M... Cassel, 29 mai 1809, le jour même de sa mort. 1 p. in-4.

Il a remis à la bibliothèque de Goettingue l'exemplaire de son admirable ouvrage sur l'$\frac{A}{W}$ Mautchou qu'il lui avait fait parvenir, et qui présente beaucoup de vues nouvelles sur l'histoire de l'empire chinois... « M. Rontgen, pour « lequel je vous ai écrit au sujet de Bathulti, a découvert depuis, au diction- « naire manuscrit de la langue *familière* des Arabes de nos jours, composé

« en 1756 par un missionnaire des frères Moraves, avec l'interprétation ita-
« lienne... »

885. MUNICIPALITE ET COMMUNE DE PARIS.

CAHIER, procureur de la commune. L. sig. 3 août 1791. Demi-p.
in-4. — CHAUMETTE, procureur de la commune. L. s. 6 février 1793.
1 p. in-4. — DU PORT DU TERTRE. L. aut. sig., 30 janvier 1790.
1 p. in-4. — HÉBERT, substitut du procureur de la commune. 26 février 1793. 1 p. in-4. — Ces quatre lettres sont avec tête impr.
et vignette.

886. MUSICIENS COMPOSITEURS. 8 lett. et pièces

ADAM. aut. sig. 1 p. in-18. — BEETHOVEN. Deux lignes aut. sig. sur
une carte. — BINDER (carl). L. a. s. (en allem.). 1843. 1 p. in-8. —
CHERUBINI. a. s. demi-p. in-8. — DE BERIOT père (Charles). Pièce
musicale aut. sig. Bruxelles, 1843. Demi-p. in-4. — GYROWETZ (adalberg). L. a. s. (en allem.). 1801. 1 p. et demie in-4. — NICOLAI
(Othon). L. s. (en allem.). 1843. 1 p. in-4. — THALBERG. L. a. s.
(en allemand). 1843. 1 p. in-8.

887. MUSICIENS COMPOSITEURS. 6 lett. et pièces.

LORTZING. L. a. s. (en allem). 1 p. in-4. Cachet. — MÉHUL. Deux
pag. de musique. — Aut. in-4. — MENDESOHN BARTHOLDY. L. a. s.
Francfort, 1844. 1 gr. p. in-4. — MEYERBEER. L. a. s. (en all.).
1 p. in-8. — PAER. L. aut. sig. (en italien). 1 p. in-4. *Portr.* —
SPOHR. L. a. s. (en allem.). 1841. 1 gr. p. et demie in-4.

888. MUSSET (Alfred de), poëte et auteur dramatique.

L. aut. sig., *Alfd Mt.*, à M. Buloz. Demi-p. in-8.
Il vient d'être malade et il souffre encore. Il le supplie de ne pas être trop
sévère, ne vous inquiétez pas de notre livre, il arrivera à temps. Mais je n'ai
pu terminer les vers dont je vous ai parlé...

**889. NAIGEON (Jacques-André), littérateur, philosophe, et
le relieur *Derome*.**

L. aut. sig., en tête, écrite au relieur Derome, le 21 octobre 1781,
en lui envoyant un grand nombre d'ouvrages brochés, pour être reliés
par lui. Il désigne longuement pour quelques ouvrages précieux la
reliure qu'il désire. A la fin, Derome écrit et signe le mémoire des
livres reliés et la quittance (21 avril 1783), se montant à 771 fr. pour
44 in-12, 5 in-4 et 1 in-8, la plus part en maroquin rouge. 4 p. pl. in-8.

890. NAPOLEON Ier, empereur des Français.

L. sig. *Nap.*, à M. Portalis. Tilsitt, 5 juillet 1807. Tiers de p. in-fol.
Il désire beaucoup que le prêtre Casimir Thouciers ne soit sous aucun pré-
texte, relâché sans son ordre.

891. NATURALISTES. 10 lett. aut. sig.

Bosc. Paris, 1819. 1 p. et demie in-4. — BRAYER. — WILLESME.
2 lett. Soissons, 1809. 6 p. in-4. — DAVALE. Orbe, 1796. 6 p. et
demie in-4. — DECAISNE. St-Quentin, 1829. 3 p. in-8. — DESMAZIÈRES.
Lille, 17 août 1812. 5 p. in-4. — DUMÉRIL. Paris, 1795. 1 p. in-4.
— DUMÉRIL (Constant). Paris, 1837. 1 p. in-8. — FOUCAULT, 2 lett.
Noue, près Villers-Cotterets, 1809. 3 p. in-4. — PERSOON. Paris,
1822. 3 p. in-4. Très-bon lot. Toutes ces lettres sont scientifiques et
intéressantes. Il y en a plusieurs qui ont des catalogues de plantes.

**892. NAUDE (Gabriel), habile critique, médecin de Louis XIII,
bibliothécaire de Mazarin.   N. 1600. M. 1653.**

L. latine aut. sig., à *Jacobo Boeue*. Paris, 4 décembre 1651. 1 gr.
p. in-fol.

893. NECKER (Jacques), ministre de Louis XVI.

L. aut. sig., à son Altesse Sérénissime... 3 déc. 2 p. in-fol.
Au sujet de l'assemblée des notables, et du secours des lumières qui peut
être donné au roi.

894. NEVERS (Louis de), duc de Mantoue.

> L. aut. sig., à M. de Villeroy. 17 nov. 1586. 2 p. pl. et demie gr. in-fol. Cachet.
>
> Lettre importante sur les affaires politiques de la France et le triste état dans lequel se trouve le royaume, et si l'on y met ordre, le roi sera en danger de perdre beaucoup; et lui encore plus.

895. NEWTON (Isaac), illustre mathématicien et astronome.

> Quitt. sig. *Isaac Newton.* 21 avril 1701, découpée d'un état de payement.

896. NINON (Anne de *Lanclos*, dite).   N. 1615. M. 1706.

> L. aut., *pour Monsieur labe Dotefeuille* (l'abbé d'Hautefeuille). 2 p. petit in-4. Cachet.
>
> « Je trouve cette laitre tres bien ai crite et dun homme desprit. Je uous
> « remersiee davoir et tay tout droit à Mme de Bouillon car ie ne doute pas que
> « uous ne liayés de mendrez cette grasse de ma par le procois de Mme dene-
> » mours contre le priuse de Conti est remis à lanee qui uiens on luy fera bieu
> « auale des couleure elle a bien tor de ne sestre pas acoumodee. Adieu ie uous
> « aten auec inpasiense. »

897. NODIER (Charles-Emmanuel), poëte, romancier, mem-
    bre de l'Académie française.   N. 1780. M. 1824.

> L. aut. sig., à M.... Paris, 25 juin 1824. 1 gr. p. in-4. *Portr.*
>
> Deux ou trois de leurs amis exigent qu'il lui demande une des dernières places vacantes à l'Académie..... pour lui. « ... Il est vrai que dans la plus
> « illustre des associations littéraires, tous les titres ne peuvent pas être égaux,
> « et qu'au dessous du poète à la fois ingenieux et sensible qui sait allier la
> « verve de la comédie à l'énergie du sentiment au-dessous du prosateur
> « élégant et naturel dont le style piquant sans affectation donne de l'attrait aux
> « raisonnements les plus serieux, il peut rester une petite place pour le lexico-
> « graphe qui a pâli sur des mots; pour le grammairien qui a vieilli sur des
> « phrases. L'héritage que je réclame est celui de Vaugelas dont je descends en
> « droite ligne par D'Olivet, Beauzée et Urbain Domergue..... »

898. NODIER (Charles-Emmanuel). *Le même.*

> L. aut. sig., comme directeur du journal officiel d'Illyrie, à M. Ta-misier. (Leybach), 6 avril 1813. 2 gr. p. pl. et tiers in-4. Cachet.
>
> Sur la garantie des directeurs des postes qui lui ont promis que sa feuille parviendrait en France sans rien payer, il en a adressé quelques exem-plaires..... cela ne vaut guère la peine d'être offert, mais les petits cadeaux entretiennent l'amitié...

899. NODIER (Charles-Emmanuel). *Le même.*

> L. a. s., au libraire Levrault. Paris, 4 mai 1826. 1 p. pl. in-4.
> Au sujet de ses manuscrits : *Variétés littéraires et philologiques,* et *Mélanges tirés d'une petite bibliothèque* qu'il se propose de publier.

900. NODIER (Charles-Emmanuel). *Le même.*

> L. a. s., à son ami Réveillère. Saint-Germain-en-Laye, 8 novembre 1817. 1 gr. p. in-4.

901. NORVINS, auteur de l'*Histoire de Napoléon.*

> L. a. s.. à son ami Tissot, à Paris. Perpignan, 16 décembre 1827. 3 p. pl. gr. in-4. Ecriture fine et serrée. Curieuse.

902. NUMISMATES, *archéologues, architectes.*

> Bohl. Coblenz, 20 juillet 1834. 2 p. in-8.— Brongniart (Alex.). Sèvres, 24 sept. 1819. 2 p. in-4.— Ducas. 3 p. in-4.— Dumersan, 2 lett. Paris, 1831 et 1842. 5 p. in-8.— Guillemot. La Rochelle, 31 juillet 1836. 3 p. in-4.— Hyver. 3 p. in-4.— Saint-Vincens. Aix, 1786. 2 p. in-4.— Ensemble, 8 lett. a. s. Toutes scientifiques.

903. OLENSCHLAGER (Jean Daniel), dit *Olearius*, publi-
    ciste allemand.   N. 1701. M. 1778.

> L. latine a. s., au docteur Burggraf. Leipsig, 10 juin 1729. 3 p. in-4.

904. OLIVIER (François), chancelier de France.

> Quitt. sig. (sur parchemin), d'une somme de 65 liv. 6 sols, six de-

nier tournois, pour le quartier d'une rente constituée sur les maga-
sins à sel de Paris. 1558.

905. ORLEANAIS. Vingt-neuf pièces, 1321 à 1729.
Vingt-neuf pièces, actes de foi et hommage constitutions de rentes,
acquisitions, partages, actes de ventes, etc., concernant l'Orléanais,
de 1321 à 1729, toutes sur parchemin. Réunion intéressante.

906. ORLEANS (Louis, fils du roi de France, duc d').
Ordre de payer à Jehan de Faval 100 livres pour l'aider à s'ha-
biller pour servir en la compagnie du prince, pour le voyage qu'il
compte faire es par les de Lombardie et d'Italie. Belle pièce (sur
parchemin, in-fol. oblong). Paris, 25 sept. 1403. Très-beau et grand
sceau en cire rouge, en partie brisé, contre-sceau bien conservé.

907. ORLEANS (Louis-Philippe-Joseph d'), dit *Egalité.*
L. sig., à M... Du Raincy, 15 janvier 1780. Tiers de page in-4.

908. ORLEANS (Elisabeth-Charlotte d'), duchesse de Lorraine, fille de Philippe d'Orléans, frère de Louis XIV,
et de Charlotte-Elisabeth de Bavière, dite *La Palatine.*
L. a. s., à M... Lunéville 6 oct. 1716. 4 p. pl. in-4. Très-belle et
très-curieuse lettre.

909. ORLEANS (la princesse Héléne, duchesse d').
L. a. s. : *Hélène,* à Mme.... Samedi. 1 p. petit in-18. Papier de
deuil. *Port. et portr.* du duc de son mari.
C'est en lui demandant un million de pardons de la déranger peut-être pour
un changement d'heure, qu'elle vient la prier de vouloir bien revenir demain
dimanche... .

910. ORSTED (Hans-Christian) célèbre physicien danois.
L. a. s. (en danois), à Andersen, 12 août 1839. 1 p. in-8. *Portr.*

911. OTHON, duc de Brunswic et de Lunebourg. 1495-1549.
L. sig. (en latin). *Harburgi,* 18 mai 1546. 1 p. in-fol.
OSSUNA (Don gaspard Giron duc d'), gouverneur et capitaine géné-
ral du Milanais. L. sig. (en italien). 1672. 1 p. in-fol. Cachet.

912. OUDIN (le père François), jésuite, littérateur. 1673-1752.
L. aut. sig., à M. Leclerc, prêtre, directeur au séminaire de Saint-
Irené, à Lyon. Dijon, 21 oct. 1727. 1 p. in-4.
Ils font bon usage de la liberté qu'il leur a laissé de faire transcrire ses
dissertations. M. le président Bouhier les veut avoir en belles copies dans sa
bibliotheque..... « J'ai l'*Apologie de M. de la Trappe* par M. Thiers, je vous
« rends très-humble grâce des soins que vous avez eu la bonté de vous donner
« pour me procurer cette bibliothèque..... »

913. OUDIN (le père François). *Le même.*
L. aut. sig., au père Nicéron. Dijon, 9 avril 1736. 1 p. in-4.
Curieux détails au sujet de ce qu'il a dit sur la *Monarchie des Solipses.* Il a
eu grand soin de ne rien mettre qui put offenser ceux dont il réfute les sentiments.....

914. OUDIN (le père François). *Le même.*
L. aut. sig., au père Nicéron. Dijon, 17 août 1736. 1 p. pl. in-4.
Jolie lettre littéraire et bibliographique.

915. OUDIN (le père François). *Le même.*
L. aut. sig., au père Nicéron. Dijon, 27 oct. 1736. 1 p. in-4.
On doit lui avoir remis quelques vers de sa façon pour lesquels il lui demande grace. Il a trouvé dans son voyage quelques éditions qu'il n'avait pas
vues : elles ont occasionné les changements qu'il lui envoie à faire dans l'article du P. Peteau.....

916. OUDIN (le père François). *Le même.*
L. a. s., au père Nicéron. Dijon, 14 janvier 1737. 1 p. pl. in-4.
Il a reçu son volume qu'il a lu pendant sa convalescence, à l'infirmerie, où
depuis sa dernière lettre, il a passé de longues et ennuyeuses semaines. Dieu

par sa miséricorde l'en a tiré... Il ne lui envoie pas encore le P. Hardouin, il n'est pas en état, mais il trouvera un mauvais canevas pour un article qui pourra devenir quelque chose entre ses mains. Il aura incessamment ce qu'il sait de Jules Scotti.....

917. OUDIN (le père François). *Le même.*

L. a. s., au père Nicéron. Dijon, 12 mai 1737. 2 gr. p. pl. in-4.
Très-intéressants détails sur Scotti et ses ouvrages..... Il ne désespère pas d'avoir quelque jour la date de sa mort..... « Je viens de voir dans notre « bibliothèque ce que c'est que l'ordre des *Jéronimites de Fiesole*. L'envie « de régenter la scholastique ne me déterminera jamais à prendre leur habit. « Il est vrai qu'ils portent la barbe, ce que Jules Scotti aimoit si fort que dans « la *Monarchie* il plaisante sur le menton ras des *Solipses*, et que dans le livre « de *Potestate*, il veut prouver sérieusement qu'un jésuite, pour être bon reli- « gieux, doit laisser croître sa barbe, et se faire appeler *Dom*.....

918. OUDINOT (le maréchal), duc de *Reggio*.

L. aut. sig., au général Ambert, commandant en chef l'armée de la Moselle. Quartier général de Trèves, le 27 pluviôse an III. 3 p. pl. et demie in-4. Tête impr. Vignette. Curieuse.

919. PACHE, ministre de la guerre, puis maire de Paris.

1° L. aut. sig., comme maire de Paris, aux citoyens... Paris, 28 germinal an II. 1 p. in-4.
2° L. a. s., à M. Guillaumot. Paris, 6 sept. 2 p. pl. et demie in-4.
Au sujet de travaux à faire à des cavages près d'une propriété située près du mur de cloture de l'abbaye de Moutmartre.

920. PACIAUDI (Paul-Marie), théâtin, bibliothécaire du duc de Parme. N. 1716. M. 1785.

Huit lett. aut. sig., et une sig. (en italien), à Anselme Costadoni, bibliothécaire de Saint-Michel de Murano, à Venise. (et une à Constantin Ruggieri). Rome, 1753 à 1772. Ensemble, 27 p. in-4.

921. PAGANINI (Nicolo), célèbre violoniste.

1° Compliment aut. sig. pour les Valenciennois, écrit sur l'album d'un amateur d'autographes Valenciennes, 14 mars 1834.
2° Gant blanc de Paganini sur lequel il a été brodé en soie et or, par les dames de Valenciennes: *Paganini 8 mai* 1831. Deux branches de laurier tenues par le violon magique, et au centre le soleil....—Le tout renfermé dans un cadre noir derrière lequel se trouve collé un article de journal relatant le séjour et le succès prodigieux de Paganini à Valenciennes.

922. PALLOY, dit le *Patriote*, démolisseur de la Bastille.

L. a. s.: *Palloy patriote*. Sans date. 1 p. pl. in-4. Curieuse.

923. PALMERSTON (lord), homme d'État. N. 1784.

1° L. aut. sig. (en français), 4 juin. 1 p. in-4.
2° L. aut. sig. (en anglais). 1853. 1 p. et demie in-8.
3° Deux enveloppes de lettres aut. sig.

924. PAPON (Jean-Pierre), prêtre de l'oratoire, littérateur, poëte, auteur de l'*Histoire de Provence*. 1734-1803.

L. aut. sig., au citoyen Sieyès, président de l'Institut national. Riom. 11 germinal an IV. 1 p. et demie in-4.
Sur la morale et la politique qui ont mérité de tous temps les méditations des philosophes; et sans avoir leurs talents, on peut encore ajouter à leurs découvertes, la révolution nous ayant mis dans une position bien plus favorable que celle même des anciens sages pour observer le cœur humain.....

925. PARMENTIER (Ant.-Augustin), pharmacien des armées, introducteur, en France, de la culture de la pomme de terre, memb. de l'Inst. N. 1737. M. 1813.

1° Analyse aut. sig. de mémoire sur la racine de disette. — Mémoire sur l'amélioration de l'agriculture par la suppression des Jachères. — Mémoire sur la culture des prairies artificielles, relativement à la sup-

pression des Jachères, par l'abbé Commerell. Paris, 5 février 1788.
3 p. pl. et demie in-4.

2° Analyse aut. sig. sur : Recherches sur l'histoire naturelle et éco-
nomique de la Canne, avec l'exposition des moyens d'en extraire le
suc essentiel comparées à la nouvelle méthode établie à St-Domingue
depuis le mois de juin 1785, par Duchosne La Couture. Paris,
hôtel Royal des Invalides, le 16 nov. 1788. 2. pl. et demie in-4.

926. **PARIS** (Pierre-Adrien), architecte, membre de l'Académie d'architecture, auteur du portail de la cathédrale
d'Orléans.   Né à Besançon en 1747. Mort en 1817.
L. a. s., à Chardon de La Rochette. Rome, 19 oct. 1813. 4 p. pl. in-4.

927. **PARNY** (Evariste-Désiré *Des Forges*, chevalier de), poëte.
L. aut. sig., P. à M. Tissot. Lundi 21. Deux tiers de page in-4.
Curieuse lettre littéraire.

928. **PASCAL** (Six éloges de Blaise).
1° Eloge de Blaise Pascal. Par J. M. V. Audin, auteur de *Louis XVIII,
la patrie, l'honneur*, etc. Ms. de 60 p. in-fol.
2° Eloge de Blaise Pascal. Ms. sans nom d'auteur. 78 p. in-fol.
3° Eloge de Blaise Pascal. Ms. sans nom d'auteur. 36 p. in-fol.
4° Eloge de Blaise Pascal. Ms. sans nom d'auteur. Clermont-Ferrand. 34 p. in-fol.
5° Eloge de Blaise Pascal. Ms. sans nom d'auteur. 55 p. in-4.
6° Eloge de Blaise Pascal. Ms. sans nom d'auteur. 15 p. in-4.

929. **PASCAL** (l'abbé Jean-Benoît), bibliothécaire du duc de
Penthièvre.
Quatre lett. aut. sig., à l'abbé Mercier de Saint-Léger. 1764-1765.
Ensemble, 10 p. in-8.

930. **PASQUIER** (le baron, puis duc), chancelier de France,
membre de l'Académie française.
Deux lett. aut. sig., au prince... à Londres. Paris, 12 oct. et 30 déc.
1830. 3 p. in-4.
Lettre intéressante au sujet de l'arc de Titus, etc., etc.
Relatives à la formation d'un ministere, et à l'heureux résultat du procès des
derniers ministres de Charles X.

931. **PASQUIER**. *Le même*.
L. a. s., à M. le Procureur général. 26 mars. 2 p. pl. et quart in-4.
Relative au procès d'avril 1835 devant la Cour des Pairs.

932. **PASSEMANT** (Claude-Simon), savant physicien et astronome.   N. 1702.
Il exécuta la *pendule astronomique*, couronnée d'une sphère mou-
vante, qu'on voyait au château de Versailles ; il en fit une autre pour
le Sultan, ou l'on observait le lever et le coucher du soleil et de la
lune. On lui doit encore un *miroir ardent* de 45 pouces de diamètre ;
et en 1765, un *Plan en relief et un mémoire contenant des moyens de la
plus grande simplicité pour faire arriver les vaissaux à Paris*.....
(N'est-ce pas ce grand ouvrier appelé *Passement*, que les arts lui doivent, dit le comte de Caylus, dans sa lettre à l'abbé Couti, n° 228, de ce
catalogue?)
L. aut. sig., à M.. 9 déc. 1753. 4 p. pl. in-4.
Au sujet de son ouvrage qu'il a présenté au roi et à M. le Garde des Sceaux...
« J'ai detaillé au Roy, mais surtout à Mme de Pompadour, et à nombre de
« personnes de la Cour la grandeur de cette entreprise. Jay fait observer que
« l'exécution m'avoit tenu 12 années, que jamois été obligé demployer autant
« de temps à conduire les ouvriers tant en horlogerie, soit en gravure, soit
« pour la boîte et la sphere qu'ils ont employé à exécuter..... »

933. **PEIGNOT** (Gabriel), littér. et bibliog. N. 1767. M. 1849.
Quatre lett. aut. sig., à M. Th. Tarbé, imprimeur libraire, à

Sens. Dijon, 10 mai 1837, 29 juillet 1840, 27 mars 1842, et 3 mai
1842 Ensemble, 10 p. pl. in-8 et in-4.
Curieuses lettres littéraires et bibliographiques. Il l'entretient de la plupart
de ses ouvrages publiés ou en cours de publication : *Amusements philologiques :
Livre des singularités; Prédicatoriana; Catalogue d'une partie des livres
composant la bibliothèque des ducs de Bourgogne; l'Oraison dominicale;* etc...
— Sur l'invitation de plusieurs de ses amis il rassemble des matériaux pour un
Bibliogiana, ouvrage qui est un peu dans ses attributions, et qu'il tâchera de
rendre utile, curieux et piquant, si la providence daigne encore ajouter deux
ou trois chiffres aux soixante-quinze dont elle a déjà daigné le gratifier, et dont
il aurait bien dû faire un meilleur emploi.....

934. PEINTRES, *sculpteurs* français. 4 lettres.
GUDIN, L. aut. sig. 1 p. et quart in-8. — DAVID (d'Angers), 1836.
1 p. in-18. — DENON. L. sig. an V. 1 p. in-8. — GAVARNI L. aut. sig.
à Alphonse Karr. 1 p. pl. in-8. Curieuse.

935. PEINTRES ET SCULPTEURS français et étrangers.
14 lett. aut. sig.
BENDEMANN (Edouard) (en allemand). 1 p. in-12. — BECKER de WORMS
(Jacob), (en allem.). 1843. 3. p. pl. in-8. — DAVID (d'Angers). 1844.
1 p. in-4. — DAUZATS. Deux lett. 2 p. in-8. — DEBLOCK (Eugène). 1842.
— DE CAISNE, 1 p. in-8. — DEKEYSER. 1845. 1 p. in-8. — DEBRAEKE-
LEER. 1840. 1 p. in-8. — DREUX (Alfred de), au crayon. 2 p. in-8. —
GALLAIT, (Louis). 1 p. in-8. — GAVARNI. 1 p. in-8. — HARTEMANN (Fr.).
Billet aut. sig. sur une carte. Bon lot.

936. PEINTRES ET SCULPTEURS français et étrangers.
18 lett. aut. sig. et 2 lett. sig.
EHRHARDT (en allemand). 1843. 3 p. in 8. Belle lettre. — GICOUX.
2 lett. 2 p. in-8. — HERREYNS. L. sig. Anvers, 1811. 2 p. in-4. Cachet. — HUBNER (Jules). 3 p. pl. in-8 (en allem.). — KRETZSCHMAR.
Deux lett. (en allem.). 5 p. in-8. — KUGLER (en allem.). 2 p. in-8. —
JACOBI (en allem.). 1844. 2 p. in-8. Cachet. — JACHIMOVIEZ (en allem.).
1844. 1 p. in-8. — JORDAN (Rudolphe). 1835. (en allem.). 4 p. pl.
in-8. — LAUNITZ (von der). 1 p. in-8 (en allem.). — LAWRENCE (Thomas). 1 p. in-8. (en anglais). — LESSING (Charles-Frédéric). 1842.
(en allem.). 2 gr. p. pl. in-4. Cachet. Très-belle lettre. — LEUTRE (en
allem.). 1 p. in-8. — LOEDEL (en allem.). 1841. 1 gr. p. pl. in-4. Cachet. — LUDGENDORF (en allem.). 1838. Demi-p in-4. — PIGALLE (Jean-
Baptiste). Paris, 1773. 1 p. et demie in-4. — PLUDDEMANN (en allem.).
1844. 1 gr. p. pl. in-4. — SAINT-AUBIN, dessinateur et graveur : an V.
1 p. et demie in-4. — Superbe lot.

937. PEINTRES ET SCULPTEURS français et étrangers. 12
lett. aut. sig. 2 pièces aut. et 2 lett. et pièces sig.
HEIDELOFF. Pièce aut. (en allem.). 1796. 2 p. in-4. — HERMANN (en
allem.). 1832. 3 p. in-4. — HOEFEL (en allem.). 1843.. 1 p. in-4. —
MARINUS (en flamand). Subiaco. 1830. 1 p. pl. in-4. — MATHIEU (F.).
Louvain, 1836. 1 p. in-4. — MAYER (Taddeo). 1 p. in-8 (en allem.).
— NAVEZ. L. sig. 1841. 1 p. in-4. — RAUCH. Quatre lig. aut. sig. (en
allem.). 1832. — RETHEL (en allem.). 1 p. in-8. — REINICK (en allem.).
1 p. in-4. — RIGAUD (Jean), dessinateur et graveur. 1765. 1 p. in-4.
— RAMBERG (en allem.). 1819. 2 gr. p. in-4. Cachet. — ROBBE. Bruxelles.
1840. 2 p. in-4. — VANLOO (Carle). Pièce sig. Paris, 1765. Demi-p.
in-fol. — WAPPERS. Anvers, 1846. 3 p. in-4. — WINTERHALTER. aut.
sig. (à la 3e personne). 1 p. in-8. Superbe lot.

938. PEINTRES ET DESSINATEURS français et étrangers.
15 lett. aut. sig.
MONNIER (Henri). 1841. Demi-p. in-8. — NERENZ (en allemand).
1843. 2 p. in-8. — OESTERLEY (en allem.). 1844. 3 p. in-8. — SCHA-
DOW (Guill.-Frédéric). 1847, (en allem.). 2 p. et demie in-8. — SCHADOW

(Jean-Gottfried), sculpteur (en allem.). 1842. 2 p. in-8. — STEINBRUCK (en allem.). 1841. 1 p. in-4. — SCHIRMER (en allem.). 1 gr. p. pl. in-4. — SCHEUREN (en allem.). 1844. 1 p. in-4. — SIMONIS. Liége, 1830. 1 p et demie in-8. — STINGENEYER. Anvers, 1842. 1 p. in-8. — TROST (en allem.). 1843. 2 p. in-4. — TISCHBEIN (en allem.). 3 gr. p. in-4. — TSGHAGGENY. Bruxelles, 1842. 1 p. in-4. — Van HUFFD. 1815. 1 p. in-4. — VERLINDE. Anvers, 1842. 1 p. in-4. — Superbe lot.

939. **PEINTRES**, *graveurs*. 18 lett. aut., sig., et aut. sig.
CAILLEUX (de). — BLONDEL. — BUTTURA (Eugène), sur la mort du peintre paysagiste Boquet. — DEVERIA (Eug.). — FORBIN (le comte de). — GREVEDON. — GUDIN. — GUÉRIN (Paulin). — LÉVEILLÉ. Lettre attestée par Chardin, sculpteur de l'Académie. — PAPETI. — TURPIN DE CRISSÉ (le comte). — VAMBRÉE. Anvers, 1711. — DAVID, graveur. 1832. — Bon lot.

940. **PEIRESC** (Nicolas-Claude *Fabry*, seigneur de), savant, conseiller au Parlement de Provence. N. 1580. M. 1637.
L. a. s., à M. Petit, professeur au collége Royal de Nîmes, à Nîmes. Aix, 20 sept. 1632. 1 gr. p. pl. in-fol. Cachet. Belle lettre.

941. **PEIRESC** (Nicolas-Claude *Fabry*, seigneur de). *Le même.*
1° L. a. s. Paris, 6 sept. 1619. 1 gr. p. in-fol. Intéressante. — 2° Fragment aut 2 p. in-4.

942. **PELLICO** (Silvio), celèbre par son incarcération au Spitzberg et par ses mémoires (*mes Prisons*). N. 1789.
L. a. s., à Mme L. Lemercier. Turin, 7 nov 1834. 2 p. in-8.
Ses ouvrages ont une juste réputation, mais entraîné par ses études, il n'avait pas encore eu le bonheur de les lire... Absent depuis plusieurs années de son pays, il ne revit Turin qu'en 1820, pour un mois. De retour en Lombardie il fut arrêté, et ses dix ans de prison commencèrent. « Quoique presque « étranger au Piemont par mes habitudes, je suis maintenant heureux de l'habi- « ter; c'est un pays charmant et le caractère de la plupart de nos compatriotes « est franc et aimant... »

943. **PELLICO** (Silvio). *Le même.*
L. aut. sig., (en italien), au comte Vincent Silvio Piccolomini 6 janvier 1845. 1 p. in-4. Cachet.

944. **PEPIN** (Pierre-Théodore-Florentin), épicier, régicide, complice de Fieschi et Morey dans l'attentat du 29 juillet 1835. N. 1800. Mis a mort avec eux le 19 février 1836.
L. aut. sig., à M. Darcet, membre de l'Institut et du jury d'exposition des productions de l'industrie nationale. 18 juin 1834. 3 gr. p. pl. et demie in-fol.
Très-intéressante lettre sur les moyens employés par lui pour décortiquer les légumes secs.

945. **PERIER** (Casimir), premier ministre de Louis-Philippe.
L. aut. sig., à M. Beuchot, 4 h du matin. 1 p. in-12.

946. **PERIER**, acteur de la Comédie-Française.
L. aut. sig., à M. Fabien Pillet. Paris, 14 juin 1823. 3 gr. p. in-4. Belle lettre.
Relative à son article sur la *Mère coupable* de Beaumarchais, représentée à l'Odéon ; il ne croit mériter ses critiques qu'à cause du désordre qui règne à l'Odéon. Curieux détails.

947. **PERRAULT** (Claude), architecte, peintre, etc., membre de l'Académie des sciences. N. 1613. M. 1688.
L. a. s., à M. de La Planche, trésorier général des bâtiments. 28 juillet 1674. Demi-p. in-8. Cachet aux armes de Colbert.
Invitation à venir demain à Versailles pour payer les rôles d'ouvriers qu'il a entre les mains... Il y a bien des pauvres gens qui attendent après.

948. PERTZ (Georges-Henri), historien allemand. **N. 1795.**
L. a. s. (en allemand). Hannover, 3 avril 1818. 2 gr. p. in-4. Cachet.

949. PESTALOZZI (Henri), célèbre instituteur. **1745-1827.**
L. a. s. (en allemand), à Zschokke. 2 gr. p. pl. et demie in-4. *Rare.*

950. PESTALOZZI (Henri). *Le même.*
L. aut. sig. (en allemand), à Mme Gross, née Pestalozzi, à Leipsig.
Yverdun, 3 oct. 1822. 1 p. in-4.

951. PETAU (le père Denis), savant jésuite. **N. 1583. M. 1652.**
L. aut. sig., au révérend père Vavasseur, à La Flèche. Paris. 17 sept.
1637. 1 p. in-fol. Cachet de la Société.
Belle et intéressante lettre au sujet de l'impression de plusieurs ouvrages
(paraphrase des Psaumes, etc.) par Camusat et Cramoisy, etc., etc.

952. PETION DE VILLENEUVE (Jérôme), avocat, conventionnel, maire de Paris. **N. 1759 M. 1793.**
L. sig., comme maire de Paris, aux citoyens... Paris, 9 août 1792.
1 gr. p. in-fol. Pièce historique et importante par sa date.
On a voulu quelquefois les perdre en cherchant à ralentir leur zèle, on veut,
aujourd'hui les perdre en l'égarant. — « L'Assemblee s'occupe en ce moment
« de vos plus grands intérêts, que le calme environne son enceinte; qu'elle
« discute d'une manière solennelle et importante, et, attendons avec confiance
« le décret qui émanera de sa sagesse. S'il étoit possible que ses murs fussent
« hérissés de bayonnettes, à l'instant tous les cris de la malveillance s'Aleve-
« roient pour dire qu'elle n'est pas libre, et qu'on a arraché à la crainte ce
« que son civisme seul doit lui dicter. J'ai entendu dire qu'on voulait fixer le
« jour et l'instant de sa décision. Cette idée est intolérable. Jamais on n'a dit
« à un juge, à telle heure vous aurés jugé mon affaire, à plus forte raison ne
« peut-on pas tenir ce langage à une assemblée qui prononce sur un grand ob-
« jet national... »

953. PETITAIN (Louis-Germain), poëte, littérateur, publi-
ciste satirique. **N. 1765. M. 1820.**
Soixante-hnit lett. aut. et aut. sig., à M. Renouard. Cassal et
Blois, 1808 à 1812. Ensemble, 150 p. in-4. Ecriture fine et serrée.
Correspondance intime, bibliographique et littéraire. Intéressante.

954. PEUCER (Gaspar), célèbre médecin, mathématicien et
astronome. **N. 1525. M. 1602.**
Pièce sig. (en allemand). Wittemberg, le jour de Saint-Michel, de
l'an 1570. 1 p. in-4. Cachet aux armes. Rare.

955. PEYRONNET (le comte de), ministre, signataire des
ordonnances de juillet 1830.
1º L. aut. sig., comme Président du Tribunal de Bordeaux, à Mgr....
Bordeaux, 8 février 1817. 4 gr. p. pl. in-fol.
2º *Réponse à M. Antonin M....* Pièce de vers aut. sig., Château de
Ham. 6 sept. 1835. 1 p. pl. in-8.

956. PEZZANA (Ange), biblothécaire à Parme, savant biblio-
graphe, et Louis Pezzana, son frère.
Vingt-et-une lett. sig. et aut. sig., à M. Renouard. 1807 à 1820.
Ensemble, 26 p. in-4. Bibliographiques.

957. PHILIPPE (Frère), directeur général des Ecoles des
frères de la Doctrine chrétienne.
L. aut. sig., à M..... sans date. 1 p. in-4.

958. PHILOSOPHES ALLEMANDS. 4 lett. aut. sig.
HÉBENSTREIT (Guill.) 1848. 1 p. in-8. — HEGEL. 1824. 1 p. in-8 en
travers. — GRUPPE, au peintre Schroeder. 1 p. in 8. — KRUG (Guill.-
Frangott), 1826. Demi-p. in-4. Cachet. Ces quatre let. sont en allemand.

959. PIANISTES CELEBRES. 5 lett. aut. sig.

L. aut. sig. (en italien), au Comte Alphonse Belgrade. Vérone, 18 avril 1818. 1 gr. p. pl. in-4. Belle lettre.

960. PINDEMONTE (le chevalier Hippolyte), poëte lyrique et dramatique italien.   N. 1753. M. 1828.

THALBERG (en allemand). Paris, 6 avril 1843. 1 p. in-8. — CLAUSS (Mlle Wilhelmine). 1853. 2 p. in-8. Curieuse. — GORIA (Alexandre) 1 p. pl. in-8. — HURAND (Mlle) 1859. 2 p. in-12. — RUBINSTEN (en allemand). 7 décembre 1854. 1 p. pl. et demie in-8.

961. PIRON (Alexis), le célèbre auteur de la *Métromanie*.

Epigramme (à M. le Comte de Vence), *en lui envoyant les 3 volumes de mes œuvres.* — Autre Epigramme. — *Epigramme sur une place de l'Académie accordée au concurrent de M. La Condamine.. — Epigramme sur* (Voltaire) *l'Auteur du Préservatif, et celui de* (l'abbé Desfontaines). *la Voltéromanie. Le 1er vomit des horreurs contre l'autre qui les lui rend; et chante ses propres louanges sur son ode à la Reine.* 2 p. pl. in-4.

962. PIRON (Alexis). *Le même*

*Épître à M. D**** (Duménil-Patry), *Procureur général à Caën qui nous avoit honorablement hébergés dans notre voyage de Normandie.* Autographe. 1730. 4 p. pl. in-4. Belle pièce.

963. PIRON (Alexis). *Le même.*

L. aut. sig. de M. l'Archevêque de Sens (Languet de Gergy) adressée à Monsieur Piron, en sa maison, rue Saint-Honoré, vis-à-vis les Capucins, a Paris. Paris, 31 octobre 1750. Demi-p. in-8.

Ses quatre vers sont admirables, le premier seul, ne peut avoir de prix. Tout beau qu'il soit, oserait-il lui proposer de mettre :

Il répandait en prince et vivait en apôtre. Le mot dépensait appartient au luxe et équipages, des meubles, de la table, etc., celui de *répandait* appartient plus à la libéralité; que si sa critique ne lui paraît pas juste, qu'il la méprise. Il s'en tiendra à l'admiration et à la reconnaissance... — Piron a écrit en tête :

     « *Epitaphe du curé de Saint-Sulpice.*

           —

     « Il dépensoit en Prince : Et vivoit en Apôtre.
     « Zélé pour son Troupeau, zélé pour le Seigneur,
       « De l'un il fut le bon Pasteur,
       « Et fut le Salomon de l'autre. »

964. PIRON (Alexis). *Le même.*

L. aut. sig. de l'Archevêque de Sens (Languet de Gergy), à monsieur Piron, rue Saint-Honoré, vis-à-vis des Capucins, à Paris. Sens, 9 nov. (1750). Demi-p. in-4. Cachet.

Par reconnaissance des beaux vers qu'il a faits sur son frère (le curé de Saint-Sulpice), il lui envoie la traduction latine qu'il en a faite pour la soumettre à sa censure et correction... Suit cette traduction... « Je souhaite qu'ils « vous plaisent autant que les vôtres m'ont plû : cela ne se peut : mais c'est « assez que j'en approche...

En tête Piron a écrit, comme à la lettre qui précède, son épitaphe du curé de Saint-Sulpice, et une explication sur le mot *répandoit* au lieu de *dépensoit* que voulut et voulut bien, avec une bonne raison, l'archevêque de Sens, — puis au bas la minute de la réponse qu'il lui fit (demi-page de 13 lignes) le 12 nov. 1750. — Il y a ce qu'on appelle urbanité dans l'honneur qu'il lui a fait de le mettre en latin; et dans la peine qu'il a prise de lui en faire part. Il l'en remercie comme il doit; mais qu'il lui permette de lui dire qu'il en serait une fois plus glorieux qu'il ne l'est, si ses vers n'y gagnaient justement ce qu'il y perds : Car ils ont acquis en passant par ses mains, le degré de perfection qui leur manquait au sortir des siennes sans compter ce qu'ils doivent déjà à la juste correction qu'il daignait y faire sur le champ. « *Egenus* ajoute une grande « force au miracle d'avoir sçu répandre en Prince, et ce coup de pinceau est « le coup de maître dans le tableau. *Hinc* aussi termine la pensée plus « décemment que le mot de l'autre que je n'aime point, et qui, dans notre » langue, a je ne sais quoy de trivial, surtout employé relativement à Dieu... »

965. PIRON (Deux lettres adressées à Alexis).

1° L. aut. sig., de M. Varenne, en date du 25 avril 1752. 2 p. in-4.

Au sujet du manuscrit de *Fernand Cortez* que Piron lui avait confié pour le lire et lui en dire son sentiment.

2° L. aut. adressée de Rome, le 18 septembre 1739. 3 gr. p. pl. e
quart in-4. Cachet.

L'auteur de cette lettre paraît être attaché à l'ambassade française. En réponse
à la plus charmante lettre du monde que Piron lui a écrite il l'entretient de
Rome qu'il compare à Paris, pour les habitants, les objets d'art, les monuments,
etc. Le jour de la Saint-Louis on a exécuté chez l'ambassadeur un divertissement en musique dont les paroles lui ont paru inférieures à ce qui se compose
ordinairement à Paris... « Ils font un cas infini de cet abbé Metastase auteur de
« cet opéra d'Achille et Deidamie dont Guyot de Merville mit une mauvaise
« imitation sur notre théâtre... » Il l'entretient ensuite de l'abbé Prévost, de
Voltaire, Rousseau, etc.

966. PIRON (Mlle de Bar, femme d'Alexis) *10*

L. aut., à Piron, au Château de Livry, par Bondy. Ce mercredi au
soir. 2 p. pl. in-4. Joli Cachet. Belle lettre.

Nouvelles diverses, tristes, comiques... Elle a grande pitié des pattes des
petits moineaux, ne pourrait-il pas faire mettre les barres de fer à la glace,
pour faire rafraîchir leurs pauvres petites pattes?... « Bonjour Garoüi Garama.
Tant mieux, nous dirons bien alégria, quand succès viendra. »

967. PIRON, général vendéen. Né à La Varenne, près Ancenis *11 · 50*
(en Bretagne), en 1755.   Tué en 1794.

Ordre aut. sig. : *Piron comendt gal.* et contresigné : *Ne Varietur*
par le conventionnel *Letourneur* (de la Manche), à Oudon, 19 mars
1793. Petite p. in-8 en travers.

Un détachement de l'armée cantonnée à Oudon se transportera en armes à
Couffé et recueillera les grains nécessaires pour la subsistance de l'armée et
se conduisant avec modération.

968. PLANCK (Gottlieb-Jacques), théologien allemand. *5 · 5*
Né en 1751.   Mort en 1831.

L. aut. sig. (en allemand). 4 janvier 1817. 2 gr. p. in-4. Beau
portr. gravé par Hoedel, avec facsimile.

969. PLEYEL (Mme Camille-Maria-Denise *Moke,* dame), cé- *j*
lebre pianiste.   N. 1816.

1° L. aut. sig., à Mme Serre. Leipzig. 8 nov. 1 p. in-8.
2° L. aut. sig., à M. Auber. 3 février 1848. 1 p. in-8.

970. POETES, auteurs dramatiques, littérateurs, français et *5 · 50*
etrangers. 7 pièces.

TIECK (Louis). Pièce aut. sig. (en allemand). 4 p. pl. in-4. —
GABRIEL (J.) L. aut. sig. 1 p. in-8. — LATOUR DE SAINT-YBARS. L. aut.
sig. 2 p. in-8, et copie aut. d'une pièce en vers comique adressée à
Nicolet, au sujet du *Tableau parlant,* comédie parade, mêlée d'ariettes,
représentée à la Comédie Italienne en 1769. 4 gr. p. in-4. — LAUNOY
(Alphonse de) L. aut. sig. 1 p. in-8. — RELLSTAB. L. aut. sig. (en
allemand). 2 p. in-fol. — SWAB (Gustave). L. aut. sig. (en allemand). Stuttgart, 12 oct. 1817. 1 p. et demie in-4.

971. POETES, *chansonniers.* *1 · 50*

DÉSAUGIERS. Minute de lett. aut. 2 p. in-8, et sa signature sur le faux
titre de *Cadet Buteux.* — DES ESSARTS (Mme Anna). L. aut. sig. 25
août 1843. Demi-p. in-4. — GIRARDIN (Delphine Gay, Mme Emile de)
L. aut. sig. 1835. 1 p. in-18. — MÉRY. Billet aut. sig. 1 p. in-18. —
MONTÉMONT (Albert). *Rectiùs vives, Licini, etc. Liv.* II ode X. Traduction en vers français. 1 p. pl. in-8. — VIAL (Victor). *Boire et manger,
chanson de table,* et lett. aut. sig. Angers, 10 mars 1810. 2 p. in-4.

972. POMPONNE (l'abbé de). *3 · 4*

L. aut. sig., à Mgr.... Paris, 23 avril 1748. 4 p. in-4.

Curieuse lettre au sujet d'un imprimé qui a été fait à son inçu et malgré lui,
et a été prêt de lui faire une affaire très-sérieuse avec le Roi... Juste colère
du premier magistrat du royaume, laquelle ne tombera que sur l'insolent imprimeur, on a su qu'il a gagné quelques élèves ou quelques laquais pour faire
cet imprimé qu'il vend 6 ou 7 sous chaque exemplaire... « Il faut laisser aboyer

« à présent ces malh ureux jésuites qui sont comme des chiens enragés de
« voir que tous les évêques se réunissent en cette occasion par leurs mande-
« ments et instructions partorales, qu'ils n'ont jamais eu d' ffaires plus impor-
« tantes pour soutenir la saine doctrine, ainsy c'est à tout le corps épiscopal à
« attaquer ces malheureux religieux qui enseignent la plus mauvaise doctrine
« du monde. Ils sont idolâtres à la Chine, probabilistes à Rome et en Espagne
« publiquement, et en France condamnés par l'assemblée de 1700... »

973. PONGERVILLE (J.-B.-Antoine-Aymé *Sanson de*), poëte,
membre de l'Académie Française.

1º L. aut. sig., à M. Aimé Martin. 3 mars 1841. 1 p. in-8.

2º *Sur Millon, son époque, et ses ouvrages.* Manuscrit aut. 30 p.
in-4., avec des ratures et corrections.

974. PONIATOWSKI (Joseph, prince), maréchal de l'empire.

L. sig., à M. Séréville, préposé du payeur de la grande armée. Varsovie, 31 mars 1812. 1 p. et demie in-fol.

Au sujet du payement d'une somme de deux cents mille francs à effectuer
aux dépenses qui résulteront de l'augmentation de l'armée du duché.

975. PONS de *Verdun* (Robert), avocat avant la révolution,
poëte, membre et secrétaire de la Convention nationale.

1º L. aut. sig., à son ami... 12 novembre. Demi-p. in-4.

Il lui envoie les vers *improvisés* qu'il fit pour la mort de Napoléon ; mais
qu'il n'imite pas la faiblesse des grands maîtres, et indulgent, qu'il les juge
avec son cœur et non avec son esprit.

2º *La Douleur de la Patrie Chant funéraire.* Neuf strophes de huit
vers. Aut. 2 p. pl. et demie gr. in-4. (C'est la pièce annoncée dans la
lettre qui précède).

976. PONTCHARTRAIN (Louis-Phélyppeaux, comte de),
ministre, chancelier de France.   N. 1643. M. 1727.

Cinq lett. sig., adresséesà M. le grand prévôt au présidial d'Orléans...
M. de Keere et M. Roger. Versailles, 1693 a 1711. Ensemble, 15 p.
in-fol. Curieuses.

977. PONT DE LA CONCORDE.

Détail sommaire des ouvrages a faire pour la construction d'un pont
de charpente sur la rivière de Seine au-dessous du Pont-Royal et en
face de la rue de Bourgogne. (Ce pont construit plus tard en pierre,
et appelé *Pont de la Concorde*). Aut. sig. de Perronet, architecte du
Roi, premier ingénieur des Ponts et Chaussées. Paris, 14 sept. 1776.
4 p. gr in-fol.

Le devis apppoximatif se monte à 284, 297 livres 8 sols 9 deniers. Curieux
détails pour les prix de cette époque.

978. PORTALIS (le comte Jean-Etienne-Marie), ministre des
cultes sous l'Empire.   N. 1746. M. 1807.

L. aut. sig., au ministre... Paris, 19 ventôse an IX. 1 p. in-4.

PORTALIS (le comte), fils du précédent, aussi ministre des cultes. 1º L.
aut. sig., au duc de Gaëte. Paris, 24 janvier 1810. 1 p. in-fol. —
2º Trois lett. sig., à M. Renouard. 1810. 6 p. in-4.

PORTALIS (Siméon), oncle du précédent. L. a. s. an XI. 1 p. in-4.

PORTALIS DES LUKETS. L. sig., à M. Renouard. 1 p. in-4.

979. PORTRAITS, *charges à la plume.*

1º PORTRAITS divers (artistes dramatiqnes, hommes et femmes)
23 p. in-8, in-4 et in-fol.

2º CHARGES à la plume, de compositeurs et d'artistes dramatiques :
Adophe Adam (deux) ; Beethoven (deux) ; Déjazet ; Dimond ; Fechter ;
Foote ; Miss Foote ; Grimaldi ; Miss Kelly ; Milon ; Tautin ; Sainte-Foy ;
Mme Stoltz. Très-curieux lot.

980. POUGENS (Marie-Charles Joseph de), littérateur, philologue, membre de l'Institut.   N. 1755 M. 1833.

1º L. aut. sig., à **M.** le Marquis de Fortia, à Avignon. Rome, 24 juin 1778. 1 gr. p. pl. in-8. Cachet. Intéressante. Rare.

2º L. sig., au même. Soissons, 27 novembre 1833. Demi-p. in-8.

981. **PRADIER** (James), statuaire, membre de l'Institut.

L. aut. sig., à M. Vatinel, pour l'ami Monvoisin, à l'Académie de France, à Rome. Paris, 23 juin 1824. 3 p. pl. in-8. Cette lettre et la suivante donnent quelques explications sur une affaire d'amour que Pradier a eu à Rome, et par suite de laquelle il a couru de grands dangers pour sa liberté et même pour sa vie.

Le voilà arrivé à Lyon depuis deux jours où son frère lui a appris l'affreuse nouvelle que les parents de l'infortunée (l'objet de sa passion) sachant qu'elle était arrivée par le signalement que son mari leur avaient donné l'avaient fait arrêter et conduire en prison. « Jugez quel a été sa souffrance ; mon frère « qui habite Lyon et quelques personnes qui la connoissent se sont intéressés « chaudement à elle... Je viens de recevoir une lettre de mon frere qui m'an- « nonce qu'elle va sortir demain ou après demain de cette prison, et que c'est « un mésentendu du préfet. Les parents donc vont la mettre dans une maison « chez une honnête famille, mais gardée de près jusqu'à ce que son mari soit « arrivé. Les beaux-frères se sont très-mal conduits avec elle, elle ne peut « souffrir cette famille, il paraît qu'ils sont aussi bons que celui qui est à Rome, « elle a pris un caractère héroïque, elle brave tout et je crois qu'elle trouvera « le moyen de se séparer de son mari avec plus de facilité en France. Ieut- « être ce mal aura été pour un bien pour elle puisqu'elle ne désire que cela. « Pour moi, cher ami, je ne suis nullement en danger, je désire avec ardeur « que cette f.... méchante bête d'Art.... ne se permette pas de faire le petit « ambassadeur pour vous faire des remontrances, car il ne lui est pas permis « de faire plus, il n'a aucun droit... Vous ne risquez rien du tout du tout, « soyez donc tranquille.... »

982. **PRADIER** (James). *Le même.*

L. a. s., à M. Monvoisin, a Rome. Paris, 17 août 1824. 2 p. pl. in-8. Il lui apprend que l'infortunée N. . est avec lui à Paris bien portante, tout le monde à Lyon s'est intéressé à elle jusqu'au procureur du Roi qui lui même l'a fait sortir du lieu infâme où les parents de son persécuteur l'avaient traînée. Comme elle désire n'être point à charge à ses amis elle l'a prié de lui don- ner des maîtres de chant, elle a une voix superbe, et elle veut terminer son roman d'une manière originale et honnête, « elle désine désjà tres bien, mais « la peinture est plus longue à étudier que la musique, elle fera beaucoup « d'effet sur le théâtre, car elle est belle et a beaucoup de moyen (de la dis- « crétion je vous prie).. «

983. **PRADIER** (James). *Le même.*

L. aut. sig., à M. Robert Paris. 1 p. et demie in-8. Description détaillée de sa maison de campagne et de ses dépendances.

984. **PRADIER** (Charles-Simon), graveur.

L. aut. sig., au Roi. 1 gr. p. in-fol., en partie jaunie par le temps. Il demande la c oix de la Légion d'honneur, et rappelle qu'il est auteur de la Vierge aux ruines, d'après Raphaël, de la Fornarina, d'après Ingres, etc.

985. **PRETRES DISCIDENTS**, ou de la *Petite Église*, en *Ven- dée* (dossier relatif aux), exerçant dans des églises pa- roissiales, en Vendée, sous l'empire et la restauration.

Dix lettres, et pièces officielles, émanant de ministres des cultes, de l'intérieur, de préfets, de l'évêque de Poitiers, de prêtres, etc., sur les oppositions, les résistances, les refus de sacrements et d'inhumations exercées par des prêtres de la *Petite Eglise*, à Bressuire et communes environnantes, du 21 germinal an XII (11 avril 1804) au 16 août 1820. Ensemble, 27 p. in-4 et in-fol., sig. et aut. sig. Très curieux dossier.

986. **PRINCES DU SANG** (Rénovation de 1789).

Acte officiel signé par les princes du sang: 1º Charles-Philippe (comte d'Artois), depuis Charles X (avec trois mots de sa main). — 2º Louis-Joseph de Bourbon (Prince de Condé). — 3º Louis-Henri- Joseph de Bourbon (duc de Bourbon-Condé). — 4º Louis-Antoine-Henri de Bourbon (duc d'Enghien). — 5º Louis-François-Joseph de Bourbon

(prince de Condé). 9 gr. p. pl. et quart, in-fol. (Collections de Trémont et de La Jarriette).

Mémoire, ou respectueuses remontrances au Roi Louis XVI sur l'esprit d'effervescence et d'insubordination qui tend au renversement des anciennes lois
de la monarchie, et sur la prétention du Tiers-Etat, d'obtenir deux suffrages aux
Etats-Généraux. — Cette intéressante pièce historique n'est pas datée, mais
elle est évidemment des premiers jours de mai 1789. l'ouverture des Etats-
Généraux ayant eu lieu le 5 de ce mois. On y lit : « Ils ne peuvent dissimuler
« (les princes signataires) l'effroi que leur inspireraient *pour la patrie* (ces trois
« mots ont été ajoutés par le comte d'Artois) le succès des prétentions du
« Tiers-Etat, et les funestes conséquences de la rénovation proposée dans la
« constitution des Etats. Ils y découvrent un triste avenir, ils voyent chaque
« Roi changeant suivant ses vues ou ses affections le droit de la nation ; un
« Roi superstitieux donnant au clergé plusieurs suffrages, un Roi guerrier les
« prodiguant à la noblesse qui l'aura suivi dans les combats, etc., etc. »

8

987. **PROTESTANTS CELEBRES**. 4 lettres.

BEAUVOIR LA NOCLE, lieutenant des hommes d'armes de Dandelot.
L. avec la souscription et trois petites lignes aut. sig. Du Hâvre, 12
janvier 1565. 1 p. in-fol, rognée à la marge extérieure par l'humidité.
HALES (Jean), savant anglais, mêlé aux luttes religieuses de son
époque. Mort en 1572. L. aut. sig. *Joannes Kalesius* (en latin), a Jean
de Ferrières, Vidame de Chartres. 1 gr. p. et demie in-fol. —
REGNIER (Jean de), comte de Guerchy et de Nangis, fameux capitaine
huguenot du XVIe siècle. L. aut. sig., à M. de Martigny. Châtillon,
6 oct. (1567). 1 gr. p. in-fol.

24

988. **PROUDHON** (Pierre-Joseph), publiciste et écrivain so-
cialiste. N. 1809.

L. aut. sig., adressée à une demoiselle de 18 ans qui lui demande
des conseils sur le parti qu'elle doit prendre, étant recherchée en mariage par deux jeunes gens, l'un l'ami du cœur, *pauvre*, l'autre non
aimé, *riche*... Paris, 14 septembre 1855. 6 gr. p. pl. in-8. Ecriture
fine et serrée. (Nous soupçonnons fort la demoiselle qui demande des
conseils pour son mariage être le même personnage qui, le 18 juillet
de la même année, écrivait à M. Proudhon pour lui faire par de son
projet d'en finir avec la vie par suite de chagrins d'amour. — Voir
notre 30me catalogue (23 novembre 1861) no 488.—Celles à MM. Jules
Janin, no 294, Pierre Dupont, no 196, etc., du même catalogue.

Depuis quelques années il a reçu tant de confidences de l'espèce de la
sienne, qu'elles ont fini par lui inspirer toutes une excessive méfiance. Il se
demande si ces consultations sont sincères, comment lui, à qui l'on ne suppose
pas généralement une âme bien tendre, il est pris pour conseil par ces victimes
de l'amour ; et si au contraire tout cela n'est qu'une feinte, comment ses
tentateurs et tentatrices s'accordent a lui poser la même question ? ce qui le
frappe encore plus, c'est que tous ses serviteurs et servantes, soit de la Vénus
Uranie, soit de la Vénus vulgaire, après lui avoir raconté leurs douceurs, finis-
sent invariablement par lui déclarer qu'ils ne partagent nullement ses idées en
matière de religion, preuve tout à la fois de la profondeur de leur mal, et du
peu de créance qu'ils ont au fond dans ses paroles. — Elle excusera donc ce
que sa lettre peut avoir pour elle en particulier de sévère : Il ne sait véritablement que penser de sa communication, de même qu'il ignore à qui il parle.
Il trouve d'abord dans la première page de sa lettre quelque chose de gauche
et même de mal séant, qu'il ne peut se dispenser de relever. « Comment a-t-il
« pu vous entrer à l'esprit qu'*une jeune fille de 18 ans*, demandant conseil à
« un écrivain dont elle n'est pas connue, *courait risque de passer à ses* yeux
« pour une habituée du bal mabille ?... Supposeriez-vous, par hazard, qu'une
« effrontée seule peut écrire à un écrivain aussi connu pour ses idées révolu-
« tionnaires que pour son peu de foi religieuse? Ce seroit de votre part une
« injure gratuite, qui témoignerait de votre esprit d'intolérance, et pour la
« quelle je ne pourrais éprouver que le dédain le plus parfait. Mais qu'elle ap-
« parence qu'en me demandant un conseil, vous ayez commencé par m'outra-
« ger? Non, vous avez cru, dans la préoccupation où vous jette votre
« amour, que c'était le déflorer que d'en entretenir qui que ce fût, même le
« plus rude des écrivains de l'époque ; et c'est ainsi que l'idée des *habituées de*
« *mabille* vous es venue. Ah! mademoiselle, on voit bien que vous connaissez
« peu ces demoiselles ; et puissiez-vous conserver toujours cette susceptibilité

« précieuse !... Les habituées de Mabile ont bien d'autres affaires que de de-
« mander à un esprit sérieux des conseils sur une chose aussi grave que le
« mariage. Votre démarche peut passer tout au plus pour originale, bien qu'a-
« près tout elle n'ait rien de plus excentrique que la confidence que vous avez
« peut-être déjà faite à votre confesseur. Il n'y a rien, croyez-moi, dans cette
« démarche qui blesse la modestie, rien, dis-je, de blâmable si ce n'est peut-
« être l'exagération et le faux de votre délicatesse. » — Un autre passage de
sa lettre l'a choqué encore plus vivement, c'est celui où elle lui dit : *Je compte
sur votre discrétion ; et je suis certaine que vous n'instruirez pas ma famille de
ma démarche.* Comment donc ! se cacherait-elle de sa famille ? et la résolution
qu'elle a prise de lui écrire ne serait-elle déjà que l'acte d'une jeune fille qui
agit à sa fantaisie, par coups de tête, sur des conseils pris à droite et à gauche,
et en dehors de l'influence paternelle ? ceci deviendrait inquiétant ; et lui ferait
encore mieux comprendre comment dans une pareille disposition de cœur et
de volonté, l'idée des *habituées de Mabile* lui a traversé le cerveau. Rien de
plus innocent en soi, il le lui répète, que sa démarche, si elle est faite loya-
lement et sans esprit d'insubordination ou d'égoïsme. Mais s'il s'agissait pour
elle de justifier un caprice, de chercher des armes contre l'autorité domestique, de s'encourager dans une révolte : rien de plus dangereux et de plus ré-
préhensible. — Peut-être se trouve-t-elle dans une de ces situations fatales où
une jeune fille est placée entre la désobéissance et le sacrifice, sans un conseil
d'ami qui la dirige et la protége. Si telle est sa position, pauvre enfant, il la
plaint de grand cœur. Une jeune fille dont le recours est en dehors de sa famille court au précipice ; un hasard heureux peut seul la sauver. — Non, il
ne trahira pas son secret ; mais, si quelque jour, après avoir satisfait sa curiosité, et la crise passée, elle jugeait à propos de faire à son père une confession générale : il compte sur elle pour lui faire agréer ses excuses. Qu'il lui
dise bien qu'en lui répondant, il n'a pas entendu empiéter sur ses droits ; et
que hors le cas d'indignité, ce que rien dans sa lettre ne l'autorise à présumer,
c'est encore à l'arbitrage de son père qu'il l'a renverra toujours.

« Maintenant, mademoiselle, je viens à l'objet de votre lettre. Vos indications
« sont si générales, vous êtes si avare de renseignements et de détails, qu'il est
« à peu près impossible d'asseoir sur vos paroles une appréciation équitable.
« Je suis donc forcé de prendre vos impressions à la rigueur ; car ce ne sera
« pas ma faute, si mon opinion, motivée par vous même, vous satisfait si peu.
« — Eh bien, mademoiselle, de tout ce que vous me dites, je conclus que
« vous ne pouvez avec convenance et sécurité, accepter ni l'un ni l'autre des
« deux partis qui se proposent. — Parlons d'abord du premier : Si au lieu de
« m'écrire vous même, vous m'eussiez fait consulter par un intermédiaire,
« voici qu'elle eut été ma réponse : — De quoi s'agit-il ? d'un petit bourgeois
« *riche*, mais *paresseux et fat*, qui veut se marier à une petite bourgeoise
« dotée, mais fine et prise d'un autre amour. Quel intérêt puis-je avoir à tout
« ce monde ? Mariez-la donc : ils sont faits l'un pour l'autre. Que monsieur,
« dès le lendemain de la noce, ennuie madame à outrance ; que madame per-
« sécute monsieur à mort : qu'au bout de six mois l'un fasse la cour à la femme
« de chambre, et que l'autre prenne un amant : c'est la vie de cette bour-
« geoisie soi-disant religieuse, mais égoïste et sensuelle... Vous vous êtes
« faite ma correspondante, mademoiselle ; je voudrois à ce titre un peu plus
« d'égard. Peut-être le jeune homme dont il s'agit, vaut-il mieux que vous ne
« dites : mais enfin je suis forcé de le prendre tel que vous le faites, *sans
« état, paresseux, infatué de sa personne.* Que voulez-vous en faire de ce gars ?
« Si vous ne me disiez pas que vous en aimez un autre, je croirais.........
« Fi donc ! vous dont la personnalité parait si forte, qui aspirez à vous gou-
« verner vous-même, comment pouvez-vous un seul instant, même par suppo-
« sition, arrêter votre pensée à l'idée d'appartenir à un être inerte, sans in-
« dustrie, sans génie, comme sans dévouement ?... Tâchez, mademoiselle, de
« vous bien pénétrer de cette chose sans laquelle l'existence de l'homme et de
« la femme se ravale au niveau de la brute, *la dignité personnelle....* ......
« C'est dans l'amour et le mariage que cette dignité trouve le plus ordinaire-
« ment son écueil, et c'est le problème de leur accord qui fait toute la diffi-
« culté sérieuse du lien conjugal. Unissez une jeune fille pure et sensible a
« un débauché et un brutal, la dignité de la personne est violée ; plus de bon-
« heur. La vie est intolérable. Mariez une héroïne à un lâche, une diligente
« ménagère à un fainéant, etc., la dignité périt toujours. C'est à vous de m'en-
« tendre, et de voir si la maxime de conduite que je vous donne trouve ici
« son application.
« Passons à votre autre ami, l'ami du cœur ; car il est visible que dans votre
« esprit le premier, malgré le titre d'ami que vous lui donnez en commun avec
« le second, n'est qu'un ami... de la maison. — Mon sentiment est que vous ne
« devez pas y songer davantage. — D'abord, il n'a pas l'agrément de votre fa-
« mille ; et bien que je sois loin de penser que la volonté d'une jeune fille ne

« doive être comptée pour rien en mariage, je pense aussi que c'est un incon-
« vénient presque égal, que celle des parents soit sacrifiée. Tremblez, made-
« moiselle, de contrarier votre père. Malgré les romans et toutes les histoires
« des almanachs et des journaux, il y a sur 100 toujours 75 à parier contre 25
« que dans tout cas semblable, c'est le père et la mère qui ont raison contre
« la jeune fille!... Je vois parfaitement la ruse de votre cœur : votre jeune
« peintre, à vous en croire, n'a d'autre défaut que *d'être pauvre*. C'est par là
« que vous avez peut-être espéré de me prendre, moi, écrivain socialiste,
« partisan de l'égalité des fortunes. — Mais, laissons de côté, s'il vous plaît,
« cette question qui n'est point de votre ressort ; et permettez-moi seulement
« à ce propos, de vous faire observer que ce jeune homme *pauvre*, n'est point
« votre égal, et que tout ce que vous ferez pour lui, ne servira qu'à creuser de
« plus en plus ce fossé d'inégalité qui vous sépare. Or, il est peu digne à un
« homme pauvre d'épouser une demoiselle riche, quand il n'y a d'autre mo-
« tif à cette union que le goût particulier de la demoiselle. — De cette *indignité*
« passez-moi le mot, invincible, découlent toutes les misères que vous avez à
« redouter pour l'avenir, et que je ne perdrai pas le temps à énumérer ici.
« — Mais comment se fait-il que ce jeune homme, qui naturellement se sait
« pauvre, songe à vous ? Comment se justifie-t-il à lui-même cette prétention ?
« Aurait-il besoin de votre dot pour arrondir son existence ? Se flatterait-il
« qu'elle lui aidera à faire valoir son *talent* ; et qu'après tout, un jeune
« homme bien tourné, qui fait de la peinture, qui exerce une profession li-
« bérale, vaut bien une jeune fille qui n'a que son cœur et sa dot ?
« Je n'ai pas plus de raison, Mademoiselle, de mal penser de l'*ami* qui a
« obtenu votre préférence, que de l'autre ami, dont vous pénétrez si à fond les
« défauts, que de votre père lui-même, dont vous me parlez si peu. Je veux
« donc croire que celui-ci, je veux dire le jeune peintre, est sous tous les
« rapports, hormis la fortune, parfaitement honorable. Eh bien! qu'il vous le
« prouve, en élevant sa pauvreté à la hauteur de votre fortune. Je vais tâcher
« de me faire entendre. Je suppose que la fortune sur laquelle vous pouvez
« compter s'élève au total, après la mort de votre père, etc., à 100 000 francs,
« soit, en placement sur l'État, 4 500 francs de rente. — Je dis que la position
« d'un artiste, d'un homme de lettres, d'un chef de bureau, d'un négociant, sûr
« de tirer, bon an mal an, de son travail une somme de 5 000 à 6 000 francs,
« un peu plus forte que votre propre rente, équivalente à celle d'une demoi-
« selle de 100 000 francs de dot. — Je me fonde pour cela sur ce que la con-
« dition du travailleur est tellement digne par elle-même, morale, élevée, en
« un mot, excellente, que même à égalité de revenu, je préférerais pour ma
« fille, un mari sans autre fortune que le produit de son travail, mais à con-
« dition qu'il travaillerait, à un mari jouissant d'un revenu égal en rentes,
« mais qui ne travaillerait point. — Donc, votre ami l'artiste est-il en mesure
« de vous démontrer que ses succès dans le métier lui font une position de
« de revenu égale à celle dont vous jouissez par votre propriété? — Epousez
« sans hésitation. Mais ne trichez pas sur le compte: et pour plus de sûreté,
« chargez votre père du bilan. — Je crains fort, Mademoiselle, que notre
« peintre ne soit loin de remplir ces conditions. Les produits de l'art, comme
« ceux de la littérature, sont fort chanceux, irréguliers, précaires ; et pour
« peu que votre dot y prête, vous verrez insensiblement votre mari dégoûté
« perdre l'habitude du travail, et ne vivre plus que des ressources de sa femme.
« Or, c'est là un résultat auquel j'aime à croire qu'il ne se résignerait qu'avec
« dépit, et qui lui recommande en conséquence de renoncer à vous.
« Eh quoi! Mademoiselle, vous n'avez que dix-huit ans, et toutes vos pré-
« occupations sont au mariage Qui donc vous sollicite et vous presse? Votre
« père a-t-il envie de se débarrasser de vous; ou si c'est vous-même qui
« brûlez de jouir de votre liberté? Connaissez-vous le mariage, pour en rai-
« sonner déjà et le vouloir? Honte à notre génération, à nos mœurs, à notre
« luxure! A peine la jeune fille sort de l'enfance que la richesse ou la misère,
« l'un autant que l'autre, la précipite aux bras d'un homme. On ne lui laisse
« pas le temps de se connaître, de jouir d'elle-même, de goûter les délices de
« sa propre virginité. C'est une primeur que se disputent la cupidité et la dé-
« bauche, ayant pour complice l'indolence des parents et la vanité de la jeune
« personne. Ne mourez pas fille; il n'y a pas de bonheur à tromper le vœu de
« la nature. Mais songez que cette même nature, d'accord avec les cris de la
« pudeur et d'une saine morale, prescrit à la femme comme à l'homme,
« d'attendre pour le mariage la pleine virilité : il y va pour vous de ce que
« vous avez de plus précieux, de la sécurité de votre avenir, de la solidité de
« l'affection conjugale, de la vaillance de vos enfants, de la conservation de
« votre santé, de la liberté de votre esprit, de la garde de votre cœur et de vos
« sens....... Nous ne savons plus, race lascive et dégénérée, ce qu'il y a de
« beau, de digne, pour l'homme comme pour la femme, à garder une longue et
« inviolable virginité, à tenir son corps, comme son imagination et son cœur,

« pur et libre..... ; à goûter enfin cette haute indépendance de l'âme, qui nous
« affranchit de toutes les appétences du sexe.
  « Marie-toi, jeune homme, marie-toi, jeune fille, dissimulez tant que vous
« pourrez, sous un nom chaste et sacré, vos indignes ardeurs. Mettez pour
« comble d'hypocrisie, par-dessus tout cela un vernis de religiosité ; et cour-
« rez à votre ruine, Je vous le dis, moi. qui ris de votre religion comme de
« vos grimaces : l'honnêteté est blessée de ce que vous faites; et tôt ou tard,
« dans le torrent qui vous entraîne, la vengeance saura vous atteindre.
  « Je laisse sans réponse, Mademoiselle, votre petite mercuriale sur la reli-
« gion. Vous n'êtes guère savante encore en amour, quoique vous vous ima-
« giniez; vous l'êtes encore moins en morale; et vous ne savez rien en
« théologie.
  « Je suis, Mademoiselle, votre serviteur,   P.-J. PROUDHON. »

989. PROVENCE.

Apostilles signées et aut. sig., de MM. Thibaudeau, Dumuy (Félix),
Arnaud de Puimoisson, procureur général près la cour impériale
d'Aix, Baffef, premier président de la même cour, Fauris de Saint-
Vincens, président de la même cour, Degras, maire, et d'Arbaud Jou-
ques, sous-préfet d'Aix, en marge d'une lettre de M. Grimaldi Regusse,
fils d'un ancien président de Provence, adressée au comte de Montalivet. Aix, 12 février 1813. 3 gr. p. pl. et demie in-fol.

990. PUCELLE DE CHAPELAIN (poëme de la), lettres aut. de Chapelain et d'Arnauld d'Andilly, relatives à ce poëme.

1° L. aut. d'Arnauld d'Andilly, à Chapelain (sans date). 4 p. pl. et
demie in-4.

2° Lettre de Chapelain à Arnauld d'Andilly (de Paris, 11 juin 1654)
et fragments de réponses de celui-ci, le tout copié par lui. 6 p. in-4.

3° Lettre de Chapelain à Arnauld d'Andilly (2 juillet 1654). Copie de
la main d'Arnauld d'Andilly. 2 p. in-4.

4° L. aut. d'Arnauld d'Andilly à Chapelain (31 août 1654). 6 p. in-4.

5° L. aut. de Chapelain à Arnauld d'Andilly, conseiller d'Etat, au
Port-Royal. De Paris, le 2 septembre 1654. 6 p. in-4.

6° Copie de la lettre qui précède, de la main d'Arnauld d'Andilly.
4 gr. p. in-4.

7° *Tombeau de Madame d'Andilly*, par Chapelain. Pièce de 14 vers
aut. 1 p. in-4. Il y a derrière de la main d'Arnauld d'Andilly : *Sonnet de M. Chappelain sur la mort de Madame d'Andilly.*

Chapelain avait envoyé à Arnaud d'Andilly son poëme de la Pucelle pour être
lu et corrigé par lui et ses amis. Toutes ces lettres sont relatives aux remarques
et corrections qu'ils ont cru devoir faire sur l'exposition du sujet, les récits historiques ou héroïques, la pureté et la décense du langage qu'il faut respecter...
« Il y a une description des foudres, lances et boucliers qui se forment en
« l'air, où les anges prennent les armes dont ils se servent pour assister la
« sainte dans un combat, qui ne nous a point agréé du tout, et qu'après l'auoir
« leue exactement tous trois, nous auons creu que le meilleur estoit de l'oster.
« Les premiers vers sont fort obscurs, et toute la description ne nous paroist
« auoir rien de solide... J'oubliois qu'au premier ou au deuxième (chant)
« nous auons trouué fort à redire qu'on se seruit des anges et du St-Esprit pour
« mettre dans le cœur des grands et de la cour et des chefs d'armées un amour
« prétendu saint pour la pucelle, pour deux raisons, la première que cela
« estoit superflu. Sa beauté descrite et sa valeur extraordinaire pouuant former
« cet effet toutes seules si lon en auroit désiré cet effet. La 2, que cet effet,
« mesmes comme on le décrit par ce qu'on représente du comte de Dunois est
« peu digne d'une inspiration du St-Esprit, et choque la piété ; parce que c'est
« un amour de passion qui trouble ce prince jusqu'a luy faire quitter l'amour
« légitime et violent qu'il auoit pour Marie. Or jamais le St-Esprit n'a produit
« un effet semblable et cela n'honore pas la diuinité. Mais de plus je n'aurois
« point voulu du tout qne l'on décrivisse le conte de Dunois comme quittant
« l'amour de Marie pour celuy de cette fille ; mais seulement qu'on dit qu'il es-
« toit transporté d'une admiration extraordinaire pour la vertu, la générosité,
« et les miracles de cette fille du ciel, etc, etc... »
Le 11 juin 1654 Chapelain écrit à Arnauld d'Andilly : « Je ne vous remer-
« cieray donc point comme je le devrois et que la chose le mérite des soins

« et des peines extrêmes que vous, monsieur, et Mr le Maistre, auez prise pour
« la réuision du quatrième (chant) de la Pucelle ; puisque vostre générosité est si
« pure et si délicate qu'elle ne veut pas mesme qu'on la reconnoisse par cette
« sorte d'intérest qui couste si peu et qui est si légitime. Je vous diray seule-
« ment que jay receu le liure reueu, et que je suis rauy d'en voir les pages
« bien brodées, les considérant comme autant de marques de vostre bonté
« singulière et de vostre affection sans exemple. Voilà de l'occupation pour
« moy suffisament a mon auis entre cÿ et le temps que vous, et M. le maistre
« pourez repasser le cinquième auec vostre exactitude et seuerité ordinaires. »

991. PUGET (Henri de), évêque de Digne.

1º L. aut. sig., à M... Digne, 14 avril 1718. 3 p. pl. in-4. — 2º L.
aut. sig., au même. Digne, 8 sept. 1718. 4 p. in-4. — 3º L. aut. sig.,
au même. Digne, 16 sept. 1722. 3 p. in-4.

Relatives aux conversions de protestants opérées dans son diocèse, et se-
courues par les bienfaits du roi.

992. PUTEANUS (Erycius, ou Henri Van de Putte), historiographe de Philippe III, roi d'Espagne, professeur à
l'université de Louvain.

L. aut. sig. (en latin). 10 octobre 1628. 2 gr. p. pl. in-fol. Très-belle
lettre. Intéressante.

993 PUYSEGUR (Jacques-François de *Chastenet*, marquis
de), maréchal de France ; a écrit un ouvrage estimé
sur l'*Art de la guerre*.   N. 1655. M. 1743.

L. aut. sig., à Mgr... Du camp de Loignel, ce 15, à 5 heures du
matin. 3 gr. p. in-fol. Quelques taches au second feuillet.
Rapport militaire très-détaillé et très-intéressant.

994. QUELEN (Hyacinthe de), archevêque de Paris, membre
de l'Académie française.

L. a. s., à M. le maréchal..... Paris, 20 août 1824. 1 gr. p. in-fol.

995. QUELEN (Hyacinthe de). *Le même.*

L. aut. sig., à M. le duc..... Paris, 5 février 1837. 1 p. in-4.
Il a été bien bon envers lui pendant son indisposition. S'il ne peut aller le remercier dans ce palais dont il lui a interdit l'entrée en 1830, il lui sera du
moins permis de lui exprimer par écrit sa reconnaissance.... « Pendant la
« maladie on est disposé aux choses saintes : et c'est une chose très-sérieuse
« qu'un mandement pour le carême.... »

996. QUENISSET, auteur d'un attentat sur les princes
d'Orléans, fils de Louis-Philippe.

L. a. s., à M. Dufrêne, inspecteur général des prisons de la Seine.
Paris, 15 mars 1842. 2 p. pl. in-4. Ecriture fine et serrée.
Témoignages de la plus vive reconnaissance pour toutes les bontés qu'il a
pour lui pendant sa captivité.... Plusieurs fois il a sauvé la vie à des cama-
rades, et pourtant il ne lui a jamais été témoigné la moindre reconnaissance.

997. QUESNEL (Pasquier), oratorien.   N. 1634. M. 1719.

L. aut. : *Pour monsieur Paulin...* (il y a écrit en tête : *Lettre originale du P. Quesnel à M. Ernest*). 9 juin 1683. Deux tiers de page petit
in-4. (Curieuse lettre énigmatique).

998. QUIBERON. (Commission du monument de).

1º *Commission du monument* de Quiberon. Procès-verbal de la
séance du 26 juillet 1824, signée par le ministre de l'intérieur Corbière.
6 gr. p. pl. et quart in-fol.

2º *Monument de Quiberon* (mémoire sur le projet d'élever un monument aux victimes de Quiberon). Manuscrit de 2 p. in-fol.

3º *Damas* (le duc de), membre de la commission du monument de
Quiberon. L. aut. sig. 10 juin 1821. 2 p. in-4.

999. QUIBERON (Etat rectificatif des victimes de).

« Le tableau des victimes du département de la Loire-Inférieure

« (Morbihan, Finistère, Côtes-du-Nord, et Ille-et-Vilaine) doit être rec-
« tifié ainsi qu'il est indiqué ci-dessous, d'après le résultat des recher-
« ches les plus scrupuleuses que j'ai faites auprès des familles et à
« défaut, auprès de MM. les curés et les maires, enfin sur les registres
« de l'Etat civil... » Aut. sig. de M. Charles Hersart. 1815. 4 gr. p.
in-fol. Pièce importante pour l'histoire de ce triste épisode de nos discordes civiles.

1000. **QUINAULT** (Philippe), poëte et auteur dramatique.
  Quitt. sig. (sur parch.). Paris, 9 août 1684. *Portr.*

1001. **QUINAULT** (Mlle Jeanne-Françoise), célèbre actrice
  de la Comédie-Franc., de 1718 à 1741. 1700-1783.
  L. aut., à Piron. Samedi matin. 2 gr. p. pl. in-4.
  Si elle le laissait dix ans sans lui donner de ses nouvelles, il serait bien
  quinze sans en demander, « ce n'est pas pour moy ce que jen fais, cest pour
  « uous dire que uous auez étée très-bien au soupez que nous auons fait en-
  « semble, je suis contente de uous et uous n'aués pas été immonde ... » Elle
  a été hier à la campagne et elle a été bien triste, elle le trouve d'autant plus
  coupable que le jour lui avait paru dix fois plus long que de coutume, et qu'elle
  s'imagine qu'il aurait pu lui écrire dix fois..... »

1002. **QUINAULT** (Mlle Jeanne-Françoise). *La même.*
  L. aut. à Piron. 3 gr. p. in-4. Intéressante.
  . . . Elle lui permet de déplaire en son absence, et elle lui conseille même
  de s'ennuyer ; mais les personnes qui font leurs volontés ne courent pas ce
  risque. « Ha que je nousdrois bien faire ce que je vous drois, Fontainebleau
  « est deuenué d'une impiété horrible je ne puis entendre prononcé ce mot sans
  « horreur et diste moy pour quoy ! jen ay la migraine ce nest pas la migraine
  « qui tombe sur le cœur c'est le mal de cœur qui m'est tombé dans la teste,
  « que cela ne vous surprène point. Je quitte mest chers oiseaux et j'emporte
  « mes chats je fais bien des malheureux.... »

1003. **RACHEL** (Mlle), célèbre tragédienne. 1821-1858.
  L. a. s., a Mme Samson, sans date. 1 p. pl. in-8. Très-affectueuse.

1004. **RACHEL** (Mlle). *La même.*
  L. a. s.. à M. Ch. Desnoyers, au théâtre. 31 janvier 1845. 1 p.
  et demie petit in-18. Théâtrale.

1005. **RACHEL** (Mlle). *La même.*
  L. a. s., à son ami Saint-Aulaire. Paris, 11 nov. 1739. Demi-p. in-8.
  Elle a pensé qu'il vallait mieux donner encore une ou deux séances à son
  peintre pour en être débarrassée de suite ; c'est pour cette raison qu'elle va le
  manquer aujourd'hui.

1006. **RACINE** (Louis), poëte. N. 1692. M. 1763.
  Copie signée par Louis Racine, de la lettre à lui adressée par les
  fermiers généraux. Paris, 27 janvier 1741. 1 p. pl. et demie in-4.
  Cachet de deuil. Cette copie est adressée, en forme de lettre, à M. Le
  Caron, receveur des gabelles, à Compiègne.

1007. **RACINE** (Louis). *Le même.*
  L. a. s., à M. de La Fontaine, (petit fils de Jean de la Fontaine),
  secrétaire de l'ambassade de France, à La Haye. Paris, 20 mars 1753.
  3 gr. p. pl. in-4. Cachet aux armes.
  Au sujet de quelques ouvrages qu'il voudrait recevoir de Hollande, principalement l'*Esprit des nations....* la traduction du voyage *des espagnols en Amé-*
  rique, etc.... Il a lu à des amis la requête de Voltaire : « il me peine à croire
  « qu'il ait agi si généreusement qu'il le dit, avec les libraires, et tous auroient
  « été curieux de la brochure imprimée contre lui. Du reste, cette requête n'est
  « point sortie de mes mains. — Savez-vous, où en est le fameux Virgile gravé
  « dont un anglais nommé M. Tusker de Rustorph, exécute l'entreprise à Rot-
  « terdam ? Il a engagé bien des souscripteurs, en France et en Italie. J'ai donné
  « mon Louis comme un autre. Quelques personnes n'ont pas eu confiance en
  « lui, et l'ont regardé comme un aventurier : Pour moi j'ai dit que je voulois
  « risquer pour un Louis, d'être dupe avec le Pape, les cardinaux et tous les
  « princes qui ont souscrits.
  Copie manuscrite (du temps) de la requête de Voltaire à S. A. R. madame la

princesse d'Orange.... au sujet de la feuille scandaleuse imprimée chez Pierre Gosse, libraire à La Haye, intitulée : *La bigarrure du jeudi 4 janvier* 1753. Il est dit dans cette feuille, page 13, que le sieur *de Voltaire friponne quatre ou cinq malheureux libraires à chacun desquels il vend furtivement et séparément le manuscrit du même ouvrage.* « Le sieur de Voltaire n'a jamais « vendu un seul manuscrit à aucun libraire ni de Hollande ni d'Allemagne, et « s'il y en a un seul qui puisse montrer le moindre marché qu'il ait jamais fait « d'aucun manuscrit, il se tient deshonoré à la face de l'Europe. — Il leur a « fait à tous présent de ses ouvrages sans jamais recevoir d'eux la moindre ré- « compense, etc., etc.... »

1008. RAGLAN (*Fitz-Roy Somerset, lord*), général en chef de l'armée anglaise pendant l'expédition de Crimée.

L. aut. sig. (en anglais), 22 juillet 1841. 1 p. in-8.

CARDIGAN, général anglais en Crimée. L. a. s. (en anglais). 1847. 2 p. in-8. Enveloppe avec cachet.

1009. RAMEL DE NOGARET, ministre des finances.

Six lett. sig. comme ministre des finances. Paris, de l'an IV à l'an V. Ensemble 11 p. in-4. Relatives à des questions financières.

1010. RAMEL (le général J.-Pierre), assassiné à Toulouse par les verdets, en 1815.

L. a. s., au citoyen Dumas, député. Quartier général, à Anveiller, 3 ventôse an IV. 1 gr. p. in-fol. Tête impr. Vignette.

1011. RANCÉ (Armand-Jean le Bouthillier de), abbé et réformateur de la Trappe.   N. 1626. M. 1700.

L. a. s., à Bossuet. Mars, 1697. 2 p. et quart in-4. Fortes mouillures en tête, et raccommodage du second feuillet qui a été fendu du haut en bas.

Il lui avoue qu'il ne peut se taire : le livre de Mgr. de Cambrai lui est tombé entre les mains. Il n'a pu comprendre qu'un homme de sa sorte put être capable de se laisser aller à des imaginations si contraires à ce que l'Evangile enseigne, aussi bien que la tradition sainte de l'Eglise. « Je pensois que toutes « les impressions qu'avoit pu faire sur luy cette opinion fantastique, estoient « entièrement effacées, et qu'il ne lui restoit que la douleur de l'avoir écoutée, « mais je me suis bien trompé ; on sçait que vous avez écrit contre ce système « monstrueux, c'est-à-dire, que vous lavez detruict, car tout ce que vous écrivez, « monseigneur, sont des décisions. — Je prie Dieu qu'il bénisse vostre plume « comme il a fait en quantité d'autres occasions, e, qu'il lui donne la force, en « sorte qu'il ny en ait pas un trait qui ne porte coup.... »

1012. RANTZAU (Josias, comte de), maréchal de France, l'un des plus célèbres guerriers dans la guerre de *Trente ans.*   M. 1655.

L. aut. sig., au cardinal Mazarin. 27 août 1648. 3 gr. p. in-fol.

Très-belle lettre relative à ses opérations militaires devant Furnes qu'il investit pour en faire le siége... « Une grande partie de nos trouppes tesmoi- « gnent tant de mauvaise dispositions et ie trouve tant d'impossibilité à mener « et faire servir l'artillerie sans équipage et ofüciers, que j'en perds quasi l'es- « pérance, si ce nest que Monsieur le prince soit desia en marche.... » l'é- « nurie de la caisse de l'armée, mauvaise réparition des vivres, il y a des « régiments qui ont de trop et dautres qui n'ont rien du tout... »

1013. RAOUL-ROCHETTE, littér., numismate.   N. 1790.

1º Deux billets aut. et aut. sig., in-8 en travers.

2º Article a. s. sur : Essai historique et critique sur les monnaies d'argent de la ligue Achéenne..— Recueil de médailles grecques iné- dites, publiées par de Caldaras...— Description des médailles anti- ques du cabinet de feu M. Allier de Hauteroche. 7 p. pl. grand in-4.

1014. RAPIN (le père René), jésuite, poëte latin.   N. 1621.

L. a. s., à Mgr... Dimanche, 29 mars 1663. 2 p. pl. petit in-4. Cachet de la société.

Le père Jacoby confesseur de Monsieur, partant pour le voyage de Chartres, l'avait prié de le voir sur une affaire qu'on lui fait à la Cour. « M. de Lionne

« sestoit pleint au *P.* Annat de ce quil auoit dit a la Reine mere quil a lhon-
« neur de uoir asses souuant, qu'il auoit un Janseniste aupres de luÿ et la mes-
« disance auoit grossy cela. On luy imputa d'auoir dit que messieurs les mi-
« nistres auoient tous trois des Jansenites aupres d'eux.... » Il n'a nullement
dit cela.... « Nos enfants sont assés bien, laisné a fait un fort bon theme pour
« ses places, il n'aura pas ses places si tost : comme on l'obserue il ne mange
« plus d'ordures, et il se porte fort bien aussy. Je vous demanderay vostre se-
« cours pour M. Le Febure de Saumur : S'il auoit du pain assuré il se conuer-
« tiroit : et c'est un homme, qui peut vous estre utile ou dans le collége des
« nations parce quil ny a personne de ces gens qui professent dans le Royaume
« plus habille que luy : ou pour diriger de ces grands ouurages que nous pré-
« tendés faire imprimer au Louure : Une pension modique : auec le secours de
« lassemblée du clergé que je pourrois mesnager, nous donneroit cet homme :
« et cest une honte que un scauant de son merite dans le royaume, soit obligé
« de regreter une misérable classe, et estre dans la poussière pour n'auoir pas
« du pain.... »

1015. **RAPP** (Jean), général de division. N. 1772. M. 1821.
L. aut sig., à M. Clérambault. Dantzik, 29 janvier 1811. 2 p. pl. et demie in-8.

Au sujet de son projet de mariage avec la belle sœur de M. Clérambault....
Il recherche le bonheur avec un peu de fortune seulement. « J'ai été si mal-
« heureux dans mon premier mariage, presque toutes mes épargnes pécuniaires
« s'en iront avec mon divorce définitif; mais les bontés de l'Empereur y pour-
« voiront... »

1016. **RASPAIL**, représentant du peuple, chimiste, inventeur d'une médication nouvelle.
1º Sept lignes aut. sig. au bas d'une lettre de M. Goujon, secrétaire
de l'Athénée royal de Paris. 18 nov. 1840. 1 p. in-8.
2º Note aut. sig. adressé à M. Goujon, secrétaire de l'Athénée, an-
nonçant qu'il se propose de développer, dans une série de séances, la
THÉORIE CHIMIQUE DE LA NUTRITION, *l'application de ces principes aux
différens arts qui ont pour but, d'alimenter, de protéger ou d'établir
cette fonction animale.* 22 novembre 1840. 2 p. in-4.

1017. **RAUCH**, célèbre scupteur allemand.
L. aut. sig. (en allemand). 13 nov. 1830. 1 p. pl. in-8.

1018. **RAVIGNAN** (le père de), jésuite, prédicateur célèbre.
L. aut. sig., à Mme la comtesse... Issenheim, par Soultz. (Haut-
Rhin). Dimanche, 27 juillet 1856. 1 p. pl. in-8.
« Votre sollicitude pour l'ame de votre chère enfant me touche et m'édifie.
« Que Dieu fasse remonter les graces et les bénédictions de la fille à la mère.»
Quant à la confession, à moins d'un motif spécial, il ne voit pas qu'il faille y
conduire encore mademoiselle sa fille...

1019. **RAYNAL** (l'abbé Guill.-Thomas-François), auteur de :
*Histoire philosophique des établissements et du com-
merce des Européens dans les deux Indes.*   1713-1796.
1º Billet de 4 lignes aut. sig. (à la 3me personne). à M. D, Arnaud.
In-8 en travers. Derrière se trouvent 8 vers de la main, croyons-nous,
de D'Arnaud. *Portr.*
2º *Mexique.* Manuscrit aut. 1 gr. p. pl. in-4.

1020. **RAYNAL** (l'abbé). *Le même.*
MADAGASCAR. Manuscrit aut. Partie de son Histoire philosophique, etc.
36 gr. p. à mi-marge, in-fol.

1021. **RAYNAL** (l'abbé). *Le même.*
SUMATRA. Manuscrit aut. Partie de son Histoire philosophique, etc.
11 gr. p. à mi-marge, in-fol.

1022. **RAYNAL** (l'abbé). *Le même.*
BENGALE. Manuscrit aut. Partie de son Histoire philosophique, etc.
36 gr. p. à mi-marge, in-fol. Plusieurs parties fortement tachées
d'huile.

1023. RAYNAL (l'abbé). *Le même.*

COMPAGNIE ANGLAISE. Manuscrit aut. Partie de son Histoire philosophique, etc. 20 gr. p. à mi-marge, in-fol.

1024. REBOUL (Mlle), maîtresse de pension, convertisseuse.

Lettre signée par quarante pairs et députés, adressée à M. le maréchal marquis de Lauriston, ministre secrétaire d'Etat au département de la maison du Roi, en faveur de Mlle Reboul, institutrice, pour solliciter sa bienveillance en faveur de cette demoiselle qui, par son zèle convertisseur (qui ne se rappelle Mlle Clara Loweday jeune anglaise protestante enlevée à sa famille) a compromis le présent et l'avenir de son établissement...

Le Roi a trop fait pour qu'ils puisse croire que son ouvrage demeure incomplet... Une souscription va être ouverte dans les chambres des Pairs et des députés, mais pour dernière faveur, ils demandent à S. E. que la somme qu'elle a offerte soit inscrite en tête de cette souscription...

1025. REDOUTE (Henri-Joseph), peintre d'histoire, frère et élève du peintre de fleurs, Pierre-Joseph Redouté. Né à Saint-Hubert en Ardennes (Luxembourg), en 1766.

Pièce aut. sig. 3 gr. p. pl. in-4. *Rare*

Exposé des principaux faits de ses services civils depuis 1785. En 1798 il fait partie de l'expédition d'Egypte, en qualité de membre de la commission des sciences et arts, et à son arrivé à Rosette il accompagne le général Menou dans le Delta... Il a failli être victime de la révolte du Caire... Ses voyages à Thèbes aux cents portes, aux cataractes du Nil... Dessins qu'il a faits des monuments, des poissons du Nil, etc., etc.

1026. REMEDES DU ROI pour les pauvres des provinces.

1° *Remèdes du Roy pour les pauvres des prouinces.* Mémoire avec ces mots de la main du duc d'Orléans, Régent : *Acordé a Couturier.* 10 mai 1716. 1 gr. p. in-fol.

On distribue depuis plus de 30 ans, par ordre du roi, aux pauvres malades du Royaume des remèdes qu'une longue suite d'expériences à fait connaître spécifiques dans la plupart des grandes maladies... Une somme de 4,000 livres prise sur le trésor royal en fournit une quantité considérable par le désintéressement du sieur Chomel, doyen des médecins du roi, qui les fait préparer à un sol la prise...

2° Mémoires concernant les remèdes fournis par le Sr Chomel, médecin du roi, pour les pauvres des provinces. Ces remèdes ont commencé d'être distribués en 1680 par l'ordre du roi Louis XIV... Les pastilles à cent sols le cent et l'onguent divin à cent sols la livre. La fourniture dont le Sr Chomel sollicite présentement le payement est de la somme de 3475 livres pour les remèdes distribués pendant les six premiers mois de l'année 1739.

3° Etat de la distribution des Remèdes faite par le Sr Chomel, médecin, ordonnée suivant les intentions de Sa Majesté par M. le comte Du Muy, directeur général des Economats pour le soulagement des pauvres diocèses pendant les six derniers mois de 1752. 1 p. très-grand in-fol. sig. par le comte Du Muy et le roi Louis XV. 18 mars 1753.

1027. RESSEGUIER (Clément-Ignace de), bailly et général des galères de l'ordre de Malte, se distingua à la Cour de Louis XV par son esprit, auteur d'Epigrammes contre la marquise de Pompadour, qui le fit enfermer à la Bastille. Mort en 1797 à 73 ans.

L. aut. sig., à M. Gerbe, lieutenant de juge dans la Terre de Bras, à Saint-Maximin. Clermont-Ferrand, 16 avril 1783. 2 p. in-4. Cachet.

Lettre curieuse au sujet de rigueurs excercées contre ses fermiers qui, ayant été grêlés, s'est cru obligé de renvoyer la grâce qu'il leur avait faite de cette année de grêle, grâce qui était conditionnelle, et dont ils se sont rendus indignes...

1028. RETIF DE LA BRETONNE (Nicolas-Edme), le plus fécond romancier du XVIIIe siècle. N. 1734. M. 1806.

Histoire d'une jeune fille enlevée et mariée avec un vieillard. Aut.
4 p. pl. in-4.

1029. RETZSEH (Maurice), peintre allemand, auteur des Illustrations de Faust.
L. a. s., (en allemand). Dresde, 3 juillet 1843. 1 p. pl. et tiers in-8.

1030. REVERCHON, membre de la Convention nationale.
L. aut. sig., aux Représentants du Peuple, à Commune affranchie (Lyon). 15 ventôse an II. 3 gr. p. pl. in-4. Cachet en cire rouge.
Lettre très révolutionnaire. Justification de plusieurs patriotes accusés injustement ; accusations violentes contre des ennemis jurés de notre révolution.

1031. REVOIL (Pierre), peintre d'histoire et de genre.
L. aut. sig., à M. de Vèze. 2 p. pl. in-4.

1032. REYNAUD (Jean), saint-simonien, représentant du peuple, fondateur rédacteur, avec Pierre Leroux, de l'Encyclopédie nouvelle, etc., etc.
L. aut. sig., à M. Cassin (1833). 1 p. pl. in-8. Avec un curieux petit dessin à la plume aux deux tiers de la lettre.

1033. REZAY (Cyprien de), évêque d'Angoulême.
Pièce sig. Angoulême, 18 déc. 1725. 1 gr. p. in-fol. Curieuse.
Relative à deux pensionnaires convertis, dont l'un qui a une fille mariée qui est catholique, était ministre de la religion prétendue réformée...

1034. RICARD, lieutenant en la sénéchaussée de Nîmes.
Quatre lett. aut. sig., à M. de La Font, secrétaire du Roi, à Paris. Nîmes, 1777 à 1770. Ensemble, 15 p. in-4.
Curieux détails sur les affaires judiciaires de la province. Il dit dans celle du 9 août 1777 : « Les séances que nous fîmes en vivarais et en gévaudan les
« années 1767, 1768 et 1769, et desquelles je fus commissaire, produisirent
« les meilleurs effets, à cause de l'attribution que l'édit de 1767 nous avoit
« donnée de connaître en dernier ressorts des assassinats prémédités. Pour que
« notre séance actuelle en Vivarais eut été aussi fructueuse, il auroit convenu
« que nous eussions la même attribution. Il faudroit, au moins d'un temps à
« l'autre, des exemples sévères sur les lieux pour contenir ces hommes féroces
« et sanguinaires. Tel est malheureusement, monsieur, le caractère général
« du peuple dans le vivarais et surtout dans les hautes montagnes, dont les
« habitants à demi sauvages, violens, vindicatifs, et presque toujours armés de
« fusils et de pistolets, se font un jeu de répandre le sang humain. Leur fêtes,
« leurs foires, leurs noces même sont le plus souvent ensanglantées et se ter-
« minent par des assassinats. Ce tableau vous paroitrait exagéré, si celui que
« le député même du Vivarais expose à Paris avec tant d'affectation ne l'étoit
« encore d'avantage... »

1035. RICHELIEU (Armand Duplessis, cardinal de), premier ministre de Louis XIII.   N. 1585. M. 1642.
L. sig., à M. le marquis de Brézé. Paris, 24 juillet 1631. 1 gr. p. pl. in-fol. Cachets et soies.
La Reine, mère du Roi, après avoir témoigné, comme il sait depuis qu'elle fut à Compiègne, n'en vouloir point partir, en est sortie depuis quatre jours, et s'est retirée en Flandre. Mesures militaires prises par le Roi qui fait état de s'acheminer bientôt à la frontière pour dissiper par sa présence tout ce qui voudrait causer du trouble... On espère (avec la grâce de Dieu) de sa valeur et de *lheur* qui l'accompagne, qu'il en viendra aussy glorieusement à bout qu'il a fait de toutes les afiaires épineuses qu'il a eu à démêler jusqu'ici... Il ny a chose au monde qu'on n'ait voulu faire pour détourner la Reine mère avec *Monsieur* et l'Espagne...

1036. RICHELIEU (le cardinal de). *Le même.*
L. sig., à Son Altesse, madame la duchesse de Savoie. Sans date. 1 p. in-fol. Cachets.
Ce lui serait un crime de demeurer plus longtemps sans lui rendre graces très humbles, tant sur le sujet des lettres dont il lui a plu l'honorer par M. Mazarin, que des assurances qu'elle a eu agréable de lui faire donner par lui de sa bonne volonté à son endroit. Le Roi eut eu un aussi grand désir de la voir qu'elle de voir Sa Majesté...

1037. RICHELIEU (le cardinal de). *Le même.*

Pièce sig. et contresignée : *Martin*. Au camp, devant la Rochelle, le 5 mars 1628. 1 gr. p. in-fol. Cachet près de la signature.

Ordre au sieur abbé de Mareillac de se transporter aux sables d'Ollones et autres ports et hâvres circonvoisins, pour voir et connaître les vaisseaux de cinquante tonneanx et au dessus qui seront propres pour le service du Roi, et i ceux faire amener et conduire en diligence à la rade...

1038. RIGOLET DE JUVIGNY (J.-Antoine), avocat au Parlement de Paris, littérateur.   M. 1788.

L. aut. sig., à M... Paris, 7 juin 1775. 2 p. in-4.

1039. RISTORI (Mme Adélaïde), célèbre cantatrice.

L. aut. sig., à Benelli (en italien). 1er août 1857. 1 p. in-18.

1040. RIVET (André), célèbre pasteur calviniste. Né à Saint-Maixent, en Poitou, en 1572.   Mort en 1651.

Feuille d'album aut. sig. (sept lignes en hébreu, en grec et en latin). La Haye, 11 mars 1638. Page petit in-8, en travers.

1041. ROBERT (Léopold), peintre des *Moissonneurs.*

L. aut. sig., à M. Alexandre Duchesne, à Paris. Venise, 21 août 1834. 2 p. pl. et deux tiers très-grand in-4. Son frère, Aurèle Robert, peintre, a rempli (aut. sig.) le restant de la 3me page, et la moitié de la 4me.

Lettre intéressante sur ses tableaux: *Les Moissonneurs, et les Pêcheurs de l'Adriatique.* La lettre de son frère est aussi très intéressante au sujet de ses tableaux.

1042. ROBERT (Aurèle), peintre, frère du précédent.

L. aut. sig., à M. Alexandre Duchesne, à Paris. Chaux de fonds, canton de Neufchâtel, en Suisse. 18 mai 1835. 3 p. pl. grand in-4. Ecriture fine et serrée. Cachet de deuil.

Lettre touchante au sujet de la mort de son frère. Il le remercie avec effusion de la sympathie qu'il lui a témoignée à cette occasion, et l'éloge qu'il fait de son malheureux frere et l'amitié, la bonté dont il le comble, ont pour lui quelque chose de bien consolant!... Malgré l'abattement où il a été plongé il n'a point perdu la faculté de ressentir des impressions heureuses, et si quelque chose peut lui en causer, c'est certainement de voir les mérites de celui à qui elles étaient devenues tellement étrangères, hautement reconnus par des personnes dans le cas de les apprécier; il est surpris que malgré le peu de relations qu'ils ont eu ensemble il l'avait si bien jugé : « En effet, il avait des qua-
« lités qui, dans ce bas monde, ne reçoivent guère leur récompense, mais s i
« elles n'ont pas servi à le rendre heureux ici, espérons en un avenir meilleur,
« ainsi que vous en admettez la supposition : c'est son organisation physique,
« qui cédant aux efforts continuels d'une imagination trop vive, d'une sensi-
« bilité profonde et beaucoup trop concentrée et d'un travail excessif, a enfin
« cédé après des combats qu'une énergie et une force de volonté rares, n'ont
« fait que rendre beaucoup plus cruels : Et moi j'étais le témoin de ces combats !
« Moi le frère, l'ami, l'élève, le compagnon inséparable depuis tant d'années.
« Mais ma faible éloquence était insuffisante contre les progrès de la maladie
« pour persuader à mon pauvre Léopold qu'il avait tous les élémens de bonheur
« que l'on peut ambitionner dans cette vie, qu'il devait jouir de tous ces avan-
« tages, et que l'état d'anéantissement moral dans lequel il se trouvait pro-
« venait certainement de la fatigue occasionnée par son long travail de
« laquelle il se remettrait en allant faire un voyage en Suisse et à Paris,
« mais moi plus jeune, plein de santé et d'illusion, doué d'une organisation
« plus heureuse; pouvais-je concevoir, pénétrer des pensées mystiques
« interrompues et profondément tristes? Connaissant les motifs qui pouvaient
« tourmenter mon frère il me semblait, suivant ma manière de voir, qu'il y
« avait moyen de les envisager d'une autre manière que lui, et que quand
« bien même il eût dû renoncer à de certains avantages il lui en serait resté
« assez d'autres pour être heureux; à l'égard de sa santé il s'en plaignait sou-
« vent sans pouvoir définir le siège du mal; c'était un malaise, une agitation
« nerveuse, des digestions pénibles, des insomnies, et surtout à la fin quelque
« chose d'extraordinaire dans la tête : il craignait de la perdre : moi même
« je crus quelque fois remarquer dans l'agitation tumultueuse de ses idées,
« dans sa manière entrecoupée de s'exprimer, les symptômes primitifs d'un

« affaiblissement des organes cérébraux : Toutefois, comme depuis tant d'an-
« nées j'étais habitué à sa mélancolie, je m'abusais sur ce redoublement
« de tristesse que j'attribuais toujours à la fatigue : tant que je lui voyais
« reprendre son état naturel et ses idées parfaitement lucides, j'aimais à
« me faire illusion, et à me persuader que son imagination que j'avais vu
« souvent le tourmenter sans fondement, était encore cause de ce renouvelle-
« ment de tristesse, ma sécurité renaissait au point que nous n'avons cessé
« jusqu'au dernier jour de nous livrer au travail : nous ne nous quittions ja-
« mais pour ainsi dire, et étions côte à côte pour peindre, dans toutes nos con-
« versations je lui rappelais son énergie, sa religion, sa morale, son attache-
« ment pour sa famille et ses amis : il me disait, mon cher Aurèle parle moi,
« cela me fait du bien, j'étais trop heureux quand je pouvais le distraire, je
« lui parlais aussi de son voyage, mais il témoignait une répugnance invincible
« à se mettre en route, il avait déjà un compagnon de voyage charmant, mais
« la mauvaise saison, la crainte de tomber malade en route et de porter sa
« tristesse où il irait, étaient autant de raisons qu'il mettait en avance pour
« combattre ce projet, il aurait désiré que je l'accompagnasse, quoique cela
« me dérangeât beaucoup, j'aurais été à la fin disposé à le faire, et je ne lui
« disais, mais c'était déjà trop tard, après des combats et des indécisions dont
« Dieu seul peut connaître l'horrible tourment, puisqu'il me le cachait dans la
« crainte de m'affliger, il se décida pour le grand voyage de l'éternité!... »

1043. ROBESPIERRE (Maximil.-Isid. de), conventionnel.

FREEMAN SHEPHERD (Mme J.), auteur de quelques romans anglais,
amie de Robespierre. L. aut. sig., *à Monsieur Robespierre, ancien
député de l'assemblée constituante, maison de M. Dupley, menuisier,
rue St-Honoré, vis-à-vis celle St-Florentin, à Paris*. Fresnel, 12 janv. 1792.

Il lui avait fait croire qu'il accepterait pour le besoin de la chose publique
sa petite offrande — il ne l'a pas acceptée, et elle lui en fait de justes repro-
ches.... « Ne méprisez pas ainsi les anglais. Ne traitez pas avec cette humi-
« liante dépréciation la bégayante aspiration de bonne volonté envers la cause
« commune de tous les peuples, d'une angloise. — Les françois étoient célè-
« bres pour leur complaisance pour le sexe le plus faible, et le plus sensible
« par là même aux injures. — Malheur à nous si la Révolution nous ôte ce pré-
« cieux privilège.... »

ROBESPIERRE, jeune. Sa signature à la suite de plusieurs autres.
Petit billet in-8, en travers.

1044. ROBESPIERRE (Marie-Marg.-Charlotte de), sœur des
deux frères Robespierre, conventionnels.

Projet de testament aut. sig. (à la 3me personne), en faveur de mademoiselle Reine-Louise-Victorine Mathon, à Paris, dix février mil
huit cent vingt huit. Dem.-p. in-fol.
« Je Marie-Marguerite Charlotte de Robespierre, soussignée, voulant, avant
« de payer à la nature le tribut que tous les mortels lui doivent faire connaître
« mes sentiments envers la mémoire de mon frère aîné; déclare que je l'ai
« toujours reconnu pour un homme plein de vertu, je proteste contre toutes les
« lettres contraires à son honneur qui m'ont été attribuées, etc., etc. »

1045. ROBIN DES BARRAUDIERES (D.), chef vendéen.

L. aut. sig., comme commandant de la division du Champ-St-Père,
à M..., au Champ-St-Père, le 31 août 1815, division du Champ-St-
Père, armée catholique et royale de la Vendée. Demi-p. in-fol.

1046. RODOLPHE II, empereur d'Allemagne. 1552-1612.

Document (imprimé) signé par l'empereur, et contresigné par un
ministre. 21 août 1596. Grande feuille double in-fol. Grand sceau de
l'Empire admirablement conservé.
Très-importante pièce pour l'histoire monétaire de la ville d'Aix-la-Chapelle.
Plusieurs monnaies sont figurées au centre de cette pièce.

1047. ROGERS (Daniel), homme d'Etat et diplomate anglais, élève de Mélanchton.   N. 1540. M. 1590.

L. aut. sig. (en latin), à Jean de Ferrière, vidame de Chartres,
alors réfugié à Londres. 8 août. 1 gr. p. in-fol. Intéressante.

1048. ROHAN (Henri de), prince de Léon, capitaine général des Suisses, homme d'Etat, écrivain politique, chef

des calvinistes, en France, après la mort de Henri IV.
Né en Bretagne en 1579.   Mort de blessures en 1638.

Premier livre (manuscrit), des *Mémoires de H. de Rohan sur la guerre de la Valteline* (publiés par le baron de Zurlanben. Genève et Paris, 1758. 2 vol. in-12). 40 p. in-fol., plus 10 pages détachées. Relié en vélin, avec un fac simile de l'Isographie pour comparer les notes autographes.

Ce manuscrit de la main d'un secrétaire (Benjamin Priolo ?), a des corrections autographes de la main même du duc. La préface qui est ici ne se trouve pas dans Zurlanben. Elle n'annonce que trois livres, ce qui pourrait faire douter de l'authenticité du IVe livre donné par cet éditeur. — Les corrections autographes prouvent, ce dont a douté le savant Griffet, *suite à Daniel*, t. XIV, p. 645, que Rohan est bien l'auteur de ces mémoires. — Ce mss. était inconnu à l'éditeur Zurlanben qui cite préface p. XLI, trois copies manuscrites dont aucune n'est la nôtre. Enfin on trouve à la suite (détachée) une copie du temps d'un morceau inédit de Rohan : *Véritable récit de ce qui s'est passé au souleuement des Grisons pr la restitution de la Walteline et comtez de Bormio*, etc.

1049. ROLLIN (l'abbé), célèbre auteur du *Traité des Etudes*, etc., de l'Acad. des Inscriptions. N. 1661. M. 1741.

L. aut. sig., à M. Hérault. 24 novembre 1728. 1 p. in-4 *Rare.* Portr. gravé in-8.

La crainte de l'importuner mal à propos par une seconde visite, et encore plus la maladie de l'étude qui le tient cloué à son bureau pendant toutes les matinées, l'empêchent d'avoir l'honneur d'aller lui présenter lui-même les deux premiers volumes de son ouvrage. Le libraire le fera à sa place.

1050. RONSIN (Charles-Philippe), poëte dramatique, général de l'armée révolutionnaire en Vendée. Décapité en 1794.

L. a. s , à Hébert (connu plus tard sous le nom de : *Père Duchesne*), commissaire du comité de St-Roch. Paris, 19 sept. 1789. 2 p. pl. in-4.

Au sujet des brevets d'honneur que lui et M. de St Firmin ont réclamé, lesquels doivent être de capitaine d'honneur à la suite du bataillon de St Roch, et signés et visés par MM. Harvois, le duc d'Aumont, Bailly et La Fayette...

1051. ROQUELAURE (Armand de), évêque de Senlis, puis archevêque de Malines, de l'Acad. française.

1° L. aut. sig. R., au citoyen Adolphe, à Paris. 7 mars 1793. 1 gr. p. pl. et demie in-4. Cachet.

2° L. avec 6 lignes aut. sig., au ministre des cultes. Malines, 13 vend. an XIII. 2 p. in-4.

Les archevêques et évêques doivent-ils assister au couronnement de l'Empereur ?

1052. ROSE CHERI (Mme Montigny), artiste du Gymnase.

L. aut. sig. : R. *Montigny*, à Mme Charles. 1 p. pl. in-8.

L'impératrice vient au gymnase le soir, et il faut absolument qu'elle mette la robe qu'elle la prie de faire prendre *tout de suite*...

1053. ROSE CHERI (Mme Montigny). *La même.*

L. a. s.: *Rose Chéri*, à Mlle Virginie. 30 avril 1846. Demi-p. in-8.

1054. ROSSI (le comte), économiste, pair de France, ministre de Pie IX.   Assassiné à Rome en 1848.

L. aut. sig., à M. Auguste Grigner, juge de paix, à Nyon, Suisse. Paris, 27 août 1830. 2 p. pl. et demie in-8. Ecriture fine et serrée. Très-intéressante lettre au sujet de la révolution qui vient d'être faite.

..... On a beau avoir lu les papiers et entendu vingt fois le récit des grands événements de Juillet, Paris n'est pas moins un spectacle qui l'étonne encore. Il se disait le premier jour de son arrivée, il se dit encore; est-ce bien la même ville qui était, il y a quelques jours, couverte de sang et de combats ? Le même peuple qui a résisté à vingt mille hommes, qui en a tué trois mille, et qui a vu tomber sous ses feux plus de deux mille de ses concitoyens ? « Ne « vous y trompez pas. Malgré ce qu'on vous dira des rassemblements d'ouvriers, « de leurs exigences, de leurs clameurs, ce n'est absolument rien. C'est un « reste de l'excitation morale des grandes journées, excitation que quelque

« malveillant à sans doute essayé d'exploiter, mais qui n'a offert et n'offre
« d'autre perspective que celle d'un calme parfait... » Il raconte ensuite ce
qui s'est passé au Palais-Royal au milieu d'un attroupement, et constate ensuite que le calme renait à vue d'œil, que l'ordre se raffermit. Le gouvernement qui ne pouvait avoir aucune force morale ni matérielle les premiers 15
jours, en acquiert à chaque instant. La baisse des fonds publics a été l'effet
d'un déclassement partiel plutôt que d'une alarme générale... Il dit en terminant, le samedi matin, après avoir dit que l'effervescence à Bruxelles s'était
calmée: « Le duc de Bourbon s'est étranglé. Ce n'est pas de chagrin politique.
« C'est un chagrin domestique. On contrariait avec trop d'importunité sa passion
« pour la chasse..., pour en finir, il est parti pour l'autre monde.... »

1055. ROSSINI (Giacomo), célèbre compositeur.   N. 1792.
L. aut. sig. (en italien), au comte Rinaldo Belgiojoso, à Milan. Bologne, 12 juin 1841. 1 p. in-8.

1056. ROUCHER (Jean-Antoine), poëte et littérateur, auteur
du poëme : *Les Mois*. Né en 1745. Mis à mort en 1794.
L. aut., au citoyen Desherbiers. De la prison de Sainte-Pélagie.
Septidi de la 1re décade du 2me mois de l'an IIe. 2 p. pl. in-8. Ecriture fine et serrée.
..... Il ne veut pas dire pourtant qu'il s'accoutume volontiers à l'injustice.
Oh ! non, c'est un poids qui n'est pas fait pour ses épaules. Il parvient sans
doute à le soulever quelquefois ; mais bientôt après il retombe. C'est le rocher de Sysiphe, le tonneau des Danaïdes ; il faut sans cesse recommencer,
sans pourtant avoir jamais fini. Il trouverait bien du soulagement dans les
travaux littéraires, s'il avait la facilité locale de s'y livrer tout entier. Mais,
que peut-il faire dans un étroit espace de huit pieds en carré, forcé de l'habiter avec un individu, malheureux compagnon d'infortune. « Nous n'avons
« l'un avec l'autre d'autre ressemblance que le malheur; dans tout le reste,
« aussi éloignés que les pôles le sont de l'équateur. Lui croyant à Jésus, à
« Marie, aux benoîts saints du paradis, et à tous les godets dont on avoit farci
« à Nevers la tête de Vertvert, et par une suite nécessaire, proscrivant tout,
« maudissant tout depuis alpha jusques à oméga, croyant de plus à l'alchymie,
« au grand œuvre, à la pierre philosophale, dont il me paroit en effet que son
« gousset auroit besoin pour l'y substituer au diable de Rabelais, enfin, et
« c'est là mon suplice de tous les jours, de toutes les heures, de tous les ins-
« tans, dis-je, ressemblant dans toute sa personne à un vieux antéphonaire
« de village.
« Dont la crasse auroit fait une étoffe en glacis.
« Mon ami, si jamais pour vous venger d'un grand outrage vous invoquez
« contre un méchant un supplice au dessus des forces humaines, faites d'abord
« que votre ennemi me ressemble, et puis, sans vous creuser la tête, obtenez
« seulement de quelque comité révolutionnaire que votre homme prenne ma
« place, le mien fera votre affaire de manière que vous n'aurez plus à vous
« inquiéter de rien. Ah! sainte Pélagie, sainte Pélagie, vous êtes une sale de-
« moiselle. Toutes les sortes de préjugés sont insupportables à l'ombre, mais
« à la crasse c'est pis encore. »

1057. ROUGET DE LISLE, auteur de *La Marseillaise*.
L. aut. sig., à M. Beuchot. Choisy-le-Roi, 15 janvier 1829. 2 p. pl.
in-4. Très-belle lettre.
Il l'entretient de son projet de faire imprimer en recueil ; de ses œuvres, ne
lui en déplaise. Il serait peu volumineux, et il ferait son possible pour le ré-
duire en un beau volume. Il voudrait de l'élégance mais point de faste. Diver-
cité serait sa devise. Ce recueil contiendrait des pièces lyriques (chants nationaux, chansons, romances, hymnes, etc.); des poésies légères (contes, épîtres, etc.); quelques autres d'un genre plus sérieux ; trois anecdotes, entre
autres Quiberon, et quelques pièces relatives aux temps et aux hommes, qu'ils
ont vus: « surtout une longue lettre à Bonaparte; prédiction qui ne fut
« connue que de lui, et assez *pittoresque*, si l'on considère l'époque où elle
« fut faite... » Connaîtrait-il quelque honnête libraire qui voulut se charger
de tout ce bagage ? « Mais entre nous, ma situation est épouvantable, et s'il
« est possible de l'adoucir un tantinet par ce moyen, je ne vois pas d'incon-
« vénient à le tenter.. Mon principal objet est de laisser après moi et mes
« amis, aux amis de la liberté, un petit, bien petit monument qui atteste ce
« que j'ai été, ce que fut l'auteur de cette terrible marseillaise, cause de tant
« de haines et de calomnies.... »

1058. ROUGET DE LISLE. *Le même.*
L. aut. sig., au citoyen Directeur... Paris, 3 fruct... 1 p. in-4.

1059. ROUGET DE LISLE. *Le même.*

L. aut. sig., à M... (le nom a été biffé). 8 mars 1831. 1 p. in-8.

1060. ROUGET DE LISLE. *Le même.*

Le Baiser de Rosette. Pastorale. Pièce de vers aut. 4 gr. p. in-fol.

1061. ROUSSEAU (Jean-Jacques). N. 1712. M. 1778.

L. aut. sig., à M. Guy, chez Mme veuve Duchesne. Woolton, 7 février 1767. 2 p. pl. in-4. Intéressante.
Relative à ses démêlés avec David Hume.

1062. ROUSSEAU (Jean-Jacques). *Le même.*

L. a. s., à M... A Motiers, 4 nov. 1764. 1 p. pl. et demie in-4.
Les lettres écrites de la montagne, et l'ouvrage que lui propose M. Roy sont le même, et il est de lui. Il lui dira de plus qu'il n'y a pas un mot qui puisse déplaire aux catholiques, aux français, à son gouvernement... « Mais monsieur, « il faut, quand on connoit les hommes, les prendre pour ce qu'ils sont. Vos « magistrats ne me pardonneront jamais les maux qu'ils m'ont faits, et ils « sentent trop leur injustice pour ne pas m'en accabler jusqu'a la fin. Consi-« dérez cela et voyez ce que vous avez à faire : mai soyez sûr que l'ouvrage « en lui même devroit plaire en France si l'auteur y était inconnu... »

1063. ROUSSEAU Jean-Jacques). *Le même.*

L. a. s, : *Renou*, à M. Laliaud le neveu (peintre qui avait fait son portrait), à Nismes. Monquin, 27 août 1769. 1 p. pl. in-4. Cachet.
Un voyage de botanique qu'il a fait au mont Pila l'a privé du plaisir de lui répondre aussitôt qu'il l'aurait dû. Ce voyage a été désastreux, toujours de la pluie ; il a trouvé peu de plantes, et a perdu son chien blessé par un autre, et fugitif; il le croyait mort dans les bois de sa blessure, quand à son retour il l'a trouvé à la maison bien portant; sans qu'il puisse imaginer comment il a pu faire douze lieues et repasser le Rhône dans l'état où il était...

1064. RUBINI, célèbre chanteur italien.

L. aut. sig. (en italien), à M. de Coupy. 1 p. pl. in-8.
Wicard (C.), premier ténor de l'opéra de Bruxelles. Pièce aut. sig., pour répondre à une demande de son autographe. Bruxelles, 22 mars 1858. 1 p. in-8 en travers. *Portr. charge.*

1065. RUSSILION (de), ancien aide de camp de Pichegru. Il était de la conspiration de George Cadoudal.

L. sig., au duc d'Angoulême. Paris, 7 décembre 1816. 1 p. in-fol.

1066. SACKEN (le baron de), général russe Il avait été nommé, par les alliés, gouverneur de Paris, le 1er avril 1814.

L. sig., au maire du 2mo arrondissement de Paris. Paris, 30 avril 1814. 1 p. in-fol.
En faveur de la reine Hortense à qui l'on avait pris ses écuries de la rue de Provence.

1067. SACY (Louis-Isaac *Lemaistre de*), de Port-Royal, traducteur de la Bible. N. 1612. M. 1684.

L. aut. sig., à M... 9 juin 1677. 1 gr. p. pl. et demie in-4. Belle lettre. *Rare.*

1068. SAINT-AIGNAN (Franç. de Beauvilliers, duc de) gouverneur du duc de Bourgogne, de l'Acad. française.

L. aut. sig. de son nom de roman, *Artaban*, à Mlle de Scudéry (qui a écrit au dos : *le duc de St-Agnan*). Du 6 (avril 1668, comme le croit M. de Monmerqué, à qui a appartenu cette lettre). 3 p. pl. in-4. Tres-belle et très-intéressante lettre.
Il lui parle longuement de Mlle de Sévigné sous le nom de la *belle lionne*, par allusion à la fable du *lion amoureux* qui venait de paraître... « ie scay « bien que l'auenture du Lyon ne luy est point arriuée qu'elle a de belles et « bonnes dentz ; ie scays mieux encore que mon respect me mettra tousiours « à couuert de ses ongles.... »

1069. SAINT-ANGE, poëte, traducteur des *Métamorphoses d'Ovide*, memb. de l'Acad. française. 1747-1840.

L. aut. sig., à M... Paris, 28 déc. 1791. 2 gr. p. pl. in-4.

Exposé de sa triste situation, et demande d'un secours pour pouvoir continuer son grand ouvrage, la traduction des métamorphoses d'Ovide en vers français.

1070. SAINT-ANGE. *Le même.*

1° L. aut. sig., au citoyen Bénezech. Paris, 2 ventôse an V. 2 p. pl. et quart in-4. Intéressante.

2° Fragment aut. de sa traduction en vers des métamorphoses d'Ovide (XIVe livre). 2 p. pl. in-4.

1071. SAINT-GEORGES (le chevalier de), également supérieur comme maître d'armes, écuyer, nageur, danseur et patineur. Il était, en outre, violoniste et compositeur remarquable. Né à la Guadeloupe en 1795. Mort à Paris en 1779.

L. aut. sig., à Mgr.... Troyes, 28 avril 1790. 2 p. pl. in-4. *Rare.*

Au sujet d'une assemblée générale par députés de toutes les municipalités du département, convoquée par la municipalité de Troyes, laquelle a eu lieu les 25, 26 et 27 du mois, et à un projet d'association et d'affiliation offert par la municipalité et garde citoyenne de Troyes qui y a été décidé.... Un banquet général doit terminer la fête.... Réflexions sur l'inconvenance et les dangers de ce banquet auquel doivent assister plus de deux mille individus, dont majeure partie gens de campagne et qui boivent leur vin pur, s'échaufferont sans doute tant du vin qu'ils boiront que des propos qu'ils entendront à ce festin, et qui sait à quel excès tout cela peut conduire!

1072. SAINT-HURUGUE (le marquis de) N. 1750. M. 1810.

Il se distingua en 1789 dans la parti révolutionnaire comme un chef des troubles. Partisan de Danton, à la mort de celui-ci il fut détenu ; sortit de prison au 9 thermidor.

1° L. avec une ligne aut. sig., à M. le président et messieurs du District (1789). 1 gr. p. pl. in-4. 2° L. sig., à MM. les maire et représentants de la commune. Sans date. 1 p. in-fol.

Détenu à la prison du Châtelet, il demande avec instance, dans ces deux lettres, sa mise en liberté.

1073. SAINT-JUST (Antoine), conventionnel et membre du Comité de salut public. N. 1768. Mis à mort en 1794.

Arrêté du Comité de salut public (Ampliation d'un), signé par Saint-Just, Billaud Varenne, Carnot, Collot d'Herbois et Couthon. 26 messidor an II. 1 p. in-fol. Tête impr. Vignette.

Le Comité de Salut Public informé que Lépine administrateur des travaux publics, a abusé de son pouvoir pour se faire adjuger à bas prix des domaines nationaux, qu'il a été l'ami intime d'Hébert, etc., qu'il a obtenu par la protection de Vincent, un emploi dans les manufactures d'armes d'Orléans pour son fils de l'âge de la réquisition, avec l'intention de l'en exempter... Ordonne son arrestation et sa détention à la maison des Carmes..,

1074. SAINT-LAMBERT (Charles-François, marquis de), membre de l'Académie française. N. 1716. M. 1803.

1° L. aut. sig., à M..... Eaubonne, 30 juillet... 1 p. et demie in-4. Déchirure au bas de la marge intérieure enlevant le commencement de cinq lignes ; autre déchirure en tête.

2° L. aut., à M. Devaux, le fils (l'ami de madame de Graffigny), à Lunéville. Nanci, 21 avril 1750). 3 gr. p. pl. in-4. (Collection du Plessis).

Belle lettre littéraire au sujet de l'OEdipe de Voltaire qui venait d'être représentée. Parallèle entre l'OEdipe de Crébillon...

1075. SAINT-LAMBERT. *Le même.*

Quitt. sig. (sur parch.), de la somme de 750 livres, pour six mois échus de la rente viagère de 1500 livres qui lui a été constituée par le duc d'Orléans. Paris, 10 janvier 1782.

1076. SAINT-LEGER (l'abbé *Mercier* de), bibliothécaire de Sainte-Geneviève, savant bibliophile. N. 1734. M. 1799.

Huit lett. ou billets aut. et aut. sig., à M. Renouard et à divers. 1781 à 1792. Ensemble, 10 p. petit in-18 et in-8.— Plus, une lett. aut. sig. de l'abbé de Géry, abbé de Sainte-Geneviève, à l'abbé Mercier de Saint-Léger. Paris, 10 avril 1781. 1 p. in-4.

1077. SAINT-PIERRE (Ch. Castel, abbé de), auteur du projet de *Paix perpétuelle*, de l'Acad. fr.   N. 1658-1743.

L. aut. sig., à Mgr... 12 avril 1737, au Palais-Royal. 1 p. in-8. Envoi d'un très-petit ouvrage....

1078. SAINT-PIERRE (Jacques-Henri-Bernardin de), auteur de *Paul et Virginie*, etc.   N. 1737. M. 1814.

L. aut. sig., à M... Paris, 5 février 1786. 2 gr. p. pl. et demie in-4. Relative à la vente de ses ouvrages (les Etudes de la nature, etc.).

1079. SAINT-PIERRE (J.-H.-Bernardin de), *Le même.*

Ressemblance du POLE aux Alpes. Extrait d'un voyage de Norvège de Mallet, professeur d'histoire à Copenhague, etc. aut. 1 gr. p. pl. et demie in-fol.

1080. SAINT-PIERRE (J.-H.-Bernardin de). *Le même.*

Billet de quatre lignes aut. sig., à M. de Jussien. Paris, 26 juillet 1792. Quart de page in-8. *Portr.*

1081. SAINT-REJANT, dit *Pierrot*, impliqué dans la conspiration de la machine infernale.

L. a. s., à Mme Derossé, à Saint-Brieux. 21 fév. Demi-p. in-8. *Rare.* Prière de lui prêter vingt-cinq louis.

1082. SAINT-SIMON (Louis de Rouvroy, duc de), auteur de *Mémoires* célèbres.   N. 1675. M. 1755.

1º Minute aut. du projet de lettre au Roi, qu'il avait préparé dans l'affaire (1606) du duc de Luxembourg (Préséance pour les ducs et Païrs) et qu'il a reproduit plus tard, avec quelques variantes, dans ses mémoires, livre XX. t. 1er, p. 330, édition Cheruel. 4 p. pl. in-4.

2º *Pensée de M. L. D. de S. S. pour prononcer dans le corps de la République du Sr Chardon pour MMrs. les ducs et pairs de France.* Mss. non de sa main, mais avec ces mots en tête : *Cellecy est la mienne.* 1 p. pl. in-4.

1083. SAINT-SIMON (Henri, comte de), fondateur de la secte dite : Saint-Simonienne.   N. 1760. M. 1825.

L. aut. sig., à M. Perregaux. Péronne, 27 mars 1791. 1 gr. p. pl. et demie in-4. Fragment de cachet.

1084. SAINTE-CROIX, historien, érudit, membre de l'Institut.   N. 1746. M. 1809.

L. aut. sig., à M... Paris, 9 mars 1807. 1 p. in-4. Curieuse.

1085. SAINTE-MARTHE (Abel-Louis de), général des pères de l'Oratoire.   Mort en 1697, à 77 ans.

L. aut. sig., à Mgr... De Saint-Paul, proche Soissons, 30 mars... 2 p. in-4. Belle lettre. Curieuse.

1086. SALLIERS (Jean de), évêque de Lascar, et, *Maytie* (Arnold de la), évêque d'Oléron.

L. sig., par eux : *A nos seigneurs les prélats, à Paris.* Lascar, 15 juin 1664. 2 gr. p. in-fol. Cachets et soies.

Très intéressante lettre relative aux mesures à prendre contre les protestants du midi. Elle commence ainsi : « L'importance de conseruer les victoires que « nous auons depuis peu en cette Prouince de Bearn contre l'hérésie par l'a- « néantissement d'enuiron quatre uingtz prechez nous oblige auec nos clergez « de recourir à vostre protection et authorité pour nous défendre des grands ef- « forts que noz religionnaires font en cour par trois de leurs députez qui pour- « suiuent des choses très préjudiciales à l'Église... Nous auons grand subiect

« d'espérer que le zèle et piété de Sa Majesté ordonnera la desmolition des tem-
« ples auec priuation d'exercice public en cette Pronince a l'exemple du pais de
« gex puisque nous auons icy des raisons beaucoup plus pressantes qu'il n'y en
« auoit au regard du dit pays d'autant que nos aduersaires y sont priuez de
« l'edit de Nantes et d'ailleurs toutes les circonstances y combattent contr'eux
« en telle sorte que leur cause est, incomparablement plus odieuse qu'en
« aucun lieu du Royaume... »

1087. SALOMON DE LA SAUGERIE, constituant.

L. aut. sig., à M... Paris, 26 août 1700. 1 p. in-4.
Au sujet d'un décret qui a été rendu à une séance du soir à laquelle il n'a
pas assisté. Il sent combien il est affligeant pour lui, et s'il est quelque moyen
d'en diminuer la rigueur, il fera avec grand plaisir tout ce qui dépendra de
lui...

1088. SAND (Georges), Mme *Dudevant*, célèbre romancière.

L. aut. sig., à M. L. de Potter, à Paris. Paris, 29 sept. 1845. 2 gr.
p. pl. et tiers in-8.
Relative à la publication de ses ouvrages.

1089. SAND (Georges), Mme *Dudevant. La même.*

L. aut. sig., à M. Perrotin. 20 juillet 1837. 2 gr. p. pl. et demie
in-4. Joli cachet. Belle lettre.
Au sujet de plusieurs de ses ouvrages, *Leone-Leoni, André...* Elle est bien
décidée à ne pas faire réimprimer la 1re édition de Lélia. « En ceci je vois
« combien le public est sot de redemander les passages qu'il avait si furieuse-
« ment blâmés. Au reste, j'ai beaucoup soigné la nouvelle édition et je suis con-
« tente de mon travail qui contient un volume au moins, et que je n'ai aucun
« droit de faire rentrer dans le néant.... »

1090. SAND (Georges), Mme *Dudevant. La même.*

L. aut. sig. à M. Jules Géruzel, 2 mai 1818. 1 p. in-8.
Au sujet de la non continuation du journal : *La cause du peuple.*

1091. SANSON, exécuteur de Louis XVI.

L. a. s., à Mathon de la Varennes. 31 janvier 1791. 1 p. pl. in-8.
Il le supplie de vouloir bien se mettre à portée de terminer le don patrio-
tique, et surtout de découvrir « sy il vous est possible, de quelle manière vous
« croyez quil sera accueillie. Surtout n'oublié pas de faire valoir la grande dé-
« tresse de la majeure partie des offrants.... »

1092. SAPINAUD (Charles-Henri-Félicité comte de), général
Vendéen, pair de France.

L. aut. sig., à M. Meugny. Au Sourdis, 10 août 1825. 1 p. in-4.
Billet de faire part de son décès (10 août 1829).
Sapinaud (Mlle Aimée de), sœur du précédent. L. aut. sig., à M. Cor-
neille, à Beaurepaire. La Gaubretière, 9 sept. 1833. 2 p. pl. in-8.
Sapinaud de Boishuguet, général vendéen, auteur des *Elégies sur la
Vendée,* d'une traduction en vers des *Psaumes,* etc. 1º L. aut. sig.
1827. 1 p. in-8. — 2º Copie de la main de M. de La Bouisse Roche-
fort, du discours prononcé par lui à l'inauguration du monument de
Charette. In-8 en travers, et exemplaire du prospectus (imprimé) du
monument en mémoire de ce général.

1093. SAUMAISE (Claude de), savant célèbre, qui mena de
front la philologie, la médecine, la théologie, la jurisprudence, l'histoire et l'antiquité. On le nommait le
prince des commentateurs.   N. 1588. M. 1658.

L. aut. sig., à Mgr... Leyde, 22 sept. 1637. 2 p. pl. grand in-fol.
Superbe lettre.
Le livre d'Holstenius et le livre de Socrate lui ont bientôt été remis. Nouvelles
politiques et militaires.... Qu'il lui dise donc pour changer de discours si
l'arrêt de Grenoble qu'on voit à Leyde et qui vient de Paris est une pièce
supposée afin de faire rire, puisqu'on a ordonné que les femmes pouvaient
concevoir sans l'attouchement de leur mari par la seule force de l'imagination,
« et ne scay si doresenauant il se trouuera aucun mari qui puisse s'exempter...
« Voilà un grand chemin ouvert..... pour moi il me semble plus aise de

« croire que cette dame a trouvé cette belle imagination pour conserver son
« honneur que de prendre cette créance qne l'arrest nous commande que les
« femmes conçoiuent toutes seules en songeant comme les caualles d'Espagne
« autrefois en prenant le vent par la bouche. Je serois bien fasché que nostre
« Parlement fust auteur d'un tel prononcé et aime beaucoup mieux qu'ils soient
« interdits pour auoir refusé les édicts. Ce qui s'y rencontre de plus plaisant
« sont ces quatre ou cinq dames de qualité qui déposent et certifient la même
« chose leur estre aduenue d'auoir conceu des enfants en l'absence de leurs
« maris et den auoir eu un fort heureux accouchement. Croions le puisquil le
« fault croire et qu'il y a arret pour cela mais ie trouue un peu estrange qu'on
« adiuge par la même sentence le bien du mari à cet Emanuel qui n'a point
« esté fait de ses œuures. Ce deuoit estre asses à messieurs les iuges de mettre
« à couuert l'honneur de la dame en déterminant quelle estoit deuenue grosse
« par la seule imagination, mais que ceste imagination soit passée à la réalité
« du bien pour le faire donner à celui qu'il n'appartient pas du droit, etc., etc.

1094. SAVANTS français et étrangers. 9 lett. a. s., et 1 sig.
BECKER (Rodolphe), économiste (en allemand). Gotha. 1811. 1 p.
in-4. — CORDIER, ingénieur. 1835. 2 p. in-4. — FUNCK (le général),
historien (en allemand). 1817. 2 p. in-8. — GUTSMUTHS, érudit (en allemand). 1838. 2 p. in-4. — LACÉPÈDE. L. sig. 1820. 1 p. in-fol.— MOHL
(Jules). 1839. 2 p. in-8. — MULLER (Alex.) Weimar, 1826 (en allem.)
1 p. in-4. — NURNBERGER, astronome (en allem.) 1 p. in-8. — PATTE,
ingénieur. 4 p. in-4. — PIERER (en allem.) 1848. 1 p. et demie in-4.

1095 SAVANTS français et étrangers. 10 lett. a. s. et 2 s.
BENECKE (en allem.), Demi-p. in-4. — BŒTTIGER (en allem.). 1808.
1 p. in-4. — CUPER (Charles). 1692 (en hollandais). 2 gr. p. pl. et
demie in-fol. Cachet. — GALETTI (Jean). Demi-p. in-4 (en allem.).—
HUGEL (le baron Ch.-Alex.-Anselme), voyageur, surnommé le Marco-
Polo Germain (en allem.). 2 p. in-18. — KOBERSTEIN (en allem.). 1857.
2 p. in-8. — MAC CARTHY (le comte Justin). Toulouse an VIII (en
anglais). 1 p. in-4. — OLFERS (en allem.). 1846. Quart de page in-4.—
RACKZINSKI THIERSCH (en allem.). 1831. 1 p. in-8.—TOELKEN (en allem.).
1835. 1 p. in-4. WAGENER (en allem.). 1842. 1 p. et demie in-4.

1096. SAVANTS français et étrangers. 7 lett. a. s. et 2 s. et a.
GRAESSE (le docteur J.). 1851 (en allem.). 2 p. in-8. — POLONCEAU,
ingénieur. L. s. 1818. 2 p. in-4. — POGE (Jean-Henri M. de) physicien
(en allem.). 1823. 1 p. in-4. — POUQUEVILLE. 2 p. aut. in-4. — QUE-
TELET, astronome. 1858. 1 p. in-8. — RICHE DE PRONY. in-4. —
SCHLIEBEN (en allem.). 1833. 1 p. in-4. Cachet. — TRACY (Destutt de)
An VIII. 1 p. in-4. — WEIDMANN (en allem.). 1835. Demi-p. in-4.

1097. SAVANTS français et étrangers. 8 l. a. s. et 3 p. et l. s. et a.
CHALON (René). 1858. 1 p. in-8. — FLAXLAND (Jean de), 1559. 1 gr.
p. in-fol. Cachet.—FOPPENS, auteur de la Bibliotheca Belgica. 3 lignes
aut. — GACHER (l'Abbé). 3 p. in-fol. —GOODMAN (Gabriel), professeur
à Oxford, à Jean de Ferrières, vidame de Chartres. 1569. 1 gr. p.
in-fol. — JOMARD. 1835. 1 p. in-4. Cachet.—MACÉ, chanoine de Sens.
1705. 3 p. in-4. Cachet. — RAOUL ROCHETTE. 1 p. in-8. — SÉGUR (le
comte de). 1815. 1 p. in-fol. — STASSART (le baron de). 3 lignes aut.
— YARDE (Edouard), à Jean de Ferrières, vidame de Chartres (en
latin). 157... 1 p. in-fol.

1098. SAVANTS ETRANGERS. 11 lett. et p. aut. sig.
BEECKMANN (en allem.). 1783. 1 p. in-fol. — RAMBERG, botaniste.
1823. 2 p. in-8. — REICHENBACH (Henri-Gottl.-Louis), botaniste. 3 let.
(en allem.). 1823 et 1826. 5 p. in-8 et in-4. — REICHENBACH, chimiste
(en allem.). 1842. 1 p. in-8. — ROEHLING, botaniste (en allem.). 1807.
2 p. in-4. — SALM DYCK (le prince Joseph), botaniste. Dyck, 14 mai
1841. 3 p. pl. in-4. Scientifique. — SCHWEITZER (en allem.). 1832.
1 p. in-4. — SEDGWICK. Billet aut. — WACKERBARTH (le comte de)
voyageur (en allem.). 1825. Demi-p. in-4.—MICHAÉLIS (Daniel), orientaliste. 1748. Quart de page in-4. —MENNECHET. In-8.

1099. SAVARY, duc de *Rovigo*, ministre de la police.
L. aut. sig., au duc d'Angoulême. Paris, 5 mai 1821 (Jour de la mort de l'Empereur Napoléon !) 1 p. in-4.
Ayant eu l'honneur de rendre ses devoirs au Roi, il n'en est que plus empressé d'avoir celui de les rendre à S. A. R.; « Elle a pu concevoir de moi « une opinion qui est la suite inévitable des suppositions dont j'ai été l'objet « (au sujet de la mort du duc d'Enghien)..... Ma conscience me dit que je « suis digne de son estime... »

1100. SAVOIE (le prince *Eugène*), généralissime des armées impériales.   N. 1663. M. 1736.
Document sig. du 6 avril 1730, aussi signé par l'empereur Charles VI et son ministre, Ignace de Koch (en allemand). Grande feuille double in-fol. Grand sceau, bien conservé.

1101. SAVOIE (Marie-J.-Louise de), femme de Louis XVIII.
L. aut. sig., à Madame la Comtesse Diane de Polignac. Mittau, 12-24 avril 1807. 3 gr. p. pl. in-4. Cachet en cire rouge.
Curieux détails sur sa petite Aglaë qui est bien inquiète pour son mari qui est à l'armée, et dont elle n'a pas de nouvelles depuis longtemps. C'est un aimable jeune homme qui l'aime à en perdre la tête, qui la rend très-heureuse, quoi qu'on en dise.....

1102. SAVOIE (Marie-Thérèse de), femme de Charlss X.
L. aut. sig., à M.... Turin, 6.... 1791. 2 p. pl. in-4. Belle lettre. Intéressante.

1103. SAXE (Charles-Auguste, duc de).
Arrêté sig. (en allemand). Weimar, 16 août 1811. 1 gr. p. in-fol.

1104. SCHEFFER (Ary), peintre d'histoire.
L. aut. sig., à M. Bernardi. Paris. 1 p. pl. in-8.
GÉRARD (le baron François), peintre d'histoire. L. aut. sig. (à la 3ᵉ personne), à M. Cortot. Paris. 1 p. in-8.
ISABEY père, célèbre peintre en miniature. L. aut. sig., à M. Henry Murger. Paris, 14 mars 1843. 1 p. in-8.

1105. SCHILLER (Jean-Frédéric-Christophe), célèbre poëte, littérateur et auteur dramatique.   N. 1759. M. 1805.
L. aut. sig. (en allemand), au libraire Crusius, à Leipig. Iéna, 5 octobre 1792. 1 gr. p. pl. in-4. Cachet.
Très-belle lettre. Il y est question des ouvrages de Voltaire et de Diderot.

1106. SCHILLER (Jean-Frédéric-Christophe). *Le même.*
L. aut. sig. de ses initiales (en allemand). Weimar, 20 oct. 1809. 2 p. pl. in-8.

1107. SCHLEGEL (Frédéric de), philosophe et littérateur.
L. aut. sig. (en allemand). 23 mars 1807. 2 p. in-8.
FREILIGRATH, poëte. L. aut. sig. (en allem.). 1844. 2 p. in-8.

1108. SCHLOEZER (Auguste-Louis), historien allemand.
L. aut. sig. (en allem.), Gottinger, 14 février 1802. 1 p. pl. petit in-4. *Portr.* gravé. In-4.
SCHREIBER (Aloys), romancier allemand. L. aut. sig. (en allemand). 6 avril 1806. 3 p. in-8.

1109. SCHUBERT (François), célèbre compositeur.
Fragment de musique aut. (exemples de basse chiffrée) avec attestation par un professeur du Conservatoire de Vienne. 1 p. in-fol. en travers. Sur le verso un de ses élèves a écrit une leçon de transposition.

1110. SCHWANTHALER, célèbre compositeur allemand.
L. aut. sig. (en allem.). Munohen, 13 nov. 1847. 2 gr. p. in-4.

1111. SCIENCES ET ARTS. 9 lett. et pièces aut. sig..
APPERT. 1830. 1 p. in-8. — ARAGO (François). 1843. 1 p. in-8. *Portr.* — BABBAGE, philosphe anglais. Billet aut. sig. (à la 3ᵉ per-

sonne). in-18. — Beausobre, philosophe. 1 p. in-8. — Blanqui ainé.
1 p. et demie in-8. — Bourdon, mathématicien. 1842. 3 p. in-12. —
Broussais. 1829. 1 p. in-4. *Portr.* — Cabanis. an VIII. 1 p. in-8. —
Davy (*sir Humphry*), fin d'article aut. sig. Demi-p. in-4.

1112. SCIENCES ET ARTS. 7 lett. aut. sig. et une sig.
De Witte (Jean), archéologue. 1844. 1 p. in-4. — Didot, (Firmin).
1829. 1 p. in-4. — Gay-lussac. 2 p. in-8. *Portr.* — Hittorf. architecte. 1842. 1 p. in-18. — Humboldt (Alex. de). 1845. quart de
p. in-4. *Portr.* — Jombert, libraire, bibliographe. 3 p. in-4. — Lacépède. L. s. *Portr.* — La Lande (Jérôme de). 1787. quart de p. in-8.

1113. SCIENCES ET ARTS. 9 lett. aut. sig. et une sig.
Laplace, géomètre. An V. Tiers de p. in-8. — Latreille. An VII.
2 p. in-4. — Littrow, astronome (en allem.). 1820. Demi-p. in-4. —
Maupertuis. L. sig. 1752. 1 p. in-4. — Meyer, traducteur de la Bible
(en allem.). 1847. 1 p. in-8. — Oken (Laurent), physicien. (en allem.).
1829. 1 p. in-8. — Roederer. 2 p. petit in-18. — Sonnini. An VI.
1 p. in-8. — Visconti, architecte, 1822. 1 p. in-8. — Wiebeking, architecte. (en allem.). 1796. 2 p. in-4.

1114. SCRIBE (Eugène), membre de l'Académie française.
Deux lett. aut. sig., à son éditeur. 1844 et 1845. 3 p. in-8.
Au sujet de la publication de parties de ses œuvres.

1115. SCUDERY (Madeleine de), célèb. romancière. 1607-1701.
L. aut. sig., à Huet, évêque d'Avranches. Lundi 27 déc. 2 p. pl. in-4.
Puisqu'il lui a écrit elle doit lui écrire, mais le mal est qu'elle ne peut pas
lui répondre puisqu'elle n'a pas reçu sa lettre..... Quoi qu'il en soit, elle lui
écrit sans savoir précisément ce qu'elle a à lui dire, si ce n'est qu'il lui fera
un grand plaisir de parler d'elle avec l'incomparable Octavie et le généreux
Menalgue.....

1116. SEDAINE, auteur dramatique, de l'Acad. française.
Cession aut. sig., au sieur Brunet, libraire, de son Opéra-Comique
en trois actes intitulé : *Aucassin et Nicolette, ou les mœurs du bon
vieux temps.* Paris, 10 janvier 1782. 1 p. pl. in-4.

1117. SEGALAS (Mme Anaïs), littérateur, poëte.
Bertile. Pièce de vers aut. sig. 3 p. pl. et demie in-8. Jolie et intéressante pièce.

1118. SEIGLE ERGOTÉ (Mémoire au roi sur le).
Ce mémoire d'une grande page et tiers in-fol., est daté en tête du
20 juillet 1777.
La Société Royale de médecine observe que dans plusieurs provinces du
royaume, les habitants de la campagne, et principalement ceux qui se nourrissent
de seigle, sont sujets à une maladie épidémique qui a tous les caractères de
la gangrène sèche, et qui sépare les membres du corps, et conduit à la mort.
Cette épidémie est attribuée par les uns à l'*Ergot,* excroissance monstrueuse
qui, dans les épis de seigle, prend la place du bon grain, et par d'autres au
climat, à la constitution de l'air, et au genre de vie; ces deux opinions contraires sont appuyées sur des expériences faites de part et d'autre, et quoi
qu'il soit plus vraisemblable que l'ergot est le principe de cette maladie dange-
reuse, la diversité des avis a déterminé la Société Royale de médecine à nom-
mer un de ses membres pour faire de nouvelles expériences, et pour se rendre
à cet effet aussitôt après la récolte, dans la Sologne, canton où la récolte du
seigle est la principale, et où les habitants en consomment le plus pour leur
nourriture. Le sr abbé Teissier est celui qu'elle a chargé de cette commission,
et le sr De Lassone, président de la Société demande qu'il soit payé du Trésor
Royal à ce député, une somme de 400 livres à laquelle il évalue les frais de
son voyage.
« Les faits qu'il s'agit de constater intéressent véritablement l'humanité, je
« proposerai à Votre Majesté d'autoriser cette dépense. » Ici le roi a écrit de
sa main : *Bon.*
Louis XVI, roi de France. Ordonnance sig. : *Bon. Louis,* pour le
payement sur son trésor-royal, au porteur, la somme de 2410 livres,
pour tenir lieu pendant l'année 1789, des aumônes que le feu Roi

Louis XIV faisait payer annuellement des deniers de sa cassette pour
le soulagement, et pour aider à la subsistance des pauvres prisonniers
de Paris. Paris 24 février 1790. 1 p. in-fol,

1119. SEIGNELAY DE COLBERT, évêque de Rodez.　　　*3*
　　Trois mémoires adressés : *à nos seigneurs du clergé de France*, avec
apostilles aut. et aut. sig. de l'évêque de Rodez. Sans date (règne de
Louis XV). 3 p. in-fol.
　　Relatifs à des secours à accorder à des demoiselles nouvellement converties.
Une pension leur est indispensable pour subsister.

1120. SERVIEN (le comte Abel de), célèbre homme d'Etat et　　*6.50*
　　négociateur, de l'Acad. française　　N. 1593. M. 1659.
　　L. sig., au marquis de Brézé, gouverneur et capitaine général pour
le roi, en Anjou. Pons, 22 août 1643. 2 gr. p. in-fol. Cachets et soies
de deuil. Intéressante.

1121. SHERIDAN (Richard Brinsley), célèbre orateur et au-　　*14.50*
　　teur dramatique anglais.　　N. 1751. M. 1816.
　　L. a. s. (en anglais), à John Johnston. Londres, 29 mars. 1 p. in-4.

1122. SIEYES (l'abbé Em.-Joseph), constituant, conventionnel,　　*6.10*
　　membre du Directoire et consul.　　N. 1748. M. 1836.
　　L. a. s., au président du Lycée. Paris, 28 pluviôse an VIII. 1 p. in-4.

1123. SIEYES (l'abbé Em.-Joseph). *Le même.*　　*5.8*
　　L. aut., à son cher et ancien collègue... Bruxelles, 20 décembre
1820. 1 p. pl. et tiers in-4.
　　.....Il prend patiemment le temps comme il vient. Ses infirmités s'aggra-
vent tous les jours. « Je suis beaucoup plus vieux que vous. Malheur à la
« caducité, à quelques exceptions près. Je n'espère point un meilleur état de
« choses; et autant que possible, je me regarde comme n'étant plus de ce
« monde..... »

1124. SILLERY (Alexis Brulart, comte de Genlis, marquis　　*3*
　　de), constituant, conventionnel Girondin. Né en 1737.
　　Mis à mort en 1793.
　　1° L. aut., à M. Pillon. Vendredi. Demi-p. in-4. Cachet.
　　2° L. aut., au même. Tiers de p. in-4.
　　Il ne peut rien lui arriver d'heureux sans qu'il ait un plaisir vif à le lui
apprendre. « La maréchale d'Estrées est morte et je suis son légataire uni-
« versel..... »

1125. SIMIANE (la marquise de), petite fille de Mme de Sé-　　*30*
　　vigné, célèbre par son esprit et sa beauté.　　M. 1737.
　　L. aut. sig., à M... Aix, 20 mars 1731. 2 p. pl. et demie in-4. Une
partie du bas du second feuillet a été enlevée emportant la fin de deux
lignes du compliment, et les dernières lettres de la signature qui reste
ainsi: *Grigna...*
　　Elle lui reproche l'absence de ses lettres, et lui demande.... Elle a pour
elle la simplicité et la sincerité de l'amitié. Il lui doit d'abord une relation de
son voyage entrepris et commencé sous les auspices les plus glacés et les plus
effrayants .... Elle n'a pu résister au désir de remercier elle-même M. le
comte de son précieux souvenir. « La joie est babillarde, la mienne a été
« excessive en apprenant que ce prince pour lequel iay tant de respect et
« d'attachement ne m'auait point oubliée... »

1126. SMITH (sir Williams *Sidney*), célèbre amiral anglais,　　*2.10*
　　défenseur de Saint-Jean d'Acre, il fut emprisonné au
　　Temple, sous la prévention d'avoir voulu favoriser l'é-
　　vasion de madame la Dauphine, fondateur à Paris de
　　la société *Anti-pirate.*　　N. 1764. M. 1840.
　　L. aut. sig., à M. Dupin, avocat. Paris, rue d'Anjou Saint-Honoré,
no 6. 4 gr. p. pl. in-4.

Il l'intéresse vivement en faveur d'un brave militaire décoré sur le champ
de bataille à Blida par le maréchal Clausel, et qui se trouve dans le cas d'être
publiquement dégradé devant la garnison de Lille le 4 mars..... Il est aussi
F.·. M.·., il a été décoré en combattant volontairement « dans les rangs des
« libérateurs de l'Afrique contre des hordes de barbares *marchands d'esclaves*
« à Blida, au midi d'Alger, ce qui lui donne des droits à l'attention d'un frère
« chevalier K.·. et comme frère chevalier libérateur des esclaves..... »

1127. SONNINI DE MANONCOUR, naturaliste. 1751-1812.
L. aut. sig., à M... Vienne, 20 oct. 1806. 2 gr. p. pl. in-4. Taches
de rousseur. Intéressante.

1128. SONTAG (Henriette), comtesse Rossi, cantatrice.
Billet aut. sig.: *Piazza* (en italien et en allem.). 2 p. pl. petit in-12.

1129. SOUCHOZANET (le général), commandant l'armée de
Crimée en remplacement du prince Gortchakoff.
L. aut. sig., au prince Kozlofski. Wilna, 28 février. — 8 Mars 1840.
4 gr. p. pl. in-4. Intéressante.

1130. SOULAVIE, prêtre, littérateur.   N. 1751. M. 1813.
L. aut. sig., à M... Paris, 31 janvier 1809. 4 p. pl. in-4.
Au sujet de la publication de ses *Mémoires de Richelieu*, dont deux éditions
tirées à trois mille, se sont vendues pendant la révolution et sous l'empire de
Napoléon.. Autres ouvrages de lui qui peuvent être réimprimés.....

1131. SOULIE (Frédéric), romancier célèbre.
Avec toi. Pièce de 12 vers aut. sig. Deux tiers de page in-8.

1132. SOUVERAINS ETRANGERS. 4 lett. sig.
Auguste II, roi de Pologne. (en allem.). 24 déc. 1711. 2 gr. p. in-
fol. Sceau.—Christian VII, roi de Danemark. Christianbourg, 19 sept.
1786. 1 p. in-4. — François II, empereur d'Autriche. Apostille de
deux lignes aut. sig. 1791. in-fol.—Mathias, empereur d'Allemagne.
L. sig. et contresignée par un grand conseillier des guerres (en allem.).
1572. 2 gr. p. in-fol. Sceau.

1133. SPALANZANI (Lazare), célèbre médecin et physicien,
voyageur.   N. 1729. M. 1779.
L. aut. sig. (en italien), au docteur Baltarna, à Rimini. Pavie. 10
décembre 1784. 2 p. in-4. Très-belle lettre.
Feuchtersleben (E. F. von), médecin allemand. L. aut. sig. (en
allemand). 3 nov. 1841. 1 p. in-8.

1134. SPALDING (Jean-Joachim), savant pasteur protestant,
professeur à Girefswald   N. 1714. M. 1804.
Pièce a. s. de ses initiales (en allemand). 1778. 1 p. et quart in-4.

1135. SPANHEIM (Frédéric), célèbre théologien protestant,
professeur à Leyde.   N. 1600, M. 1640.
L. aut. sig., à son très-honoré confrère... Genève, 11 déc. 1638.
1 p. pl. in-4. Petite déchirure au bas de la page enlevant quelques
mots.
Au sujet d'un de ses ouvrages qu'il lui envoie. Curieuse.

1136. SPENCER (George-Jean, vicomte Altorpe, comte), pair
d'Angleterre, célèbre bibliomane.   N. 1758.
Trente-trois lett. aut. sig., à M. Renouard. Londres, etc. 1813 à
1822. Ensemble, 60 p. in-8 et in-4. Bibliographiques et littéraires.

1137. SPINOLA DORIA (Paul de), marquis de los Balbases,
premier ambassadeur d'Espagne au congrès de Ni-
mègue.
L. avec une ligne et la souscription aut. sig. (en espagnol), au duc
de Bournouville. Vienne, 8 février 1674. 3 p. in-fol.

1138. SPURZHEIM (Gaspard), célèbre médecin phrénologue.

1º *Anthropologie (connaissance de l'homme). M. Spurzheim.* Note aut. sig.; par ce qui précède. 2 p. petit in-8. Sur le développement qu'il donnera à son cours en traitant de l'homme comme faisant partie de l'histoire naturelle.

2º L. aut. sig., à M. Voisel, secrétaire de l'Athénée. Paris, 16 nov. 1818. 1 p. in-4.

Il désire donner à l'Athénée quelques leçons sur la connaissance de l'homme moral et intellectuel, et son application aux institutions de la société.

1139. STAEL-HOLSTEIN (la baronne de). N. 1766. M. 1817.

L. aut., à M. le sénateur Destutt de Tracy, à Auteuil. Coppet, 31 mai 1807. 3 p. in-8. *Portr.* Réponse intéressante à la lettre qui suit.

Destutt de Tracy (le comte), célèbre idéologue, sénateur, membre de l'Institut. L. aut. sig., à madame la baronne de Staël. 10 mai 1807. 2 p. pl. et demie in-4. Écriture fine et serrée. Très-intéressante.

1140. STAEL-HOLSTEIN (la baronne de). *La même.*

L. aut. sig., à M... Genève, 8 février 1813. 1 p. pl. in-8.

1141. STANISLAS-LECZINSKI, roi de Pologne. 1677-1766.

L. aut. s'g., à M. le comte de Brancas Céreste. Chambord, 9 janvier 1726. 2 gr. p. in-4.

Il vient d'apprendre qu'il est nommé ministre en Suède, et il le prie de lui faire payer les subsides qui lui sont assignés en Suède, annuellement, quoiqu'ils ne soient pas considérables, il a besoin de cette somme pour payer les lettres de change qu'il a données à ses créanciers....

1142. STANISLAS-LECZINSKI. *Le même.*

Apostille de trois grandes lignes aut. sig. sur une lettre aut. sig. de B. Linowsky, prince de Russie. 1707. 2 p. et quart in-4. *Portr.*

1143. STASSART (le baron de), homme d'Etat, membre du sénat belge, littérateur, poëte, fabuliste.   1780-1854.

L. sig., au général comte de Chassenon, au château de Waha, grand duché de Luxembourg. Namur, 24 février 1831. 1 gr. p. pl. et demie in-4. Cachet en partie brisé.

Il a reçu sa lettre du 22. Ses observations sont en général pleines de justesse. « Cependant je ne puis me faire à l'idée d'une république, parce que les « républicains nous manqueraient. C'est une espèce d'hommes fort rares dans « un siècle d'égoïsme et d'excessive civilisation. La France ne voulant point se « prêter aux relations intimes que la Belgique désirait d'établir avec elle j'avais « imaginé la combinaison du duc de Leuchtenberg dont le nom rappelle de si « glorieux souvenirs. Le Roi des Français pouvait, en lui donnant sa fille, se « populariser et faire du jeune prince le plus ferme appui de son trône consti- « tutionnel; il l'aurait mis à la tête d'une armée française au-delà des Alpes, « en cas de guerre avec l'Autriche. Le fils du prince Eugène aurait rallié tous « les italiens, il aurait été proclamé Roi d'Italie et rien n'empêchait que la « couronne de Belgique se réunît à celle des français sur la même tête, « comme je l'avais d'abord projetté. La diplomatie *boiteuse* en a décidé « autrement; le cabinet du Palais-Royal a cédé à des terreurs paniques et tout « ce qui se passe à Paris depuis quelque temps ne témoigne guères en faveur « du ministère français.... »

1144. STOFFLET (Nicolas), major-général, puis général en chef de l'armée catholique et royale en Vendée. Né en 1751. Fusillé le 23 février 1796.

Réquisition d'une charge de bled et d'un mouton tous les quinze jours. A la Morosière, 17 octobre, 1795. Quatre grandes lignes aut. sig. In-4. *Rare. Portr.*

1145. STOVE (John), auteur d'une chronique d'Angleterre in-fol., et d'une description de Londres.   M. 1605.

Sa sig. (découpée), tirée de la collection de sig. formée par le révérend Cotton, aumônier de Newgate. Beau portr. anglais. grav. in-4.

1146. SUCHET (le maréchal), duc d'*Albuféra.*

L. aut. sig., au général Bonaparte, premier consul. Paris, 8 fruc
tidor an IX. 1 p. pl. et demie in-4. En marge se trouve un renvoi
signé par Bonaparte.
En faveur du citoyen Pons, capitaine de frégate, dont il donne l'état des bons
et glorieux services.

1147. SUE (Eugène), célèbre romancier.

L. aut. sig... à M... Paris. Petite p. pl. in-12.
Pourrait-il lui indiquer un honnête homme qui, sur le titre de sa propriété
de St-Brice qu'il lui montrerait comme garantie, pourrait lui prêter un millier
de francs pour cinq ou six mois sur billet ou lettre de change?... « Je connais
« bien des juifs, mais ce n'est plus ça, je ne voudrais payer qu'un intérêt hon-
« nête, 10 ou 15 tout au plus, pour une aussi petite somme... »

1148. SUFFOLCK (Thomas Howard, comte de), grand chambellan d'Angleterre, homme d'Etat du règne de Jacques Ier.

Pièce sig. (en anglais). 23 juin 1618. 1 très-grande p. in-fol.
Très-curieux document, relatif à l'apanage de la reine et du prince de Galles.

1149. SULLY (Maximilien de Béthune, duc de), ministre,
compagnon et ami d'Henri IV.   N. 1560. M. 1644.

L. avec la souscription de deux lignes aut. sig: *M. de Bethune.* Paris,
16 août 1606. 1 gr. p. in-fol. Trace de cachet.
Lettre *intéressante relative aux* contributions qui seront à prélever l'année
prochaine pour subvenir aux charges de l'Etat.

1150. SUZANNET (Pierre-Jean-Baptiste Constant de), général Vendéen.   N. 1772. M. 1815.

1° L. aut. sig., au général Chabot. Charagues, 16 fructidor an VIII.
1 pag. in-4.
Au sujet d'actes arbitraires se commettant dans le pays, et qui peuvent trou-
bler la tranquillité publique.
2° Apostille de 5 lignes aut. sig., au bas des états de services de François
Legrand, qui a servi sous Charette comme capitaine. Nantes, 30 juin 1814.
1 p. in-fol.

1151. TALLEMANT (l'abbé François), de l'Acad. française.

Quitt. de sept lignes a. s. (sur parch.), de la somme de trois-cents
livres, pour ses gages à cause de sa charge d'Aumônier du Roi, et du
service par lui rendu durant le quartier d'avril, mai et juin de l'année 1600.

1152. TALLEYRAND PERIGORD (Ch. Maurice, prince de),
ancien évêque d'Autun, diplomate.   1751-1838.

1° L. aut. sig., à M. Piorry. Varsovie, 3 février 1807. 1 p. pl. in-4.
Prière d'aller recevoir pour lui cinquante mille francs.
2° L. sig., au vénérable de la V. L. des Francs Chevaliers. O∴: de
Paris, le 3me jour du 12me mois de l'an de la V∴ L∴ 5805. 1 p. in-4.

1153. TALLEYRAND PERIGORD. *Le même.*

L. sig.: *Ch.-Mau. Talleyrand*, Paris, 23 fructidor an V. 1 p. et demie in-fol. *Portr.*
Au sujet des vingt tableaux de grands maîtres ayant été jugés dignes de figurer dans le musée national, que devait livrer l'électeur Palatin, en vertu de l'ar-
mistice conclu en l'an IV....

1154. TALLEYRAND PERIGORD. *Le même.*

L. sig. comme ministre des relations extérieures, au citoyen Jubé,
membre du conseil des 500. 4 germinal an VII, 1 p. in-4. Cachet.

1155. TALMA, célèbre tragédien.   N. 1769. M. 1826.

L. aut. sig., à M... 18 juin 1822. 1 p. in-4.

1156. TALMA. *Le même.*

L. aut. sig. (minute avec de nombreuses ratures), au duc de Duras.
3 gr. p. pl. et demie in-fol.
Au sujet de la demande de sa retraite qu'il lui a adressée. Par une circons-

tance assez singulière de ses affaires privées, telle circonstance peut survenir qui mettrait tout ce qu'il possède dans la dépendance d'un étranger sans le consentement duquel il ne lui serait pas possible d'en disposer. Il désire s'affranchir d'un pareil esclavage où il s'est exposé par un excès de délicatesse au moins pour cette portion de son avoir... « Je vous dirai de plus, monseigneur, « que dans le cours de ma carrière, écoutant trop peut-être la bonté de mon « cœur, je me suis volontairement constitué le soutien de ma famille entière. « Six neveux que j'ai élevés ou que j'élève encore, d'autres charges aussi fortes « et dont il vous est inutile de vous donner les détails, me contraignent à des « dépenses excessives...? » Combinaison qui pourrait être proposée à l'administration du Théâtre-Français.... Il ne s'offense point au reste de choses qui tiennent à la nature de l'homme et surtout à celles de l'acteur, et il n'en est pas moins très-attaché à sa société. « Je suis bien loin, Monseigneur, de me « priser plus que je ne vaux, mais enfin je ne puis pas, sans affecter une fausse « modestie, ne pas sentir que je suis encore dans toute ma force, et que je « puis longtemps encore contribuer à la prospérité du théâtre, et au succès de « l'art dramatique.... »

1157. TEOBAST (François), jésuite missionnaire.   *10*

L. aut. sig. (en flamand), à son frère Jean, marchand, à **Paris.** Dunkerque, 22 février 1615. 3 gr. p. pl. in-fol. Cachet de la société de Jésus. Très-belle lettre.

1158. TERCIER Jean-Pierre), diplomate, membre de l'Académie des Inscriptions.   N. 1704. M. 1767.   *2 21*

Censeur Royal, il perdit cette place pour avoir approuvé le livre de *l'Esprit*, par Helvétius.

L. aut. sig., à M... Compiègne, 12 juillet 1753. 2 p. in-4.

1159. TERRASSON (Antoine), professeur au collége royal, littérateur, auteur, de : *Histoire de la jurisprudence romaine*, etc.   N. 1705. M. 1782.   *2*

Analyse et approbation aut. sig. (comme censeur) de l'ouvrage : *Caractère de Charles II, roi d'Angleterre, par Georges Savile, marquis d'Halifax, suivi de pensées et réflexions politiques et morales sur divers sujets, du même auteur. Traduit de l'anglais*. Paris, 14 avril 1779. 1 gr. p. pl. in-fol. *Rare*.

1160. TERRAY (l'abbé), économiste et homme d'Etat.   *27*

L. aut. sig., à M. Trudaine. 19 mars 1773. 1 p. et demie in-4.

1161. TERRAY (l'abbé). *Le même*.   *36*

1° L. sig., à M. Carrière. Versailles, 3 mars 1771. Demi-p. in-fol.
2° L. sig., à M. Esmangart. Paris, 21 janvier 1772. 3 gr. p. pl. et demie in-fol.

TERRAY, intendant de Lyon. L. aut. sig., à M. Derignon, avocat au conseil du Roi. 23 oct. 1789. 1 p. pl. et demie in-4. Cachet aux armes.   *1 10*

1162. TESTAMENT de Laurent Le Voisin, licencié en décret, doyen de Compiègne, avocat en cour d'église, daté du 7 mai 1509.

Grande pièce (parchemin) de plus d'un mètre de longueur.

1163. THAKERAY (William), célèbre romancier.   *5*

L. aut. sig. (en anglais), à M... Bath, 12 juin 1859. 2 p. pl. in-8. Jolie lettre.

1164. THEATRE ANGLAIS ET AMERICAIN.   *1 50*

ANDERSON (James-Robertson). 1 p. in-4. *Portr.* — GARRICH (Mme). Carte sig.—HACKETT. 4 p. in-4. Deux *portr.*—HORN (Charles-E.). 1847. 4 p. in-8. — MATTHEWS (Thomas). 1840. 1 p. in-4. Cachet. — MAYWOOD. 1838. 3 gr. p. in-4. — PLACIDE. New-York. 1842. 3 gr. p. in-4. — USHER (H.), clown. 1820. 3 p. pl. in-4. — PHILLIPS (Henry). 1843. 1 p. et demie in-4. Cachet. — WAYLETT (mistress Harriet Cooke). 2 p. in-8. *Portr.* — WEWITZER (Ralph). 1823. 1 p. in-4.—WIGAN (Alfred). 1857. 4 p. in-8. — WRONGTHON. 2 p. pl. in-4. *Portr.* — Ensemble,

12 lett. aut. sig. (en anglais) et une pière sig. 5 portraits, et plusieurs affiches rares. Superbe lot.

1165. THEOPHILANTROPES, ou adorateurs de Dieu.
Douze pièces sig. et aut. sig., relatives à l'exercice des Théophilantropes concurremment à l'exercice du culte catholique dans l'église de Saint-Sulpice, pendant l'an VI, avec les autorisations nécesssaires et le consentement réciproque. Ensemble, 21 p. in-4 et in-fol. Très-curieux dossier.

1166. THEROIGNE DE MERICOURT (Anne-Joseph), grande et triste célébrité révolutionnaire, visionnaire, qui se donnait pour la mère de Dieu ; fut quelque temps chanteuse. Née à Marcourt (Luxembourg), le 13 août 1763. Morte folle à la Salpétrière le 8 juin 1847, où l'empereur Alexandre eut la curiosité d'aller la voir.
L. a. s., à M. Perregaux. Liége, 14 déc. 1790. 2 gr. p. pl. in-4.
Elle le prie de lui envoyer la procédure du Châtelet à l'égard de l'affaire des 5 et 6 octobre (dans laquelle elle était impliquée) aussitôt qu'elle sera publiée, et l'entretient longuement de ses affaires d'intérét dont il a la direction.

1167. THEVENIN (Claude-Noël), peintre de genre et de portraits. Né à *Crémieu* (Isère) en 1800.
L. aut sig., à M. Monvoisin, peintre, pensionné du Roi de France, à Naples. Rome, 5 septembre. 1 gr. p. pl. et demie in-4.

1168. THIERS (A.), historien et homme d'Etat.
1º L. aut. sig., à M... Vendredi 20 déc. 1 p. in-8.
2º Notes aut. sur les Budjets de 1831 et 1832. — Celui de 1831 est de 1,172,512,435 fr. — Celui de 1832 de 1,097,708,012. Curieuse pièce de comparaison pour les Budjets postérieurs.

1169. THOMAS (Antoine-Léonard), littérateur, membre de de l'Académie française. N. 1732. M. 1785.
Quitt. de loyer de 2 lignes et demie aut. sig. 12 juillet 1783. *Portr.*

1170. THOMAS (Antoine-Léonard). *Le même.*
1º L. aut., « à M. Ducis, secrétaire de *Monsieur*, frère du roi, et « l'un des quarante da l'Académie françoise, dans une auberge aux « Terreaux, je ne sais pas le nom de l'auberge, je crois que la maitresse se nomme Madame Lambert, il faudroit prendre des informations dans les auberges de ce quartier là, s'il y en a plusieurs, « peut-être est-ce à l'hôtel *Notre-Dame.* » 1 p. pl. petit in-8. Cachet.
2º L. aut., au même. Dimanche matin, 23. Demi-p. in-4.
3º L. aut., à son ami... Jeudi, 1er oct. 1 p. in-4.

1171. THOMAS (Ambroise), compositeur.
Relevé (aut. sig. en tête) de ses principaux ouvrages dramatiques (dix-sept) représentés à l'Opéra et à l'Opéra-Comique de 1837 à 1857. 3 p. in-8.

1172. THORWALDSEN, célèbre sculpteur italien.
L. aut. sig. (en italien), écrite comme président de l'Académie de Saint-Luc, à Rome. Cette lettre a été déchirée en plusieurs morceaux et il manque la première moitié de la signature.
SCHADOW (William), peintre et directeur de l'académie de Dusseldorf. Note aut. sig. (en allemand). Relative au concours. 1 p. in-12.

1173. THUNGEN (Conrad de), évêque de Wurzbourg qui s'est rendu fameux pendant les guerres des paysans.
Pièce aut. sig. (en allemand). 1508. Deux tiers de p. in-fol. format d'agenda.

1174. TILLOTSON, célèbre archevêque de Cantorbéry. Il a laissé des sermons fort estimés. N. 1630. M. 1694.

Sa signature (découpée), tirée de la belle collection de signatures aut. formée par le révérend Cotton, aumônier de Newgate, à Londres. *Portr.* gravé in-8. (Collection du baron de Trémont).

1175. TOCQUEVILLE (Alexis de), auteur de : *La Démocratie en Amérique*, membre de l'Académie française.
1o L. a. s., à M. Martinez de la Rosa. Mardi matin. 1 p. pl. in-8.
2o L. a. s., à M Ellis. Tocqueville, 6 déc. 1843. 1 p. pl. et d. in-8.
SAINT-AULAIRE (le comte de), membre de l'Académie francaise.
L. aut. sig., à M. Roger. Samedi. 1 p. in-4.

1176. TOURS (archevêques de Tours). 9 lett. sig. et aut. sig. de 1704 à 1802.
BARRAL (de). — BOISGELIN DE CICÉ. — CHAPT DE RASTIGNAC. — CONZIÉ (François de) — YSORÉ D'HERVAULT. etc. — Ensemble, 20 p. in-8 et in-4.

1177. TOURVILLE (Anne-Hilarion de Contentin, comte de), vice-amiral, maréchal de France.   N. 1642. M. 1701.
L. aut. sig., à Mgr... En rade de Toulon, le 11 mai 1683. 4 pl. in-4. Détails intéressants sur un coup de vent forcé qui a mis sa flotte dans un grand désordre, et qui l'a forcé de se réfugier partiellement aux îles d'Hyères. M. Duquesnes n'avait donné ni ordres de signaux ni de rendez-vous à personne, ce qui a augmenté la confusion, et dans le fort du mauvais temps, il a viré de bord et a couru à terre avec ses deux basses voiles, sans attendre les vaisseaux et chaloupes qui étaient dispersés....

1178. TRONCHIN (Théodore), médecin. Né à Genève en 1709.
L. aut., à M. de Neufville, chez M. le marquis de Jaucourt, à Paris. Amsterdam, 13 juillet 1739. 3 p. p. pl. in-4. Cachet. Intéressante.
Il l'entretient longuement des affaires de sa maison... Voltaire doit être actuellement à Spa, « madame Tronchin, qui y est allé avec M. et Madame de « Castricum, l'y verra sans doute ; il est bien mortifiant pour l'esprit humain, « qui, malgré qu'on en ait, il faille convenir que Voltaire est un fripon, un « étourdi, un homme sans jugement et sans conduite. J'allai coucher avant « hier à la campagne, chez M. Clifford. qui se plaint cruellement de Linnœus, « qui, de retour à Upsal, où il a été fait professeur, a débuté par lui débau- « cher son jardinier... »
TRONCHIN (Jean-Robert), jurisconsulte. Né à Genève en 1711. Mort en 1793. L. aut. sig. 22 sept 1 p. in-4.
Au sujet des ouvrages et de l'influence des ouvrages de J. J. Rousseau : *Emile*, le *Contrat social*, l'*Egalité des conditions* et le *Vicaire savoyard*...

1179. TURREAU DE LINIERES, conventionnel.
L. aut. sig., à M. Macart, à Paris. Dijon, 10 juin 1791. 3 p. pl. in-4. Joli cachet en cire rouge.

1180. TURENNE (Henri de la Tour-d'Auvergne, vicomte de), maréchal de France.   Né en 1611. Tué en 1675.
L. a. s. Sion, 4 octobre 1642. 1 p. pl. in-4. Cachets de deuil. *Portr.*
Il déplore la mort de son ami De Thou, mais il déplore sa conduite, ses tendances.

1181. UHLAND (L.), poëte célèbre allemand.
Pièce de 4 vers aut. sig. (en allemand). Francfort-sur-Mein, 1er juin 1849. Demi-p. in-4.
RICHTER (Jean-Paul), poëte.
L. aut. sig. (en allemand). Vienne. Quart de page in-4.

1182. VADIER, constituant, conventionnel.   M. 1828.
L. a. s., à M.... Sans date. 4 p. pl. in-4.
Au sujet de plusieurs communes qui demandent à être séparées du district de Quillan, département de l'Aude, pour être réunies à celui de Mirepoix, département de l'Arriége.

1183. VALAZE (Ch.-Eléonor *Dufriche* de), conventionnel. N.

1751. Il se poignarda au tribunal révolutionnaire au moment de sa condamnation à mort, le 30 oct. 1793.

Sa signature, et celles des conventionnels, membres du Comité de surveillance de la Convention nationale : Bailleul, Derazey, L. Bailly, Barbaroux, Drouët, Delbrel, Cavaignac, Poullain Grandpré, etc., au bas d'un fragment de procès-verbal d'inventaires de papiers suspects. 2 p. in-fol.

1184. VALOT DE BEAUVOLLIER (Pierre-Louis), intendant général des armées vendéennes.

L. aut. sig., à Mgr.... Paris, 15 vendémaire an XIII (7 oct. 1804). 1 gr. p. in-fol.

Il réclame la faveur de rester à Paris pour terminer ses affaires.

1185. VAN HOEUFFT, savant hollandais.

L. aut. sig., à M. Marron, président du Consistoire protestant réformé de Paris. Bréda, 6 juillet 1823. 2 p. pl. in-8. Cachet.

Très-jolie lettre littéraire. Ses beaux vers latins lui ont fait un grand plaisir, tant pour la matière que pour la forme. Seulement il a dû rêver quelques instants avant de déchiffrer le nom de *Friso*, par lequel il veut certainement entendre l'estimable Jérôme de Vries... Il ne possède pas l'album Van Santen, mais il a toute sa correspondance littéraire... Il a oublié de lui dire que la superbe collection d'autographes de M. Van Sypesheim à Haarlem est à vendre. Elle embrasse des souverains, des hommes d'Etat, des littérateurs, et autres personnages marquants de tous les pays de l'Europe, depuis deux siècles et demi, ou environ. Il en demande quelques milliers de florins..

1186. VAUBECOURT (François de), évêque de Montauban.

L. sig., à Mgr. l'archevêque de Rouen. Montauban. 27 janvier 1726. 4 p. in-4.

Renseignements sur les protestants convertis de son diocèse qui touchent des pensions sur les économats. Curieuse pour l'histoire des familles de Lombrail, Imbert, de Corras et de Casaubon.

1187. VAUCANSON (Jacques), l'un des plus grands mécaniciens qui aient existé.   N. 1707, M. 1782.

L. aut. sig., à M. Vallet, lieutenant de police, à Grenoble. Sans date. 2 p. in-4. Fatiguée et raccomodée. *Rare*.

Il ne peut prendre le serrurier habile qu'il lui propose, mais le conseil se trouve si épuisé d'argent, que tous les travaux ont cessé et ne recommenceront peut-être pas de longtemps... Lui-même se trouve obligé de suspendre les siens en tout genre...

1188. VENDEE (généraux républicains ayant commandé pendant les guerres de la). Neuf lett.

BARD. L. a. s. Ambulance militaire d'Angers, 7 thermidor an II. 1 p. in-4. — BEAUFORT L. sig. Laval, 18 nivôse an II. 1 gr. p pl. et quart in-fol. Cachet. — CARTEAUX. Deux lett. sig. Valognes, 17 et 28 germinal an III. 3 p. in-4 et in-fol. — CHALBOS. L. a. s. Fontenay-le-Peuple, 23 août an II. 1 p. in-4. Intéressante. — GRIGNY. L. a. s. Boufféré, près Montaigu. 20 vendém. an VIII. 2 p. in-4. — GUILLAUME. L. a. s. Lagallernerie, 5 fructidor an III. 1 p. in-4. Curieuse pour l'ortographe. — HÉDOUVILLE. 1° L. a. s. Rennes, 25 floréal an IV. 1 p. in-4. — 2° L. s. Angers, 4 plusiôse an VIII. 2 p. et demie in-4. — Toutes ces lettres sont relatives aux opérations militaires dans la Vendée.

1189. VENDEE (généraux républicains ayant commandé pendant les guerres de la). Dix lett.

HUCHÉ. L. a. s. Alençon, 23 frimaire an II. 1 p. in-4. Annonce de la défaite des chouans. — INGRAND. L. a. s. Niort, 25 messidor an II. 1 p. in-4. — LA BAROLIÈRE. Proclamation a. s. pour la mise de Laval en état de siége. Laval 21 pluviôse an IV. 1 p. in-4. — MOULIN. L. a. s. Rennes, 21 floréal an II. 1 p. et quart in-4. — QUANTIN. L. a. s.

Rennes, 13 nivôme an IV. 2 gr. p. in-fol.— REY. L. a. s. Lander-
neau, 7 thermidor an III. 1 p. in-fol. Invasion des chouans et des émigrés. — THOURON. L. a. s. Fontenay, 30 ventôse an III. 1 p. in-fol.
— TRAVOT. L. sig. Les Sables, 6 vendémiaire an VI. 1 p. in-fol. —
VILLARET JOYEUSE, vice amiral. L. a. s. Brest, 3 ventôse (23 février
1800). 1 p. in-4. — WILLOT. L. a. s. Fontenay-le-Peuple, 11 frimaire
an IV. 1 p. in-fol. Cachet. — Toutes ces lettres sont relatives aux
opérations militaires dans la Vendée.

1190. VENDEE (guerres de la), de 1792 à 1815.
    Onze lett. et pièces sig. et aut. sig. de guerriers ayant commandé
en Vendée de 1792 à 1831, ou personnages y ayant eu des intérêts.
11 pièces.
    ANDIGNÉ (d). Apostille a. s. 1 p. in-fol. — BERTHELOT, médecin.
Pouvoir aut. sig. pour recouvrements de créances qu'il a sur les rebelles Lescure, Des Essarts, etc. Saumur, 24 floréal an II. 1 p. in-4.
— BONET. L. a. s. Bressuire. 1831. 1 p. in-8. — CADOUDAL (Louis de).
L. a. s. 1822. 1 p. in-4. — CADOUDAL (Joseph de). L. a. s. 1826.
1 p. in-fol. — DE CHARRETTE et DE CARRÈRE. Passeport sig. 1816.
— CHARRETTE fils. L. a. 1 p. in-8. et notice biographique imprimée
du général Charrette. 2 p. in-4. — DU MOUSTIER. L. a. s. Nantes,
3 janvier 1831. 3 p. in-4. — GUIOT, ancien garde particulier de M. de
La Rochejaquelein ; se mit à la tête de l'insurrection vendéenne sous le
nom de *Diot*, de 1830 à 1833. Bail sig. : *Guiot*. 1829. 2 p. in-4. —
LEFORESTIER DE LESSERT. Appel aux armes aut. sig. 16 juin 1815.
1 p. in-4. — ROHAN (le prince de). Certificat sig. 1815. 1 p. in-4.

1191. VENDEE (pièces relatives à la).
    Trente huit pièces relatives à la Vendée de 1792 à 1831. in 18, in 8,
in-4 et in-fol. Bons de fournitures, ordres divers, ordre d'arrestation
de madame la duchesse de Berri, etc.

1192. VENDÉE (pièces relatives à la).
    Quarante huit pièces relatives aux guerres de la Vendée, proclama-
tions, placards imprimés, arrêtés du Comité de sûreté générale, lettres
de généraux, instructions ministérielles, etc., etc.; quelques-unes de ces
pièces sont curieuses. Lot intéressant.

1193. VENDOME (César de), fils légitimé de Henri IV et de
    Gabrielle d'Estrées.   N. 1594. M, 1665.
    L. aut. sig., à M. de La Rabelière, bailly de Chenonceaux. Rennes,
dernier novembre 1624. 1 p. in-4. Cachets. Fortement tachée.
    Il le prie de trouver moyen de faire fournir à son jardinier de Chenonceaux,
tout le plan qui lui est nécessaire pour « acommoder le jardin, affin qu'à
« mon retour je le trouue en lestat que je luy commanday en partant...»

1194. VERGY (François de), comte de Champlite, vicomte de
    Besançon, mieux connu sous le nom de baron de Vau-
    drey. Sa devise était : *J'ay valu, vaux et vaudray.*
    Né en 1530.   Mort en 1591.
    L. avec la souscription d'une ligne aut. sig., au comte de Mansfeld,
gouverneur général des Pays-Bas, Cambrai et Bourgogne. Gray, 16 oct.
1590. 1 p. in-fol. Trace de cachet.

1195. VERNET (*Joseph, Carle* et *Horace*), célèbres peintres de
    marine, de chevaux et d'histoire.
    L. aut. sig. par Joseph Vernet. 1 p. pl. et demie in-4. — A la suite,
Carle écrit et signe 25 lignes, et Horace Vernet authentique cette lettre,
écrite par son grand-père et son père, par six lignes aut. sig. Elle est
adressée à Mme Chalgrin, chez M. Vernet son frère, receveur-général
des Tabacs, à Avignon. Paris, jeudi 7 sept. 1786. 3 p. pl. in-4.
    Pièce très-intéressante par la réunion des trois principaux membres de cette
illustre famille d'artistes.

VERNET (Carle), célèbre peintre de chevaux, fils de Joseph, et père d'Horace Vernet. L. aut. sig., à M. le marquis de Dolomieu, amateur d'une belle collection de lettres autographes. Sans date. 1 p. in-4.

Il a l'honneur de lui envoyer une lettre de son père (celle qui précède), dans laquelle il avait ajouté quelques lignes. Son fils, en la lui envoyant, y a écrit quelques mots et mis sa signature. Il pense que cette lettre, qui contient les trois signatures, remplira mieux son but (pour sa collection) que trois lettres séparées.

1196. VERRUE (Jeanne-Elisabeth de Luynes, comtesse de).

Maîtresse du duc de Savoie, Victor-Amédée, et fameuse par sa collection de livres et de tableaux (Voy. Ch. Blanc, *Trésor de la curiosité*, t. 1er). « Elle mourut, dit-il, le 18 novembre 1736, laissant plusieurs « legs à ses amis les gens de lettres, les artistes, les philosophes. » Copie du temps de ce testament que M. Charles Blanc ne paraît pas avoir connu, et qui est curieux par les mentions de tableaux et d'objets d'art. 19 p. in-fol.

Les objets d'art, tableaux, meubles, etc., légués, sont longuement décrits.

1197. VESTRIS, père, et le maréchal de *Richelieu*.

Note de neuf lignes aut. de Vestris, demandant pour le premier ballet : *Un habit d'amour avec ses flèche et quarquoi. —Un habit pour Vénus. — Un habit pour Psyché. — Un habit pour Mars. — Huit habit pour Jeux et Plaisir.* Second divertissement : *Un habit d'Amour un peu déguisée. — Sept habit de pastourelle et sept de pastre.* A la suite, il y a quatre lignes aut. sig. d'approbation de fournir du Maréchal de Richelieu, 3 janvier 1773, et la signature du duc d'Aumont. 1 p. in-4. Fortement tachée.

1198. VIARDOT (Mme Pauline Garcia, dame), sœur de madame Malibran, célèbre cantatrice.

Fragment musical aut. sig. Londres, 1858, petite p. in-8, en travers.

VIARDOT (Louis), mari de la précédente. L. aut. sig., à M. Auber. Paris, 19 oct. 1839. 2 p. in-8. *Portr.*

1199. VICQ D'AZYR (Félix), médecin célèbre, anatomiste, de l'Acad. franç. et de celle des sciences.   1748-1794.

1° L. aut. sig., à M. le Marquis de Condorcet. Ce lundi. Demi-p. in-4. — 2° Notes aut. (médecine pratique), sur l'ouvrage posthume de M. Ponteau. 9 gr. p. et demie, à mi-marge, in-fol.

1200. VICTOIRE (Marie-Louise-Thérèse-Victoire de France, dite Madame), fille de Louis XV.   N. 1733. M. 1799.

L. aut. sig., à Mme de Clermont. 1 p. in-4. Cachet aux armes en cire rouge.

1201. (VILLARS (Louis-Hector de *Brancas*, duc de), maréchal de France, memb. de l'Acad. franç.   1653-1734.

L. aut. sig., à M... 1733. 3 p. et demie in-4. Comme l'écriture du maréchal est toujours difficile à lire, il y a dans plusieurs parties une traduction interlinéaire.

1202. VILLELE (le comte Joseph de), ministre des finances.

1° L. aut. sig., à M. le vicomte de Châteaubriand. 1 p. in-8.

2° L. aut. sig., à M. de Montbel, ministre des finances. Monvilles, 7 juillet 1830. 1 p. pl. et demie in-4.

1203. VILLEROI (François de Neuville, duc de), maréchal de France.   N. 1643. M. 1730.

L. avec postcriptum de trois lignes aut. sig., au prince de Vaudémont. Paris, 11 sept. 1719. 3 p. in-4.

VILLARS (le duc de), maréchal de France. Arrêté, signé, au nom des maréchaux de France. Paris, 25 janvier 1731. 1 p. in-fol. Cachet.

1204. VINCENT (Dom), bénédictin de Cluny.

L. aut. sig., au cardinal de Bouillon. Sans date. 8 p. in-4.
Lettre très-intéressante au sujet de la mort édifiante de dom Jouli, gentilhomme, littérateur, qui, parfaitement soumis en tout, a voulu porter son exactitude et sa soumission jusqu'au tombeau.

1205. VINCENT-DE-PAUL (Saint).   N. 1576. M. 1660.

L. aut. (à M. Condoing, à Rome). 3 p. pl. très-grand in-fol. Les marges extérieures des deux feuillets ont été rongées par les souris en attaquant fortement l'écriture du 1er du haut en bas, et du second de la moitié, en atteignant les dix-huit dernières lignes. On lit derrière : *A M. Codoing,* 17 mars 1642. *Contre la pratique de dicter des cahiers, et en quoi consiste l'esprit de la mission. Belle seulement sur la nature de cet esprit.*

Lettre très-importante sur les affaires de la mission, à Rome, sur la direction des études dans les séminaires, il est préférable d'enseigner avec les auteurs approuvés.... « 4. Du costé de ceux qui enseignent, ausquels il sera plus
« facile d'expliquer un autheur, que de composer des escriptz, sil ne les tire
« comme vous auez faict de Bonarina ou de quelquautre autheur, auquel cas
« quand lon a descouvert lautheur, lon se moque du maistre, que sil les faict
« a sa teste, il faut estre professeur en théologie pour cela ou en auoir la suf-
« fisance, 2° Employer un fort grand temps à voir les auteurs. 3° Ne faire que
« cela, 4° et à Dieu la sollicitude de faire bien répéter les séminaristes en quoy
« gist le premier fruit.... etc., etc. »

1206. VINCENT-DE-PAUL. *Le même.*

L. aut. sig. (à M. Condoing, à Rome). 3 p. pl. gr. in-fol. Le bas des marges extérieures, à partir de la moitié, a été rongé par les souris en attaquant fortement l'écriture des premières et troisièmes pages, ainsi que les deux dernières lettres de la signature. On lit derrière (écriture du temps) : *Lettre de M. V. a M. Codoin cotin.* (peut-être continuation de la lettre qui précède) *les raisons qui obligent la compagnie à nuser point de dictations envers les séminaristes mais de prendre ce qu'on leur doit enseigner des autheurs aprouvez. Envoyée à Rome l'an 1642, le 17 mars.* — Puis, d'une écriture plus moderne: *Le génie des Italiens et des Français fort opposés par la lenteur et la précipitation.*

Les objections qui sont faites dans la lettre qui précède sur la manière de diriger les études dans les séminaires de la mission sont continuées dans celle-ci qui paraît en être le complément.... « Lon allegue enfin lexemple de
« RR. PP. Jésuites, et luniversité de Paris, mais ce nest pas de mesme, ils font
« profession publique denseigner les sciences et ont besoing de réputation,
« mais au séminaire lon a plus besoing de piété, et d'une médiocre science,
« auecq l'intelligence du sans des cérémonies, de la prédication et du caté-
« chisme que de beaucoup de doctrine. » Après plusieurs autres considérations
il dit : « Comme aussi dassubietir vos pensées aux résolutions quon prendra
« icy, je ne dis pas seulement a lesgard de ce point, mais aussi en toutes choses
« et de ne rien faire d'important sans men escrire et jusques à ce que vous
« aiez rescu responce... Voici vous Monsieur ? vous et moy nous laissons trop
« emporter à nos opinions ? Vous estes cependant en un lieu où il faut une
« merueilleuse retenue et circonspection, jay tousiours oui dire que les Italiens
« sont les gens du monde les plus considérans, et qui se desfient le plus des
« personnes qui vont viste, la retenue, la patience, et la douceur vienent à
« bout de tout parmi eux auecq le temps, et pour ce qu'ils sçauent que nous
« autres françois alons trop viste ils nous laissent longtemps sur le paué sans
« lire auec nous, au nom de Dieu Monsr prenez garde à cela...... etc., etc. »

1207. VINCENT-DE-PAUL. *Le même.*

Lett. (incomplette de la fin avec plusieurs mots de corrections aut.), à M. Jolly. Paris, 29 août 1659. 2 p. pl. petit in-4. Plusieurs piqures de vers.

Il a reçu sa lettre et l'engage à ménager sa santé. Témoignages de la plus vive reconnaissance pour les innombrables bienfaits du cardinal de Gênes. Le désir qu'il a de lui procurer une maison et la peine qu'il y prend le leur feront regarder comme leur double fondateur et révérer comme un bon père et un grand saint, parce que Dieu veut mettre la compagnie en état de le servir.
« Nous attendons le plan du palais que Mgr le cardinal Bagny désire vendre,
« et de Dieu la grâce de mériter la bienveillance dont il nous honore, et tous
« ces autres. Nos seigneurs les cardinaux qui daignent s'intéresser à votre éta-
« blissement. J'ay enuoyé votre lettre à madame la duchesse d'Aiguillon, afin
« qu'elle voye ce que vous auez fait pour sa fondation de Lorette... etc., etc. »

1208. VINCENT-DE-PAUL. *Le même.*

Lett. (minute, avec plusieurs mots de corrections aut.), à M... Paris,
6 sept. 1651. 1 p. et demie petit in-4. Plusieurs piqures de vers.

Il a reçu sa lettre où il lui mande ce que Mgr de Meaux lui a dit touchant
la mission où il est, « à quoy je n'ay rien à répondre, sinon que nous serions
» fort cosolez de luy donner satisfaction, mais vous sçavez les raisous pour
« lesquelles nous ne pouvons pas faire tout ce qu'il désire.... »

1209. VINCENT-DE-PAUL. *Le même.*

Lett. (minute avec des corrections aut.), à M. d'Horgny. Paris,
21 sept. 1659. 1 p. pl. et quart in-4. Plusieurs piqures de vers.
Importante.

« Vous scauez que notre compagnie a pour règle, aussi bien que toutes les
« communautez bien réglées de l'Eglise de Dieu, que chacun peut escrire au
« général sans montrer sa lettre au supérieur d'où il escrit, et que le d. sup^r
« ne doit pas voir non plus les lettres que le d. général enuoye a ceux de
« cette maison là. Cependant je suis auerti que quelques sup^rs..., qui sont peu
« en nombre, ont quelques peines que cela se fasse ainsi. Ils veulent tout voir
« et tout sçauoir, et estant la liberté à ceux qui sont sous eux de descharger
« leur cœur ou proposer leurs doutes à celuy de qui seul ils attendent quelques
« soulagement ou résolution, il arrive de fascheux inconvéniens d'une telle con-
« trainte. Je vous prie donc de recommander à toutes nos familles communes
« en plain chapitre, l'observance de ceste règle, disant aux inférieurs qu^ls escri-
« vent librement au d. général quand besoin sera et cachetent leurs lettres du
« sceau de la compaguie, etc., etc. »

1210. VINCENT-DE-PAUL. *Le même.*

Lett. (incomplette de la fin), avec trois lignes aut., une au milieu
de la première page, et les deux autres à la fin de la deuxième, à
M. Pesnille. Paris, 29 sept. 1659. 2 p. pl. petit in-4. Plusieurs piqures de vers.

Dieu soit loué de ce que la proposition de Corse s'achemine à l'exception,
et cela doucement, sans choquer la compagnie dont il lui a parlé. « Si on vous
« presse, demandez le moy, et si on ne vous presse pas ne *pressez pas de votre*
« *costé que pour tenir les choses en estat* (ce qui précède, en italique, est de la
« main de Vincent de Paul) à cause de la difficulté présente où nous sommes
« d'enuoyer les hommes q^l faut pour cette mission. Ceux que nous auons
« estant engagés ailleurs, et nécessaires pour deux nouueaux établissemens
« qu'ils nous faut remplir... » Autres choses importantes concernant la mission.

1211. VINCENT-DE-PAUL. *Le même.*

L. sig., à M. d'Horgny, prêtre de la mission, à Richelieu. Paris,
28 sept. 1659. 2 p. petit in-4.

Dieu soit loué de son heureuse arrivée à Richelieu avec M. le Blanc, ainsi
qu'il l'a apprise par une lettre du 20, et de ce qu'il a plu à sa divine bonté
changer en mieux l'indisposition de M. l'archidiacre « et à sa providence de
« le faire rencontrer chez nous lorsque le mal le prit, pour nous donner occa-
« sion de luy rendre quelque petit service; j'espère que la maison n'aura rien
« épargné pour son soulagement et sa consolation..... Il me semble que je
« voy et que je touche ce q. vous m'auez escrit en par^er d'un chacun. Plaise
« à Dieu de faire la grâce d'aller de bien en mieux et à toute la com-
« pagnie de croistre en nombre et en vertu. Nous recognoissons plus que
« jamais le grand besoin qu'elle à de bons ouuriers et de la grâce de Dieu
« pour répondre à ses desseins. Priez le, s'il vous plaist, et le faites prier
« pour cela..... »

1212. VINCENT-DE-PAUL. *Le même.*

Enveloppe de lettre, avec la suscription suivante aut. : *A Monsieur
Monsieur Codoing, supérieur des prêtres de la mission de Rome, A
Rome. M. Parisot.* 1 p. in-4. Cachet de la mission. Il y a sur cette page,
d'une écriture du temps, le sommaire de ce que contenait la lettre à
qui cette enveloppe appartenait : *Il fait tout ce qu'il peut contre les
opinions nouvelles, notamment pour rejeter celles qui sont contre l'authorité du Pape. — Qu'il ne se faut justifier. — Sa maxime de ne
jamais preuenir la prouidence, mais bien de la suiure pas à pas.*

1213. VIOMENIL (le maréchal de), comme commandant un
des corps de l'armée de Condé.

L. aut. sig., à M. le vicomte de Mirabeau, colonel-propriétaire de la Légion de son nom, à Hugelsheim. Stolasten, 28 août 1792, et le 29 à 7 heures du matin. 1 gr. p. pl. et tiers in-4. Intéressante.

« On a formellement désobéi aujourd'hui, mon cher vicomte, aux ordres de
« M. le prince de Condé, aux vôtres, et aux miens, au poste de Stelling, en
« laissant arriver au bivouac des enfants perdus, tous les curieux des canton-
« nements, sur lesquels on n'a cessé de tirer toute la journée du canon, et des
« coups de fusil. Les habitants de Stelling et des environs avaient repris de la
« confiance, par la tranquillité dont ils ont joui pendant quelquesjours, la voilà
« encore troublée, et M. le prince de Condé va être persécuté de nouvelles
« plaintes du Margrave..... »

1214. VISCONTI (Ennius-Quirinus), père, célèbre antiquaire, membre de l'Institut.   N. 1751. M. 1818.

L. aut. sig. à M... Paris, 30 nivôse an XI. 5 gr. p. in-4.

Il lui rend compte dans les plus grands détails de ses négociations pour l'achat de la collection du sculpteur Castex, dont ce dernier demande 50 000 fr., tandis que lui ne l'évalue qu'à 14 000 fr.

1215. VOLNEY (le comte), philosophe et littérateur.

L. aut. sig., à Mme Lingré. Paris, 18 ventôse. Demi-p. in-4.

1216. VOLTA (Alex.), célèbre physicien.   N. 1745. M. 1802.

Quitt. sig. pour son traitement comme professeur à l'Université de de Pavie. 31 mai 1794. 1 p. in-4.

SPALANZANI (Lazare), célèbre physicien et naturaliste.

Quitt. sig. pour son traitement de professeur à l'Université de Pavie. 31 mai 1794. 1 p. in-4.

1217. VOLTAIRE (François-Marie Arouet de).   1694-1778.

L. aut., à son cher Crammer... Samedi. 2 p. pl. in-8. Deux *portr.*

Il le prie de lui renvoyer la lettre de l'intendant de Grenoble afin qu'il lui réponde au plus vite, et qu'il le remercie, lui et madame de Montferrat. « Jay
« été prodigieusement affligé de ne point recevoir de feuille de Médée ce
« samedy, c'est une bien détestable pièce que cette *Médée*, voyla ce que le
« fade Fontenelle appelle *prendre l'essor*, c'est l'essor des sorcières sur un
« manche à balay, etc., etc.

1218. VOLTAIRE. *Le même.*

L. aut sig. *V.*, à M. de Moncrif. 22 juin 1745. 1 p. pl. in-8.

« Je sens, mon très-aimable Zelindor, tout le prix de vos bontés. Quoy au
« milieu de vos succez vous songez à réparer mes fautes! Javois déjà prevenu
« vos attentions charmantes. Je ne presentai point mon poëme sur les horreurs
« de la guerre a la verve pacifique de sainte duchesse parce que je fus deva-
« lizé par tout ce qui me rencontra chez la reine....... »

1219. VOLTAIRE. *Le même.*

Pièce a. s. dans laquelle il prends les titres de gentilhomme ordi-naire de la chambre du Roi, l'un des quarante de l'Académie, sei-gneur de Ferney, Caille, Tourney, Chambèse, Prégni, et par laquelle il transporte au sieur Louis Prault, libraire à Paris, le privilége à lui accordé par le roi pendant six années, pour l'impression d'une tragé-die intitulée *Tancrède.... Fait au château de Ferney, pays de Gex en Bourgogne*, 16 juin 1761. 1 p. pl. in-4. Cachet aux armes, en cire rouge. Très-belle pièce.

1220. VOLTAIRE. *Le même.*

L. aut. sig., V. à M. le ministre Verne, chez M. son père, à Ge-nève. Lauzane, 29 décembre 1757. 2 p. pl. et demie in-4. Cachet en partie brisé.

Il le fait son grand prêtre, il signe sa profession de foi..... Quelles condi-tions. Le grand homme du jour (Frédéric II) lui a fait faire des compliments, et va peut-être donner une nouvelle bataille pour ses étrennes. Il est vrai qu'il a fait conduire à Spandeau (bastille prussienne) le théologien de Prades qu'il a soupçonné d'avoir eu quelque commerce avec la pauvre reine de Po-logne..... « Etes-vous bien faché dans le fond du cœur qu'on dise dans
« l'enciclopédie que vous pensez comme Origène et comme deux mille prêtres
« qui signèrent leur protestation contre le pétulant Atanase? Le bon homme

« Abausi ne rit-il pas dans sa barbe! Vous voyla bien malades que quelques
« gros hollandais vous traitte détérodoxe! Serez vous bien lezez quand ou
« vous reprochera d'être des infâmes, des monstres qui croient à un seul Dieu
« plein de miséricorde? Allez, Allez, vous n'êtes pas fachez. Soyez comme
« Dorine qui aimait Licas, comme vous devez le savoir, Licas s'en vanta, et
« Dorine qui en fut bien aise, dit :

> « Licas est peu discret
> « D'avoir dit mon secret.
>
> « . . . . »

1221. VOLTAIRE. *Le même*.

L. sig. V. (écrite par Wagnière), à M. Dupont, avocat au conseil
souverain d'lAsace, à Colmar... Ferney, 15 juillet 1769. 2 p. et demie in-4.

1222. VOLTAIRE, *Le même*

L. sig. V. (de la main de Wagnière), à M. Dupont. Ferney, 13 mars
1769. 1 p. in-4.

Il croit que M. le duc de Choiseul va faire bâtir dans son voisinage une
ville où la tolérance sera établie. Il verra enfin les fruits de sa prédication.
Les jésuites n'étaient pas de si bons missionnaires que lui. Les choses ont bien
changé.....

1223. VOLTAIRE.

Billet de 8 lignes aut., à M. Dapont. Demi-p. in-8.

1224. VOLTAIRE. *Le même*

L. aut., à M. Dupont, sans date. 1 p. in-8.

On peut très-bien mettre trois rimes de suite de même parure, surtout quand
les vers sont aussi jolis que les siens. « Moy! un quatrain! et à M. de Voier!
« qui peut faire des contes pareils? Je ne fais plus de vers, et M. de Voier
« est au-dessus de ces bagatelles..... »

1225. VOLTAIRE. *Le même*.

Billet de 6 petites lignes aut., à M. Dupont. Tiers de p. in-12.

S'il est chez lui, il le prie de lui déterrer quelque canoniste qui parle du temps
ou le mariage fut érigé en sacrement.

1226. VOLTAIRE. *Le même*.

L. aut., à M. Dupont. 1 p. in-8.

Il sait bien que le St Concile de Trente a raison, mais il n'a pas daigné dire
en quel temps on a commencé à juger les causes matrimoniales au tribunal de
l'Eglise. N'est-point du temps de la publication des fausses décrétales,...? Quand
commença cette jurisprudence, quand a-t-on employé pour la première fois le
terme de sacrement qui n'est pas dans l'écriture ?....

1227. VOLTAIRE. *Le même*.

L. aut. sig. V., à M. Dupont. 1 p. pl. petit in-18.

« Eh bien donc que les prêtres, soient damnez pour être mariez malgré ce
« concile de Tolède qui leur ordonne d'avoir femme ou p.... J'y consens, mais
« que l'amitié soit la consolation des pauvres séculiers comme moy. Un ami
« comme vous vaut mieux que toutes les femmes. J'en excepte Mᵐᵉ Dupont... »

1228. VOLTAIRE. *Le même*.

Billet de quatre lignes et quart, à M. Dupont. Aux délices, 17 avril
1756. Quart de page in-8.

« Le suisse V. envoye au philosophe de Colmar pour ses œufs de Pâques ces
« deux petits sermons de carême. Madame Denis et luy l'aimeront toujours... »
Le restant de la page et le tiers du verso sont remplis de la minute aut. de
la réponse de M. Dupont. Il dit que Voltaire lui a écrit ce billet en lui envoyant ses deux poèmes sur le *désastre de Lisbonne*, et la Loi *naturelle*... »

1229. VOLTAIRE. *Le même*.

L. aut., à M. Dupont. 19 mars 1754. 1 p. in-8.

Au sujet du sonnet de L'avorton, qui fut composé en 1670.... Ce fut deux
ans après qu'on substitua douze dames du palais aux douze filles....

1230. VOLTAIRE. *Le même*.

L. en partie aut., à M. Dupont. Sénone, juin 1754. 1 p. et quart in-8.

Il ne se console point du tort effoyable u'il a fait à la Ste qEglise en ne
permettaut point les femmes aux prêtres: maudit soit le carton qu'il a mis. Il
s'apperçoit qu'il est un peu difficile d'écrire histoire sans l'livres,...

1231. VOLTAIRE. *Le même.*
L. a. s. *V.*, à M. Dupont. 4 août 1764. 1 p. in-8. Cachet en partie brisé.

1232. VOLTAIRE. *Le même.*
L. aut. sig. *V.*, à M. Dupont. 17 mars 1754. 1 p. petit in-12.
Tout le livre de M. Dupin n'est qu'une preuve de la manière très-exacte dont il s'est exprimé sur la messe....

1233. VOLTAIRE (édition de Kehl des œuvres de).
1º L. aut. sig. de M. Decroix, à M. Renouard. Lille, 17 février 1823. 4 p. 4 p. pl. petit in-8.
2º L. aut. sig. D., du même. Lille, 24 juillet 1823. 3 gr. p. pl. et quart in-4.
Ces deux lettres sont remplies de remarques et de commentaires sur l'édition de Kehl, pour servir à la belle et bonne édition que publie M. Renouard.
3º Notes, remarques, fautes et corrections à faire dans la même édition. Aut. 4 gr. p. in-4.

1234. WALCKENAER (le bar.), membre de l'Institut, aut. de l'*Histoire de la vie et des ouvrages de La Fontaine*, etc.
1º L. aut. sig., à M... 21 avril 1818. 2 p. in-8.
2º L. a. s., à Mme... Villeneuve Saint-Georges, 2 juin 1840. 3 gr. p. in-4. Relative à son roman : L'*Ile de Wight, ou Charles et Angélina.*

1235. WALPOLE (Robert), comte d'Oxfort, célèbre homme d'état anglais.   N. 1676. M. 1745.
Pièce sig. (en anglais), signée également par *Grafton, Winnington* et *Earle.* 13 sept. 1737. 1 p. in-fol. Un peu noircie par le temps.

1236. WALTER SCOTT (sir) célèbre romancier.
L. aut. sig. (en anglais). 1 p. in-4. Belle lettre. *Portr.*

1237. WASHINGTON (le général George), fondateur et président de la république Américaine, N. 1732. M. 1799.
L. aut. sig. (en anglais), à M. Humphreys. Mount Vernon, 25 novembre 1784. 1 p. in-4. Belle lettre.

1238. WASHINGTON (George). *Le même.*
Pièce sig. (en anglais). New-Windson, 16 mai 1781. 1 p. in-fol.

1239. WEISSE, poëte lyrique allemand. N. 1726. M. 1804.
L. aut. sig. (en allemand). Leipsig, 14 avril 1764. 4 gr. p. in-4. Très belle lettre.

1240. WELLINGTON (le duc de), généralissime des armées alliées contre la France.   N. 1769. M. 1852.
L. aut. sig., à M. Héquet. 7 sept. 1821. 1 p. in-8., papier de deuil.

1241. WESSEL (Jean-Hermann), poëte danois.
L. aut. sig. (en français), au professeur Winslow. 1 p. in-4, en travers.
HOFFMANN DE FALLERS LEBEN, poëte allemand.
L. aut. sig. (en allemand). Demi-p. in-8.

1242. WICQUEFORT (Joachim de), homme d'Etat, fameux négociateur français.   N. 1595. M. 1670.
L. aut. sig., à M. Destella, conseiller du roi, à Paris. Amsterdam, 10 oct. 1639. 1 gr. p. pl. in-fol. Cachets de deuil.
Nouvelles du théâtre de la guerre en Allemagne. Il est dans l'impatience de savoir si l'on prolongera la trève en Italie ou non.... Les lettres de Hambourg confirment la défaite des hongrois,...

1243. WIELAND (Christophe-Martin), littérateur allemand, surnommé le *Voltaire de l'Allemagne.* N. 1733-1813.
1º L. aut. sig. (en allemand). Weimar, 5 octobre 1776. 1 p. in-4. Belle lettre. — 2º Fragment aut. sig. (en allemand). 4 petites lignes.

1244. WILKES (John), littérateur anglais, fameux démagogue.
L. aut. sig. (en anglais), à Suard. Naples, 25 mai 1765. 3 gr. p. in-4. Longue et curieuse lettre qui ne se trouve pas dans sa correspondance imprimée.
Il s'est retiré à Naples pour travailler à l'histoire d'Angleterre, et à l'édition des œuvres du poëte Churchill, son ami, dont il envoie l'épitaphe. — Le *North Briton*, la *Gazette littéraire*. — Les Italiennes, leur conversation. — Le miracle de Saint-Janvier. Curieux détails : il était sur les marches de l'autel et a tout vu, malgré les femmes qui criaient à l'hérétique et qui voulaient faire de lui un martyr. — Nouvelles littéraires, *Tristram Schandy*, les amis de Paris. — État où il a mis la Dlle Carradini. — Plaisanteries assez cyniques à ce sujet, etc.

1245. WITT (Jean de), grand pensionnaire de Hollande. Né en 1625. Massacré à La Haye, avec son frère, en 1672.
L. sig. (en Hollandais), aux Etats de Zélande. 1665. 2 p. in-fol. WITT (Baudouin de), pensionnaire des Etats de Zélande. L. sig. (en hollandais). Middelbourg, 4 août 1634. 1 p. in-fol. Cachet.

1246. WOSS, poëte allemand.
L. aut. sig. (en allemand), à Gessner, fils de Salomon Gessner. Heidelberg. 31 juillet 1813. 1 p. in-8.

1247. ZACH (le baron de), astronome et mathématicien.
L. aut. sig., à M. ... Marseille, 30 avril 1818. 2 p. pl. in-4. Très-jolie lettre. Curieuse.

1248. ZIMMERMANN (Jean-Georges de), moraliste, philosophe allemand.   N. 1728. M. 1793.
L. a. s. (en allemand). De Hannovre, 28 mars 1792. 1 p. et demi in-4.

1249. BEAUHARNAIS (Mlle Fanny *Mouchard*, cʷᵉ de), poëte, romancière et a. dramatique.   N. 1738. M. 1813.
L. aut sig., à son neveu, le prince Eugène de Beauharnais, viceroi d'Italie, à la grande armée. 16 mai 1813. 2 gr. p. in-fol., avec enveloppe aut. Intéressante.

1250. LAMENNAIS (l'abbé de).   N. 1781. M. 1854.
Billet de 4 lignes aut. sig., à M. Olivier. 3 mars. 1 p. p. in-18.
BLANC (Louis), historien. L. aut. sig. 1840. 2 p. in-8.
SUE (Eugène). L. aut. sig., à M. Paul Lacroix. 1 p. in-8.
VAULABELLE (de), historien. L. aut. sig. 2 gr. p. in-4.

1251. LAMOTTE FOUQUE (le baron de), auteur d'*Ondine*.
L. aut. sig. (en allemand). 21 nov. 1811. 1 p. in-4.

FIN.

Nous recommandons vivement à l'attention de messieurs les collectionneurs d'Autographes, une publication qui doit les intéresser, et dont le besoin se faisait sentir depuis longtemps, c'est l'*Amateur d'Autographes*, journal paraissant le 1ᵉʳ et le 15 de chaque mois, et dont il a déjà paru six numéros. Il est publié par M. Gabriel Charavey, rue des Saints-Pères 18, à Paris, et c'est à lui que les demandes d'abonnements et toutes les communications relatives à ce journal doivent être adressées, franco.

PRIX DE L'ABONNEMENT POUR PARIS ET LES DÉPARTEMENTS.

Pour six mois... 6 fr. | Pour un an... 12 fr.
Etranger, le port en sus.

Paris. — Typographie Gaittet, rue Gît-le-Cœur, 7.

www.ingramcontent.com/pod-product-compliance
Lightning Source LLC
LaVergne TN
LVHW021709060726
842527LV00003B/1063